U0919776

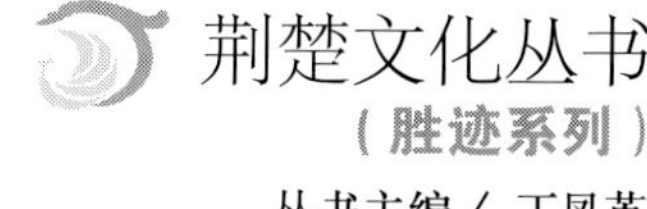

荆楚文化丛书

（胜迹系列）

丛书主编／丁凤英

本系列主编／徐士杰

荆楚文物奇观

Jingchu Wenwu Qiguan

万全文　院文清／编著

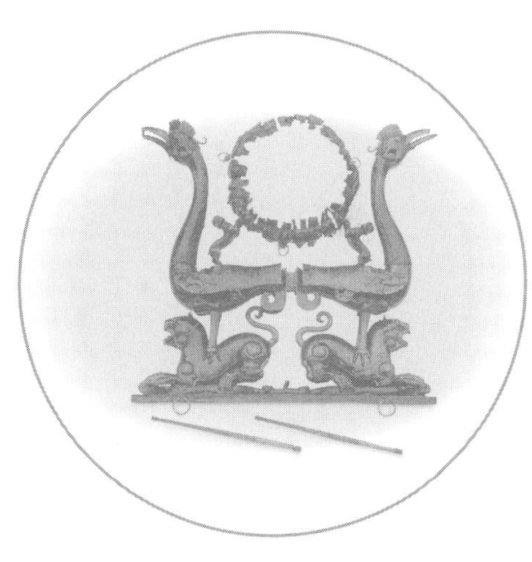

WUHAN
PUBLISHING HOUSE
武汉出版社

(鄂)新登字08号
图书在版编目(CIP)数据
荆楚文物奇观/万全文,院文清编著.—武汉:武汉出版社,2012.9
(荆楚文化丛书/丁凤英主编.胜迹系列)
ISBN 978-7-5430-6987-9
Ⅰ.①荆…　Ⅱ.①万…②院…　Ⅲ.①历史文物-介绍-湖北省
Ⅳ.①K872.63
中国版本图书馆CIP数据核字(2012)第098018号

编　　著:万全文　院文清
责任编辑:王远彦
装帧设计:刘福珊
出　　版:武汉出版社
社　　址:武汉市江汉区新华下路103号　　邮　　编:430015
电　　话:(027)85606403　85600625
http://www.whcbs.com　　E-mail:zbs@whcbs.com
印　　刷:武汉精一印刷有限公司　　经　　销:新华书店
开　　本:720mm×1000mm　1/16
印　　张:13.5　　字　　数:270千字　　插　　页:4
版　　次:2012年9月第1版　　2012年9月第1次印刷
定　　价:27.80元

荆楚文化丛书

编纂委员会

荣誉主任/尹汉宁　张　通　章开沅　冯天瑜　熊召政
顾问/石　川　王　杰　王峻峰
主任/丁凤英
副主任/刘玉堂　徐士杰　杜建国　王正强

编纂委员会委员

(以姓氏笔划为序)

丁凤英　马建中　王正强　刘玉堂　杜建国　李子林
何晓明　罗福惠　徐士杰　彭小华　黄　钊　邹德清

编辑部

主编/丁凤英
执行主编/王正强　刘玉堂　徐士杰
分系主编/刘玉堂　徐士杰
办公室/张叶青　田少国　张执均　王平权
　　　　许建华　黄朝霞　高兰琴　王文英

序

尹汉宁

荆楚文化源远流长、博大精深，在中国文化的版图上拥有重要位置。湖北是荆楚文化的发祥地，具有历史文化、红色文化、旅游文化、少数民族文化等多方面深厚的文化积淀，文化名人、文物古迹、文化遗产数不胜数，悠远厚重的历史底蕴为湖北文化建设乃至经济社会发展留下了独特而宝贵的文化资源和精神财富。

省委书记李鸿忠同志指出，深入贯彻落实党的十七届六中全会精神、推进湖北由文化大省向文化强省跨越，关键是要将湖北丰富的文化资源转化为文化力量、转化为文化产品、转化为文化事业和文化产业。这就需要我们深入挖掘、系统研究荆楚优秀传统文化，在文化认同中提升文化自信，在文化传承中增强文化自觉，为文化资源优势向文化软实力和文化生产力转化奠定坚实基础。

《荆楚文化丛书》由湖北省炎黄文化研究会组织省内五十余位专家学者，历时三年编撰而成。丛书分胜迹、史传、学术、艺文四个系列，每个系列由十卷组成，凡四十卷，约一千二百万字，首次对荆楚文化进行了全方位研究，堪称湖北历史文化研究与普及的鸿篇巨著。期望全省干部群众特别是广大文化工作者，通过阅读和学习《荆楚文化丛书》，从湖北丰富的文化资源中汲取智慧和力量，以更加强烈的文化自信和文化自觉，奋力投身建设文化强省的伟大实践！

是为序。

（作者为湖北省委常委、宣传部部长）

目 录

第一章 史前时期文物

史前时期是考古学的专门术语。考古学将没有文字记载之前时期的考古资料为研究对象的考古学,称之为史前考古学,也称之为史前学或史前时期。将已经有文字文献记载时代为研究对象的考古学,称为历史考古学。

史前考古学是以史前人类的遗迹、遗物为基础,用考古学的方法来研究当时的文化面貌、经济形态、社会生活和分期断代,结合地质学、古生物学、古人类学和民族学等学科的研究方法,来复原自然环境的变迁、人类体质的发展和社会组织的变化,并通过现代科学技术在考古上的应用,为分期断代提供更具体的论据。史前考古学研究的范围,是从人类与古猿的分化开始,发展进化到语言文字的出现。整个过程至少经历了二三百万年的历程。在这一漫长的历史进程中,包括了旧石器时代、中石器时代和新石器时代几个阶段。旧石器时代、中石器时代和新石器时代,都属于史前考古学研究的范畴。

考古学上将人类历史发展进程的阶段进行分期,是按照不同发展时期所使用工具的质地划分为石器时代、青铜器时代和铁器时代。这种观点最早是由丹麦考古学家 C. J. 汤姆森提出的。这一分期奠定了史前考古学研究的基础。而后,英国考古学家J. 卢伯克,又将石器时代划分为旧石器时代和新石器时代。继之,英国考古学家 A. 布朗在旧石器时代和新石器时代之间划分了一个过渡期,称之为中石器时代。史前考古学的分期划分为旧石器时代、中石器时代和新石器时代。

中国史前考古学是从 20 世纪 20 年代开始的,至今已有近一个世纪的历程。经过几代考古学者的不懈努力,中国史前考古学取得了许多的重要的成果,基本上填补了中国史前时期考古学在时代上和地域上的空白。湖北史前时期考古学,在中华人民共和国成立以来,无论是旧石器时代考古,还是新石器时代考古,都取得了一些令人叹服的重大成果，这些成果不仅证实了湖北地区史前时期文化的历史悠久和辉煌，并且在中国史前考古学史上具有里程碑的意义。有些重大的考古发现，甚至可以说是在人类的历史进程中都具有极其重要的价值。

一、旧石器时代文物

人类生存的地球大约形成于40—50亿年前。地球的地质年代经历了太古代、元古代、古生代、中生代、新生代。而人类的历史大约只有300万年。有一个形象而通俗的比喻，如果将地球的历史比作一天的24小时，每秒钟相当地球历史的5万年。那么人类的历史起点大约是在24小时的最后一分钟。就是在距今约300万年前，当地球地质年代进入了新生代第四纪更新世早期。这一时期也是人类进化史上的由猿转化为人类的重要发展时期，尤其是从更新世早期到更新世末期，即绝对年代距今300万年前至20万年前。这是一段相当漫长的人类历史发展阶段，在考古学上被划定为旧石器时代早期。在人类进化史上属于古人类的猿人阶段。古人类学家将300万年到150万年前的古人类称之为早期猿人。150万年到20万年前的人类被称之为晚期猿人。就目前所发现的考古资料表明，中国的元谋人、蓝田人、北京人、南京人、和县人及郧县人的猿人化石，皆属于150万年至20万年前的旧石器时代早期的晚期猿人。

旧石器时代的原始人类开始使用生产工具。生产工具以打制石器为标志，人类的体质还具有比较原始的特征。旧石器时代的时间相当的漫长，从二三百万年前开始，至一万年前为止，占人类历史的99.8%。旧石器时代又可以划分为早期、中期、晚期。与古人类学的人类体质上的能人、直立人、早期智人、晚期智人发展阶段相对应。在这漫长的历史进程里，人类的体质和文化，是由低级向高级逐步的发展。人类对火的使用，对打制石器工艺的改进，还有对骨、角、蚌器的应用和艺术作品的出现等，都在同大自然的艰苦斗争中不断地取得进步和发展，创造了具有地域和时代相适应的考古学文化，留下了丰富的旧石器时期文化遗存。旧石器考古学文化在世界范围内分布广泛，由于地域和时代的不同，文化面貌存在较大的差异，因而有许多不同的文化和分期。中国有丰富和自成系统的旧石器文化遗存，早期遗存有蓝田人文化、北京人文化、陨县人文化；中期遗存有丁村人文化；晚期遗存有山顶洞人文化等。湖北所发现的陨县人、郧西人都是属于旧石器文化早期遗存，是属于直立人。湖北荆州鸡公山遗址是属于旧石器晚期文化遗存。郧县人头骨的发现和荆州鸡公山遗址的发掘，都可以称得上是中国旧石器时代考古中的浓墨重彩的一笔。

（一）郧县人头骨化石

郧县人头骨化石出土于湖北省郧县学堂梁子。郧县人头骨化石的出土，其实也可以说是一次非常偶然的机缘发现。那是在 1989 年 5 月，湖北省郧阳地区（今十堰市）博物馆组织文物普查工作。当普查队员王正华、屈胜明来到郧县青曲镇弥陀寺内远河口进行调查时，据当地村民反映，早在 1973 年至 1975 年间，就在该村的曲远河与汉江交汇处的汉江北岸的阶地上开山整地的工程中，发现有相当多的“龙骨”。“龙骨”是老百姓的称谓，实际上就是指古生物化石。

该阶地被当地人称为学堂梁子，因在此阶地之上曾修建过学校而得名。学堂梁子正处于曲远河与汉江的交汇处。东北距青曲镇约 10 千米。地理坐标为东经 110°35′，北纬 32°49′，海拔高度为 200 米。梁子顶东西长约 800 米，南北宽处约 100 米。

文物普查队根据已掌握的古生物化石发现线索，在学堂梁子的顶部中间，进行试探性的挖掘，结果发现了一具较为完整的高等灵长类颅骨化石，编号为 I 号头颅骨化石。贾兰坡先生初步鉴定认为属于南方古猿类。人类由古猿进化而来，猿人的前身应当是古猿。该鉴定观点一出，新闻界争相进行报导，影响极大。同时，也引起了古人类学和考古学界的广泛关注。

头颅骨化石出土时，都保存基本完整的脑颅和面颅，而下颌骨缺失。由于受底层压力的挤压，颅骨变形和局部部位受损。在研究头颅骨的形态特征时，发现其中许多项目，都与已经发现的直立人颅骨性状特征是相一致的，仅有极少的性状有少量的差异，武汉大学考古学教授刘华财在本校学报发表文章，论证其头盖骨化石与猿人类型的性状相近，当属于直立人类型，而非南方古猿类。其结论被学术界认同。

1990 年 6 月，湖北省文物考古研究所组织专业技术人员，对学堂梁子进行了科学的发掘，又发现了第二件头盖骨化石，编号为Ⅱ号头盖骨。

在中国境内所发现的较为完整的直立人类和过渡类型的头骨化石有蓝田人、北京人。将郧县人头颅骨化石与之相比较，发现颅盖骨部分与蓝田人的形态特征相似性要多一些，而面颅部分与北京人形态特征相接近的程度要大一些。又据化石颅骨特别粗大，牙齿粗壮硕大等特征，可命名为直立人郧县人亚种(图 1-1)。

图 1-1　郧县人头盖骨化石

在学堂梁子郧县人遗址中还出土有较多的同时代的旧石器。在人类形成的过程中，长期使用天然木棒和石块来获取食物和防卫时，偶尔发现用砾石摔破后产生的锐缘来砍砸和切割东西更为省力，从而受到启示，便开始打击石头，使之破碎，以制造出适用的工具。就世界范围而言，人类开始制造石器工具大约是在300 万年前。旧石器时代制作石器最原始的办法，是把一块石头加以敲击或碰击使之形成刃口，就形成了石器。打制切割用的带有薄刃的石器，则有一定的方法和步骤:先从石核上打下所需要的石片，再把打下的石片加以修整而成石器。早期是用石锤敲击修整石片，刃部边缘特征是凹凸不齐。中期使用木棒或骨棒修整，刃部边缘显得比较平整。后期修整技术不断提高，采用了压制法。用压制法修整过的石器已经显得较为精细。

郧县人遗址发掘出土的石制品有数百件。经过观察研究发现，数百件石制品中大致可以划分为如下几种类型:石核、石片、砍砸器、手镐、刮削器、尖状器、单面器、两面器、石锤、碎片、有打击痕迹的石块或砾石。石器类型以砍砸器为主，刮削器次之。特别要指出的是在学堂梁子郧县人遗址中出土的石制品，经考古学者的研究发现，有十组可以拼合的标本。证明这些石制品遗物是在原地埋藏了百万年。可以通过这一现象来证实这样的事实:就是说学堂梁子应该是郧县人生存和活动的原生地点。

郧县学堂梁子的地层中还发现有丰富的哺乳动物化石。其动物化石种类有蓝田金丝猴、无颈鬃豪猪、虎、豹、裴氏猫、爪哇豺、猪獾、西藏黑熊、桑氏鬣狗、武陵山大熊猫、东方剑齿象、云南马、中国貘、中国犀、李氏野猪、小猪、云南水鹿、秀丽黑鹿、麂、大角鹿、短角丽牛、水牛。整个动物群具有南北动物群混杂的特点,其中既有华北地区动物群中的典型动物种类:李氏野猪、短角丽牛和大角鹿等;又有属于华南的"大熊猫—剑齿象动物群"中的种类:大熊猫、云南马、中国貘、中国犀、小猪及麂等。动物群显然以森林动物种类为主,同时也有一些草地生活及多水地区生活的动物属种。从动物的属种上来分析,没有时代上的明显差异,是可以将之视作与郧县人同时代相伴生的哺乳动物群的。郧县人同时代相伴生的动物群中有少数第三纪残留动物物种,如似剑齿虎;还有第四纪早期的典型动物物种,如云南水鹿、丽秀黑鹿及桑氏鬣狗等。动物群中的裴氏猫曾发现于北京周口店,武陵山大熊猫是华南地区早更新世晚期的典型代表。这些伴生的动物群都可以反映出郧县人所生活时代上的特点。这些伴生的动物群生活时代应为早更新世晚期。

为了确定郧县人生活的年代,考古学者还在学堂梁子遗址采样,并采用了铀系法、古地磁法、电子自旋共振(ESR)三种不同方式,对标本进行了测年研究。古地磁法的研究结果认为,学堂梁子地质剖面所处的地质时代应是早更新世和中更新世早期。郧县人生活的地质时代大约为80—90万年。北京大学考古学系实验室用ESR法对郧县人遗址进行测年研究,结果为58±9.3万年。ESR的测年结果与古地磁法的测年结果相接近。综合地层剖面、地貌特点、哺乳动物化石、古人类化石、科学年代测定等诸多方面的分析结果,推定郧县人遗址的年代应属早更新世晚期,距今约100万年。

(二)长阳人化石

长阳人化石发现于20世纪50年代,是湖北最早发现的古人类化石,也是中国南方最先发现的古人类化石。长阳人遗址属洞穴遗址,位于长阳县大堰乡钟家湾村西北1.2千米处的关老山南坡上的溶洞中,洞穴悬空,高于地面耕地10

余米，洞口高约3米。地理坐标为东经110°50'，北纬30°15'。1956年在洞穴中发现一块古人类上颌骨化石。这是一件残破的左上颌骨，保存有齿槽的前段部分和上颌体部分与腭突前部，鼻腔底前部分得以保存，上面还保存有两枚牙齿。1957年，中国科学院古脊椎与古人类研究所对遗址进行了发掘，洞内的堆积为深黄色松软砂质泥土层和角砾岩层，出土一枚古人类左下第二臼齿化石和大熊猫、东方剑齿象、洞穴鬣狗、巨貘、中国犀等40多种哺乳动物化石。伴生动物属于典型的华南大熊猫—剑齿象动物群，生存时代为中更新世末期到晚更新世早期。长阳人生存的年代与之相吻合。

长阳人的牙齿粗壮硕大，嚼面构造复杂，颌骨上的梨状孔下部较宽。这些特点都表明长阳人的体质特征介于猿人与现代人之间，专家认为："长阳人不仅具有现代人性质，而且也具有一定程度的原始特征。"依据这些特征，学术界将长阳人划定为旧石器时代中期的人类，时代是在晚更新世早期，距今约20万年，是属于早期智人。

（三）荆州鸡公山旧石器时代晚期聚落遗址

荆州鸡公山旧石器时代晚期聚落遗址，位于湖北省荆州市荆州区郢北村。鸡公山实际上是一片岗地，南北长约500米，东西宽约100米，海拔高程为38.5米。鸡公山遗址的位置正好是在楚故郢都纪南城、汉代郢城、荆州城三座古城之间。南距汉代郢城约500米，西北向距楚故郢都纪南城约3千米，西南距荆州城约5千米。岗地东、西、南面为农田，北面是长湖的支汊庙湖，庙湖与纪南城的龙桥河相通。此处南向距现今长江河道约8千米。从地貌上观察，荆州鸡公山遗址所在的岗地，可能就是长江故道北岸二级阶地的残存部分。

荆州鸡公山旧石器时代晚期聚落遗址的发现，也是缘于一次颇为有趣的故事。鸡公山岗地先是作为一处古墓葬群被定为县级文物保护单位。岗地上分布大量不同时代的古墓葬，春秋至汉代的墓葬分布特别密集。江陵县人民政府将其公布为县级重点文物保护单位。文物考古部门曾在鸡公山墓地发掘清理了上千座古墓葬。1989年，荆州地区博物馆和江陵县文物局联合组队，对江陵县进行文物普查工作。荆州地区博物馆院文清，在荆州城西门外太湖砖瓦厂调查时，来到一个名为五台山取土场的断面前，发现在断面上的网纹红土层中有旧石器时代的文化层，并采集了非常典型的具有打制痕迹的旧石器。这是江汉平原地区首次发现旧石器遗存，并且发现有原生的旧石器时代的文化地层。这是一次很重要的发现和突破，很自然地引起了学界的重视。荆州博物馆陈耀均、院文清在结合发现的旧石器文物标本，给江陵县文物局文物干部讲解旧石器的特征时，在场的江陵县文物局文物干部罗忠武的一句话，引起了在场所有人的惊讶："这就是旧石器？那在郢城北面的鸡公山上，类似的石块，可以用箩筐装。"当即，大家非常兴奋地赶赴鸡公山调查，果然，在遗址上的西北隅，有一处被推土机推出的临时道路，在道路的两旁形成有地层的断面和分布一地的旧石器。就这样，大家发现了鸡公山旧石器的地层和数以千计的旧石器，证实了鸡公山是一处重要的旧石器时期的遗址。

北京大学考古系和荆州地区博物馆，曾对鸡公山旧石器遗址进行了较大规模的考古发掘。考古发掘资料表明鸡公山岗地为土状堆积，在黄色亚粘土和红褐色亚粘土之间，有一个很明显的侵蚀面。在侵蚀面以下含有砾石石器的红褐色亚粘土为下文化层；侵蚀面以上含小型石片石器的黄色亚粘土为上文化层。鸡公山旧石器遗址可以划分为两个早晚不同时期的文化遗存。上文化层的年代约五万年，下文化层的年代约二万年。从考古学上分期是属于旧石器时代晚期。

上文化层的石制品分布比较密集。石制品保存也比较好。质地较致密坚硬，没有被冲磨和搬运的痕迹。旧石器制品石料以砾石为主，主要有脉石英岩和石英岩，还有少量的石英砂岩。这些石料应当是采自长江的河滩之中。

鸡公山下层文化属典型的砾石文化遗存。石器原料均为砾石。砾石的成分是以石英岩砾石、火成岩、石英砂岩为主，燧石、脉石英岩极少。石制品的数量和种类都非常丰富。在发现的人类生活活动面上，遗留有成千上万件人工制作的石质品，包括有石核、石片和各种类型的石器，以及大量的碎片、废片。观察石制品的特征，主要是石锤直接打击法剥片和加工石器。石核以单台面为多，双台面石核次之，多台面标本很少。石片以天然台面标本为多，部分石片的背面不同程度地保留有砾石石皮。

石器的类型主要有尖状器、砍砸器和刮削器等（图 1-2）。而最具特质的是大尖状器，其加工方法相同，形制较为一致，数量也相对较多。要特别指出的是，在长江中游同时代的旧石器遗址中，相同形式的大尖器也多有发现。砍砸器可分为边刃和端刃两种形式，与刃缘相对的一边或一端都比较厚钝，或为砾石原面，便于把握。刮削器有的刃缘修理得很平齐，表现出很高的修理技术。

图 1-2 荆州鸡公山出土旧石器

在考古发掘中，揭露出了与古人类生活相关的活动面，是鸡公山旧石器遗址中最为重要的考古发现。古人类生活活动面是在下文化层的 4A 层下，在遗址的中部和北部分布最为密集。区域为东西长 20 余米，南北宽约 20 米，面积约 500 平方米。这些与古人类生活活动相关的场面上，布满了砾石和砾石制品。砾石及砾石制品的分布表现出两种不同特征的迹象：一种迹象是石制品非常密集的堆积区。在此区域，遗留有较多制作石器的石锤和石砧。在石锤和石砧周边，非常集中地堆积有较多制作石质工具的下脚料——石片、碎片、断片等，堆积形成"石堆"；另一特别的迹象是以砾石和石制品组成的形状不同直径大小不一的"石圈"。小的石圈形状为椭圆形，短径在 1.5 米左右，长径在 1.8 米左右。圈外围密集分布排列的砾石、石核、石片和碎屑，构成一个宽约 1 米的圈带，圈内的遗物有制作成型的石器，有砍砸器、尖状器等。大的石圈呈不规整的圆形，直径约在 2~2.5 米之间，外围圈带与小圈带的构造基本相同，不同的是在石圈内没有任何的遗物。

可以推断，无论是密集堆积形成的"石堆"，还是大小石圈，都是与古人类生活活动密切相关的十分重要的遗存。密集堆积形成的"石堆"，极有可能是古人类制作石质工具的场所；大的石圈和小的石圈，可能都是与古人类居住状况相关的遗迹。与之相类似的"石圈"遗迹，在其他同时代的旧石器遗址中也有发现。这些遗迹遗存，都是研究旧石器时代晚期古人类社会生活状态的珍贵资料。鸡公山旧石器时代晚期聚落遗址的发掘，发现了早晚两期古人类文化遗存，第一期距今约5万年,第二期距今约2万年。遗址的发掘出土了数以万计的打制石器,常见的石器有砍砸器、刮削器、盘状器,其中以三面刃尖状最具特征;最为重要的是在遗址发掘之中,发现了以砾石堆积起的圆形圈围,还在圈围中发现脚窝遗迹,这些古人类生活遗迹的发现,填补了我国旧石器时代人类在平原地区活动的考古空白。

荆州鸡公山旧石器晚期遗址,是一处长江中游江汉平原地区最重要的旧石器晚期聚落遗址,在学术上具有十分重要的价值。荆州鸡公山旧石器晚期聚落遗址的考古发掘曾被评为全国十大考古发现。1998年,鸡公山旧石器晚期聚落遗址,被国务院公布为全国重点文物保护单位。荆州市文物部门在考古发掘的基础上,修建了鸡公山旧石器遗址博物馆。

二、新石器时代文物

考古学上将石器时代的最后一个阶段称为新石器时代。它是指以使用磨制石器为标志的人类物质文化发展阶段。新石器时代在地质年代上已进入全新世,是继旧石器时代之后,或经过中石器时代的过渡而发展起来,属于石器时代的后期。年代大约从18000年前开始,结束时间距今为5000—2000多年不等。

学术界一般认为新石器时代有三个最基本的特征:开始制造和使用磨制石器;发明和使用陶器;出现了农业和畜牧业。新石器时代,石器制造技术有了很大进步。石料选定后,先打制成石器的雏形,然后把刃部或整个表面放在砺石上加水和沙子磨光,磨制成为一件石器,而这件石器就可以称之为新石器。新石器时代石器的制作,在石料的选择、切割、磨制、钻孔、雕刻等技术方面,已经相当先进和成熟。新石器时代的石器种类中,出现了许多的农业、手工业和渔猎工具,有斧、锛、铲、凿、犁、刀、锄、镰和镞、矛、网坠等。其中以与农业耕种相关的工具为主,反映出农业经济的发达以及农耕在社会生活中的重要地位。

人类从旧石器到新石器过渡的一个重要标志,是已经开始有了初步的制陶业。陶器的发明,是人类第一次通过自己的智慧和能力改变了自然物质的物理形态。通过造型和火烧的处理,将泥土变为陶器,可以说是人类的一次伟大的技术性进步,也可以说是艺术与科学的完美结晶,为人类社会的发展起到了划时代的作用。陶器的出现,是新石器时代开端的重要标志之一。

陶器的发明,本身也是人类文明发展的重要标志,是人类第一次利用天然物,按照自己的意志,改变了自然物质的物理性能,创造出来的一种崭新的东西。人们把粘土加水混和后,制成各种器物,干燥后经火焙烧,产生了质的变化,形成了陶器。它揭开了人类利用自然、改造自然的新篇章,具有重大的划时代的意义。陶器的发明,也极大的改善了人类生活的条件,在人类发展史上开辟了新的纪元。陶器的发明是人类在长期的生活实践中,首先是从古代农业部落创造出来,从而开创了陶器时代。

学术界是这样定义陶器的价值和意义的:"陶器是人类留传下来的所有不朽的先古文化遗迹中最显著的标志,人类的陶器是对其文化进步的最好的反映,并标志了其文化承续。"

中国大约在一万年前进入了新石器时代。中国新石器时代因地域辽阔,自然地理环境的不同,在文化特征的面貌上有比较大的差异,可以将新石器时代的文化大致分为三个大的经济文化区域。

一是旱作农业经济文化区。其区域包括黄河中下游、辽河和海河流域等地,经济文化特征是以种植粟、黍等旱作农业植物为主体,已经开始饲养猪、狗、牛、羊等动物。

二是稻作农业经济文化区。区域分布主要是在长江中下游地区和珠江流域地区。这一经济文化区的水稻种植历史有近万年之久,中国是稻作农业的重要起源地。猪、狗、水牛和羊饲养的历史也非常的悠久。早期渔猎采集经济还占有较重要的地位。

三是狩猎采集经济文化区。该区域是在长城以北的东北大部、内蒙古及新疆和青藏高原等地区,面积相当广阔。这一区域的文化特点是没有种植业,很少有磨制石器,陶器也不甚发达,而细石器却特别的发达。

位于长江中游地区的湖北,新石器时代是处于稻作农业经济文化区。湖北山水秀美,土壤沃腴,物产丰盛,且有丰富的历史文化遗产,是一个充满着神秘感和诱惑力的地方。优越的自然环境,使这里成为了人类生息繁衍的理想之地,也是探索文明发展进程的文化宝库。早在蛮荒的远古时代,这里的先民就创造了辉煌的古老文明。湖北荆州鸡公山旧石器晚期聚落遗址的发现，证实了远在五六万年至二万年前，这里的人类活动就已经十分频繁。从考古学的角度而言，湖北是长江中游地区的一块“风水宝地”。人类大约在距今1万年前，开始步入了新石器时代，而有资料证明，长江流域水稻种植的历史长达1万年之久。长江中游地区湖北新石器时代考古发现的城背溪文化、大溪文化、屈家岭文化、石家河文化，以稻作农业为纽带，其文化序列的一脉相承，表明这里的原始文明已经相当发达，湖北地域的历史从蛮荒时代开始迈向了文明发展的新阶段，揭开了历史文明的新序幕。

湖北考古所发现的城背溪文化、大溪文化、屈家岭文化、石家河文化，都属于原始社会晚期新石器时代的考古学文化。

长江中游地区气候温暖，雨水充足，土地肥沃，十分适宜于人类的繁衍生息。据考古资料表明，自新石器时代以来，水稻的栽培，一直是长江中游地区最为重要的经济生产活动，这里的历史文化发展，都与以水稻种植为主体的稻作农业生产息息相关。考古发现的城背溪文化的年代约为距今约8000—5000年之间。从城背溪文化的遗存中，就可以证实人类早已开始了种植水稻的农业活动。在城背溪文化遗址出土的稻谷遗存中，可以观察到稻谷壳形状细长、颗粒较大，与现代栽培稻接近。经科学测定，发现城背溪文化出土水稻的水稻花粉与现代水稻花粉特征一致，证实了距今8000年前的城背溪文化发现的稻谷应属于人工栽培稻，这是目前世界上最为古老的人工培植水稻之一，它对于研究水稻培植起源具有极为重要的意义。

考古发现的大溪文化，距今约5000—4500年，最先发现于四川省巫山县(今属重庆市)大溪遗址而得以命名。其文化的分布范围从峡江地区延及江汉平原和洞庭湖平原地区。这一时期的制陶业已相对发达，陶器器形规整，轻巧美观。大溪文化遗址中已相当普遍地发现水稻的壳痕，证实了农业的发展和水稻的种植已经有了很大的进步。

屈家岭文化距今约4500年，首先发现于京山县屈家岭遗址而得名，其文化分布在长江中游地区、汉水中下游及江汉平原。在屈家岭文化遗址中，已发现具有相当规模的稻作遗迹，在遗存的红烧土里，有密结成层的可见羼和稻壳、茎叶痕，据观察鉴定，其稻谷品种为粳稻。屈家岭文化发展区域中的重要特征，是开始出现了中心聚落与次中心聚落到一般聚落之间的多层次形态,具有中心聚落和核心聚落功能的古城在江汉平原地区已经有许多发现,而且在城址之中发掘有规模宏大的宗教遗迹和遗物。这些遗迹与遗物标示着人类社会开始迈向了文明时代的门槛。有学者称这一时期是中国古代的“古国时代”,甚至可能已经进入了“酋邦”国家时期。

石家河文化因最先发现于湖北天门县石家河镇而命名,其主要分布于江汉平原地区,距今约为4000年,这一时期的文物以陶塑艺术品和玉器而独树一帜。在石家河遗址之中发现的铜矿石冶炼铜渣及残铜片,表明当时的社会形态已经进入了“铜石并用”时代,可以说石家河文化晚期已经开始踏入了文明社会的门槛。

古代中国,尤其是在新石器时代,物质文化的丰富程度往往与农业的发展成正比,稻作农业是维系和推动长江中游地区原始氏族文化发展繁荣的重要因素。随着农业的发展,聚落遗址逐渐扩大,屈家岭时代已经出现了颇具规模的城址,同时,社会分工再次加剧,诸如制陶手工业的发达,纺织手工业的兴起,贮藏器的大量存在,生活器皿形式的多样化,都表明了人们生活的安定和丰富,酒具的出现就更能表现粮食的充裕。单从器物学上分析,湖北地区新石器时代陶器精品有大溪文化、屈家岭文化时期的彩陶,石家河文化时期的陶塑艺术品。这些先民所创造的陶艺精品,不仅在考古学上体现出不同地域不同时代的文化特征之外,其作品所体现出的超越时空的艺术魅力也是引人关注的一个闪光点。陶塑动物中的家禽家畜比例增多,也是农业生产发展,粮食富裕的佐证。荆楚之域的纺织手工业具有相当古老的历史,这些纹彩精美的彩陶纺轮,仿佛展现出了一幅幅绚丽的织锦画卷。

随着原始农业的发展,使得原始宗教也迅速发展,诸如对太阳神、谷神崇拜、生殖崇拜等宗教日益增多、形形色色的顶礼膜拜,是初民企图借以改变和驾驭自然力量的精神依托。屈家岭文化的巨大管状器是古人进行生殖崇拜的祭礼器,反映了古人繁衍种族、祈祷氏族昌盛的愿望。石家河文化玉器中的神人兽面雕像,是初民敬畏和崇拜鬼神观念的实物例证。陶器中还有一些表示着原始宗教崇拜的刻划符号尤为珍贵,其中一件“酋长执钺”图,刻划形象生动,寓意明显,是史前文化中具有很高艺术和学术价值的珍品。

(一)城背溪文化遗址出土文物

湖北地区发现的新石器文化中,时代最早的是城背溪文化,距今约7500年。因最早发现于湖北宜都城背溪而得名。城背溪文化时期,其社会形态和生产水平都处于相对原始的阶段。其以稻作农业为基本经济模式的特征已经明显。而城背溪文化时期的石器制作和制陶业水平还相当的原始。

城背溪文化陶器的陶质以夹炭陶为主,含有较多的碳化物。制作方式上有两种方法,一是直接使用泥炭土为原料的成分;二是羼入草本植物、稻草或谷壳高温烧制而成。器表红黑相间,以红色为主,显得斑驳不纯,胎心为深黑色。陶器多有纹饰,素面陶较少,纹饰主要为绳纹,另有刻划纹、蓖点纹、锥刺纹,有缕孔和花边,有少量红、黄、白等色陶衣。器类以圜底器为主,有少量圈足器,主要器形有束口圜底的釜罐,浅腹圜底的盘钵,弯体的支座和圈足盘等。陶器的火候不高,质地疏松易碎。器物造型多不规整,器表凹凸不平,口沿波状起伏。多为手制,较小的器物一般直接捏塑成形,较大的器形则采用泥片贴塑成形,器表常见到修饰时留下是刮削、抹平、打磨的痕迹。陶器表现出一种简朴、原始的风格。

城背溪文化遗址中出土了大量的石器,常见的有砍砸器、刮削器、石球和网坠等,这些工具主要用于渔猎生产。同时还发现了大量动物骨骼,其中以牛、鹿、猪以及鱼骨较为多见,还有一定数量的鳖和蚌。表明渔猎仍然是当时的一种重要的经济形式。石器以打制石器为主,一般用河卵石作原料,小型石器主要有刮削器、锥形器和雕刻器等,大型打制石器则有砍砸器、刮削器、石锤、石斧、锛、凿等,制作也还显得粗糙。磨制石器的比例和种类都较少,制作精细,形态规整的器物主要有石斧等。

城背溪文化的陶片中往往羼有大量的稻壳和稻草。经孢子花粉分析,水稻花粉,与现代水稻花粉相近,应属人工栽培稻。在城背溪文化遗址出土的稻谷遗存中,可以观察到稻谷壳形状细长、颗粒较大,与现代栽培稻接近。经科学测定,发现城背溪文化出土水稻的水稻花粉与现代水稻花粉特征一致,证实了距今8000年前的城背溪文化发现的稻谷应属于人工栽培稻,这是目前世界上最为古老的人工培植水稻之一,它对于研究水稻培植起源具有极为重要的意义。人工培植水稻的出现,表明原始农业已有了相当大的发展。

城背溪文化时期的文物之中，能反映先民精神崇拜状况文物，是一件“太阳神像”石刻（图 1-3）。这件古老神奇的“太阳神像”石刻被发现，也有一个值得讲述的故事。

1998 年秋冬之际，长江三峡两岸山岩上茂密的丛林已染上一层浓艳丽雅的红色，而坡地上满园翠绿的柑橘树，挂满枝头的是金黄色的丰硕果实。这一天，雨后天晴，空气格外清新，灿烂的阳光照耀下，轻风微微，空气中充满着原野的芳香。就在位于西陵峡与巫峡之间的香溪宽谷南岸，紧靠江边的二级台地上，整整齐齐的排列着方方正正的数以百计的考古探方。考古专业人员正在探方中用力地挥动手铲，仔细地观察迹象，认真详细客观地记录着每一个细微且重要的考古发现信息。这是湖北省文物考古研究所的考古研究专业技术人员，正在进行的秭归东门头遗址考古发掘现场。这是为配合三峡水利枢纽工程所进行的重点文物保护工作之一。东门头遗址文化堆积厚实，厚达近 10 米。文化内涵丰富，是一处新石器时期至明清时期的古文化遗址。单新石器时代的遗存，就包含有城背溪文化、大溪文化、屈家岭文化、石家河文化的地层。

图 1-3 城背溪文化“太阳神像”石刻

由于连日的雨水冲刷，在遗址的东北角靠近江滩的部位，有较大面积的坍塌。考古人员就在坍塌的文化堆积之中，发现一块 1 米多长的长条形石块十分醒目的夹杂在泥土里。在这倒塌文化堆积中包含物主要是新石器时期的遗物，有石器、陶器和骨器。当考古专业人员翻动这块大石条时，惊奇地发现，石条上雕刻有一幅十分神秘的图案。这种图案以前从来没有见过，绝对是属于第一次发现，在以往的考古资料中也没有相关的著录。考古人员马上意识到，这是一件具有重要历史价值、科学价值和艺术价值的珍贵文物。在它周边相伴的陶片大多时代较早，是属于城背溪文化、大溪文化时期的遗物，也发现有屈家岭文化和石家河文化时期的陶器。无论如何，这是中国新石器考古学的一次重要发现。考古领队孟华平即刻安排专业技术人员，按照考古规程做好相关的资料信息记录后，文物随即被装船运往秭归茅坪的三峡考古工作站，继后用专车运回到位于武汉东湖湖畔的湖北省文物考古研究所，成为了湖北省博物馆的一件弥为珍贵的馆藏文物。

该石刻图案中的造像与先民太阳崇拜相关，故被称为“太阳人”石刻。其长115厘米，宽20厘米，厚12厘米。图案雕刻手法古拙，线条简洁，而主题明朗，内涵神秘。“太阳人”头顶之上有圆形的太阳纹，太阳纹周边具二十三条光芒线。这幅图案，是中国南方目前发现年代最早的新石器时代以太阳崇拜为题材的石刻艺术品，是太阳神像造型最为明确石刻造像。完全可以将所谓“太阳人”，准确的定名为“太阳神像”。

神像雕刻在一块长方形的石条上，阴刻纹饰。石质细腻坚硬。石条较为规整，上端为平整面，边缘有明显的破损痕；双边竖直平整，边缘基本完整；下端一边内凹，一边斜向内收；正背两面平整。正面打磨光滑，图案浅刻其上。图案主体为一站立状神人图像，神像基本是由较为粗拙的单线条刻画，线条流畅准确。神像似人非人，似兽非兽，造型十分神奇。神像似为人面，形体怪异。头顶生一尖状角。面目形象为圆首尖腮，桃形脸，似猴面。弓形眉，杵形鼻，半月形嘴，双眼似橄榄果，显得特别的硕大。神像的头面部造型，与重庆大溪遗址出土的一件玉石人面雕像十分的相像。头面之下是细颈平肩，双臂短细微弧，自然下垂，末端似为拳头形。神身显得瘦长纤细，为上宽下尖，似为倒置的尖状三角形。双腿短小弯曲，蹲状分跨呈弓形，双足外撇与身下端尖底大致平行。在两胯之间的身体中，雕刻有男性生殖器。有非常明显突出的男性崇拜特征。最为奇妙的是以神像下部两边大小圆形纹的浮现，仿佛是刻划出与神像头顶之上的太阳纹相处在同一天空中的日月星辰景象。烘托神像使之似呈浮悬状，表现出太阳神居于浩瀚无际的宇宙空间之中的状态，更显露出神秘的氛围，给人以无限的遐想。

中国是世界上历史最为悠久的文明古国之一，也是世界上最早有太阳崇拜的国度。中国与印度、埃及、希腊和南美洲的玛雅文明一道，是太阳崇拜的五大发源地。《山海经·海外东经》曰：“汤谷上有扶桑，十日所浴，在黑齿北。”“大荒之中有山，名曰孽摇頵羝，上有扶木，柱三百里，其叶如芥。有谷，曰温源谷。汤谷上有扶木，一日方至，一日方出，皆载于乌。”《山海经·大荒南经》有载：“东南海之外，甘水之间，有羲和之国。有女子曰羲和，帝俊之妻，生十日，方浴日于甘渊。”考古资料发现表明，太阳崇拜在新石器时代就已产生。太阳神作为自然崇拜神，也是象征农业丰产的神，自然也会受到城背溪文化先民的顶礼膜拜。

（二）大溪文化遗址出土文物

大溪文化因最早发现于四川巫山（今属重庆）大溪遗址而得名，距今约5000—4500年。大溪文化的分布范围主要在峡江地区和湖北及湖南南部。依据考古学区系理论，学术界将大溪文化划分为峡江区和两湖区，各区域又可分为不同的类型，也可划分为不同年代的多个期段。在湖北的峡江地区、江汉平原和汉水流域都发现有相当多的大溪文化时期的聚落遗址。

大溪文化先民的社会经济活动是以稻作农业为主。在许多遗址房屋建筑遗迹的红烧土块中，很普遍的发现有稻梗、稻叶、稻壳印痕。说明长江中游种植水稻已有悠久的历史。稻壳印痕经鉴定为粳稻，是我国目前发现较早的粳稻。考古发掘资料还表明，大溪文化先民除饲养猪、狗外，鸡、牛、羊也已成为家禽家畜。同时，渔猎、采集等辅助经济仍占一定比重。特别在峡江区域的大溪文化地层中，发现较多的鱼骨渣和兽骨，包括鱼、龟、鳖、蚌、螺等水生动物以及野猪、鹿、虎、豹、犀、象等的遗骸。

考古发现的大溪文化房屋建筑基址，普遍经过烧烤，成为了以红烧土为特点的房屋建筑。很普遍的采用粘土掺和烧土碎块填实基脚，在墙内夹柱，又编扎竹片或小型树干，然后里外抹泥的方法来构筑房屋。房顶多用铺排竹片和植物秆茎，再涂抹掺有稻壳、稻草末的粘土。为适应长江流域的自然气候条件，在建造房屋时，大溪文化先民已经掌握了多种防潮、避雨、避热的技术技巧。

大溪文化的陶器基本上处于手制阶段，多泥条盘筑，圈足器一般是将器身与圈足分别做好后，再接上去的，晚期出现了慢轮修整。以红陶为主，黑陶、灰陶早期很少，以后逐渐增加。泥质红陶大部分表面磨光，托以鲜红或深红的陶衣。一部分红陶器表面红色，器内呈黑色或灰色，有的延至口外部，这种“外红内黑”的陶器，是大溪文化具有特色的陶器。粗陶夹砂、夹蚌末，有相当多的粗陶羼稻谷壳、稻草茎叶，火烧后炭化，使胎心呈黑色，这种“夹炭红陶”陶器火候不高，很轻，质地疏松易碎，也是大溪文化有特色的陶质。

大溪文化的陶器以素面为主，纹饰种类有刻划纹、压印纹、戳印纹、镂孔、弦纹、瓦棱纹、附加堆纹、蓖点纹、彩陶纹等，各种纹饰的数量早晚期有变化。作为大溪文化最有代表性的纹饰是戳印纹和彩陶纹饰。戳印纹在大溪文化中不仅数量较其他纹饰多，延用时间长，而且纹饰很有特色。戳印纹多饰在器皿的圈足上，用棍棒或指甲戳印，一般不戳透，使得另一面被顶起凸饰，其形状有圆形、半圆形、长方形、新月形、三角形、X形、工字形等十种。大溪文化彩陶，为红地黑彩，黄地褐彩，或白衣上绘红、赭、黑彩，形成多彩。彩陶见于碗、杯、罐、壶、筒形瓶、豆、盆上。最流行最有特色的彩纹是绳索纹、横人字纹、曲线网状纹、波浪纹、菱形格子纹、点状纹、涡纹等，还有弧线三角、圆点纹、花瓣纹等。

大溪文化陶器的主要器形有釜、斜沿罐、小口直领罐、壶、盆、钵、豆、簋、圈足盘、圈足碗、筒形瓶、曲腹杯、器座、器盖等。典型器物中的器座和彩陶筒形瓶最具有特色。在大溪文化的众多陶器之中，彩纹陶筒形瓶无疑是是最具有文化特征的器物，这种独特造型的器物仅见大溪文化的陶器群，在其他文化中没有见到过与其相类似的造型。彩陶筒形瓶的造型是细高束腰的筒形，卷沿圆唇，深腹弧壁，平底，器表多以红衣为底，以褐黄色彩饰条纹，波纹(图1-4)。筒形瓶是大溪文化的典型器物之一，是大溪文化特征和时代特征的重要标志。至于这种器物的用途，当属水器无疑，重要的是这种筒形器的出土数量不多，与其他的器形的陶器相比，已是相当少了，所以有学者认为这是一种重要的祭器，用于重要的祭祀和喜庆场所，所盛的液体不仅仅是水，或许应有酒类的饮品才对。尽管这是一种推测，还没有科学的测试报告来证明，但这种造型规整，形体美观，纹饰精致的器物是当时先民的重要器具，非一般陶器可比，独具用途和意义，这应当是可以认同的。在陶器的制作工艺方面，白陶器物上饰有类似浅浮雕的印纹，图案精美。白陶及饰纹的特点也颇为突出，代表了新石器时代制陶业较高的工艺水平。

大溪文化石器以磨刃对称的圭形石凿为特色。已经有了穿孔石铲和斜双肩石锛，并且出现了长达三四十厘米的巨型石斧，表明了石器制作技术的进步。

图1-4 大溪文化彩陶瓶

大溪文化的玉器也非常具有特色。在中国古代先民的观念中，视美石为玉。玉器研究学界从材料学的角度，将“石之美者”中的角闪石类称之为“真玉”，其他“石之美者”皆称之为“假玉”。就在峡江地区的大溪文化遗址中，出土有一批雕刻精美的石头，蕴含着神奇的魅力，向世人展示着古老而美丽的传说，颂唱着大溪文化先民心目之中的美妙牧歌和动人的传说。这批由精美石头中“假玉”雕刻的艺术品，才正是大溪文化玉器中最具自身特征的代表性作品。

大溪文化玉器的器物类别，大致可以分为装饰品和仿生雕刻艺术品两大类。从材质上有角闪石的真玉，更有以墨石为代表的假玉。真玉多为装饰品，类如璜、玦、环、镯等。而墨石、绿松石、玉髓的应用最为广泛，既有璜、玦等佩饰类，也有重要仿生造型的艺术品。

在仿生雕刻艺术品中有动物及人体造型的分别。仿生雕刻艺术品的功用也应该是作为装饰品。以人为题材的雕刻艺术品发现有湖北秭归柳林溪遗址出土的人体雕像。

湖北秭归柳林溪遗址出土的神人像为圆雕品。质地亦为墨石。神人形态为蹲坐状，直背平肩，屁股坐在平板上，双脚并拢，双膝外撇，双臂弯曲，放在膝盖之上。双肢向上，双手残断，但可以观察到双手伸向胸前。人首为平头，头上有对称的尖状角，脸面凸出，直眉棱眼，高鼻梁，扁圆嘴，尖下巴，短粗颈。其面目和脸形与大溪出土的人面像的特征有几分相像。雕像似乎为写实性的，其神态也无特异之处。妙在人首之上的尖角，显然不是常人所具有的特征。应该是“神”或者说是“巫”的头带装饰，一下子将雕像的人性特征提升到了神格的特性上。柳林溪出土的神人雕像，曲臂伸掌，双手朝上，用手心抱胸动作的造型，与之相类似的造型，在红山文化玉器和凌家滩文化玉器中都有发现，在良渚文化玉器中的神徽图案之中也可以见到，这应该是属于共性的特征，而蹲坐状和头饰有角并未见于其他文化玉器的人物造型。

仿生雕刻艺术品中以动物为题材的雕刻艺术品，主要发现有熊(又似豕)、羊(又似虎)、爬行动物(似蜥蜴又似鳄鱼)、“似猴似蛇又非猴非蛇，躯体刻饰有人字纹或鳞片”小动物(似为龙)、雏形动物(似豕)、穿山甲及蚕蛹状蝉形佩饰和波边蚕形佩饰。

熊，湖北长阳桅杆坪遗址出土。墨石雕琢。其造型上的特征是头首与兽身在艺术处理上采用了写实与写意的不同方法。熊首为圆雕写实状的造型。头首包括熊颈的形状及眼、鼻都较真实,而熊身为圆胖体,简化的为一圆石体,仅在器表略作处理,而不见熊的四肢和尾。其实从形象上看,这件雕像还具有猪的特征,尤其是前凸上翘的长鼻子。如果是猪的话,不得不联想到红山文化玉器中的猪龙和凌家滩文化玉器中的玉猪。如果那样的话,新石器时代玉器中的一些共同的特征就凸现得再明显不过了。

羊,湖北长阳桅杆坪遗址出土。墨石质雕刻品,出土时为残件,存头颈部,可判断为圆雕品。颈部为圆形较粗,头顶凸圆,头面较长。面目也清晰,角、耳、眼、嘴都还依稀可辨识,头首正面为圆形,凸圆眼,形象与羊似乎有较大差别,倒是有些像猫科动物。其实是什么都不重要了,重要的这是一件大溪文化玉器中的雕刻品。

湖北长阳桅杆坪遗址出土的墨石雕刻品中还有一件保存基本完整的爬行动物造型,报告称之为似蜥蜴。该动物的造型为头首较大,俯视为三角形,长嘴大眼,凸首,短腿平足,奇妙的是嘴前端作向下回钩形。兽身为束腰圆腹,后肢部宽大,曳较宽的长尾。背体上及尾部上有波状纹。此动物的造型是有相似蜥蜴的特征,但还觉得它更像鳄鱼。确实不易辨识为自然界中的某一种动物。或许就是在大溪文化时期先民综合了众多动物之特征,创造出的一种神奇动物。

湖北长阳桅杆坪遗址出土的造型神奇动物中,有一件"似猴似蛇又非猴非蛇,躯体刻饰有人字纹或鳞片"小动物。整器大致像弓形,报告称之为像猴似蛇。其造型上的特征是首尾相联,身背上有似鳞甲纹。头首凸出,大圆眼似猴,身体似蛇卷曲,尖嘴张开似钳形,像猛禽类的尖嘴。对于这种神奇怪诞的造型,应该理解为是先民集中了自然界之中多种动物特征于一体,进行了再创造的艺术品,说明了大溪文化时期的先民,已经脱离了对自然界物种的单一的模仿和写实性的描写,开始了以自身主观意识进行创作的阶段。同时也反映出原始宗教对艺术品的影响。对于该器的动物属性,应该是大溪文化时期先民对于"龙"的塑造。它具有蛇身兽首的造型,头尾相连,形成弓形,与早期玉龙的特征相符。有许多例证可以比较,如红山文化玉器中的猪龙有弓形状的,具有猪首与蛇身的特点。石家河文化玉器中也有似为猪首弓形的龙。凌家滩文化玉龙为弓形,其首凸出,有兽首之特征。而桅杆坪的这件大溪文化玉龙,就是以弓形蛇身,兽形头首,禽类的嘴为特征。其身上的鳞甲最能突出“龙”为鳞类之首的特点。

湖北长阳桅杆坪遗址出土的动物雏形，造型为兽类，圆头束颈，肥圆背腹，细短的四肢及腿，尾部残。其造型很简略，但是显得十分生动。可观察其肥硕而笨拙形态。在湖南出土的商代玉器中，有与此造型极为相似的豕类器物。此雕像极有可能是属猪的造型。

湖北长阳桅杆坪遗址出土的穿山甲，为圆雕品，用墨石雕成。头首残断，可见颈部为圆束状，颈身分界起棱明显，腹背上刻有网格状纹，以背脊分界为两边，向后下方伸展。兽体的前半部残，背凸腹弧圆。双腿宽于腹身，后脚尚存，作三角楔形，似有尾，尾残。报告称之为穿山甲，因兽的头尾部已残，仅是推定，并不能确定。可以看出的是其雕刻的手法已经较为熟练。

装饰品类玉器主要发现有璜、玦、镯、环、坠、珠、佩饰、璧形器、双环形器(管)以及小型锛等。以璜、玦、镯、环和佩饰最为流行。以绿松石、墨石佩饰、墨石双环形器(管)以及小锛最具有大溪文化玉器的自身特色。

璜，是新石器时代玉器中出土数量多，分布区域广，延续时间长的器形。璜是大溪文化玉器中发现最为普遍，数量也最多的器物造型。在长阳西寺坪遗址，宜昌中堡岛遗址、白狮湾遗址、清永滩遗址，松滋桂花树遗址等处都有出土。

璜也是造型最为丰富的器物，可以分为不同的型式：桥形璜、半璧形璜、扁体弧形璜、椭圆体弧形璜、扁体和圆柱体。从璜的横断面的形体来分析，有扁平体、扁圆体和圆体。扁平体又可分为宽平体和窄长体。宽平体有半璧形璜。扁平窄长体多为桥形璜和弧形璜。圆窄体皆为弧形璜，多在两端有孔，少数仅在单边的一端有孔。从材料上看，材质以真玉为主，亦有玉髓和墨石质的假玉。

玦，是中国古代最为流行的玉饰品，玦也是大溪文化玉器中最为常见的器物之一。也是发现最多的器物，在长阳西寺坪遗址、宜昌清水滩、中堡岛白狮湾遗址都有出土。造型上与同时期的长江下游出土的玉玦相同和相似。玉玦的材质主要是真玉，只有极少为墨石质。

镯，也是大溪文化玉器装饰类中最有特点的器物。宜昌中堡岛遗址，松滋桂花树遗址有出土。是套在手腕脚腕上的环形装饰品。

玉环，流行于新石器时代，玉环的基本造型为扁平的圆环状，大溪文化玉器中有较多的发现。在长阳西寺坪遗址、宜昌中堡岛遗址都有出土。多为圆柱体圆形。其器形较为单一，质地多为真玉。

坠，本身是依用途来确定的一种佩饰，在器形上很难有标准来确定其命名。多是随考古发掘者随心依形来判断器物的用途来命名。大溪文化玉器中坠较为丰富，在大溪、西寺坪、桅杆坪、桂花树等遗址中都有出土。本文将坠这种器物确定为圆形和椭圆形实心体，上端有穿孔系作吊系绳处，器物下端宽于上端的造型称之为坠。坠的质地有墨石质和角闪石。

珠，依玉器研究中的惯例，将小圆形和扁圆形穿孔器称之为珠。在大溪、西坪寺等遗址都有出土，大溪文化玉珠主要是扁平的鼓形珠。

佩饰，此类器也很难有标准来给予命名，本文且将形为扁体类型牌状器称之为佩饰。具有这种特征的器形在大溪文化玉器中出土数量最多，且型式也较丰富。器形分别有长条形、长方形，多数为梯形，以梯形为基本造型。也有圆形、三角形和不规整形。大多有穿孔，少则一孔，多则四孔。少数无穿孔，但在上端束颈。佩饰的质地多为绿松石占主导地位，少量有墨石和其他彩石类。应该是本地取材的制作品。一般都制作简单，显得较为粗糙。

管，在新石器玉器中也常有出土。大溪文化玉器中管的造型应该说是很有特点的。其造型为喇叭形，其上下端还有较宽的沿。沿似环，有的在沿边上有齿形。大溪遗址出土有数件之多，而在宜昌中堡岛也有相类似的遗物。报告撰稿人将之称为“双环形器”。其实这种器形完全符合“管”的特征。中间有大孔，管型较高。这种造型的“双环形器”似喇叭状，在其他文化玉器之中极少见到这种造型，而在后续的石家河文化玉器之中可以见到与之相似的造型。

璧，发现较少，器形也较小，扁平体。在大溪、西坪寺遗址有出土。这种器形还只能是装饰品的一种。一是出土太少，二是器形太小。在大溪文化器形中并不引人注目，还没有被大溪先民普遍认同。璧形器在后续的石家河文化中可以见到，但并不多，说明并不十分流行。

小型工具类如纺轮、小石锛都具有特色。材质除了墨石外，还有玉髓质。小型工具作为装饰品在后续的石家河文化玉器中仍然很普遍，也是长江中游地区玉文化的一个特点。

大溪文化玉器的主要特点表现在如下几个方面：

首先是雕琢材料选用的广泛性和特殊性；假玉、真玉皆有。绿松石尤其是墨石材料的应用更具有特殊性。大溪文化玉器中最精彩和重要的器物都是最具自身文化特征的器物，都是由假玉雕琢而成，就是以"墨石"雕刻为代表，而这种墨石雕刻艺术品主要分布在峡江区域。两湖区域则是以真玉的璜、玦、珠、镯为主，表现出大溪文化玉器两个区域的不同特点。显然两湖区域受到长江下游文化的影响更大一些，器物的类别上反映出既有外来文化因素的影响，如璜、玦、璧、镯等很明显是可能来自其他文化的舶来品。更为重要的是大溪文化玉器所具有的自身文化特征的体现。在峡江地区已经形成了具有自身文化特征，一个以墨石雕刻艺术品为代表的玉文化体系，是长江中上游地区玉文化的一个重要的源头。

墨石材质的使用，主要是在大溪文化时期的峡江区，其玉雕文化被继承和流传到屈家岭文化之中。在石家河文化玉器中尽管没有墨石雕刻艺术品，但从其器物的造型特征中，还是可以见到有一些蛛丝马迹，如石家河文化之中，有许多的小型工具类饰品，极有可能是源自于大溪文化玉器，还有石家河文化玉器中的喇叭形管形器，就与大溪文化玉器中墨石"双环形饰"有着相承袭的可能。无论是喇叭形器状管，还是小型的工具类饰品，在其他文化玉器之中，都无法找到其源头，只能是与大溪文化玉器相联接。

还有就是雕琢艺术手法上的多样性。手法稚拙，但其作品的形象也还是较为逼真。圆雕、浮雕、双面浮雕都有，表现出玉雕技艺已经相当成熟。

再就是雕刻题材的丰富性，反映出原始宗教寓意的神秘性。体现在品类的丰富上，仿生雕刻艺术品的题材的广泛，玉器文化的重要内涵是玉石通灵，就是"灵巫以玉事神"。大溪文化中以人为题材及动物为题材的玉雕上，具有很强的自身文化特点。大溪文化玉器中"龙"雕像的发现，无疑是一个很重要的标志性材料，极大扩展了"龙"文化的分布概念。玉人雕刻品在红山文化、凌家滩文化、良渚文化、石家河文化中都有发现。而大溪文化玉器中的人形雕琢作品，在新石器时代玉器之中独具一格。一是材料的特殊性，二是造型上的特征，即双面雕和蹲坐状的造型。

长江是一条十分便利的交通通道，同样也是经济文化的流通的重要走廊。先民所处时代的部落之间交流，远远超出了今天人们的想像。长江下游的玉器已经传入到大溪文化之中。但在峡江区域，尤其是早期，三峡地区处于相对封闭的环境之中，又与地域中的自然状况相一致，玉器雕刻艺术品在材料的选择造型和纹饰都具有明显的地域特色，相对于其他地区而言，在工艺制作上却不落后，峡江区域大溪文化出土玉器中的“墨石”雕刻艺术品，尽管目前所发现的资料并不多，但所透露出的信息却是非常的重要。可以说大溪文化玉器也是中国玉文化的一个重要源头。具有了与其他新石器时代文化玉器相提并论的资格。相信在今后的考古发掘之中，会有更多的具有大溪文化玉器特征的精美石头唱出美妙动听的歌曲。

(三)屈家岭文化遗址出土文物

屈家岭文化，因首先发现于湖北省京山县屈家岭遗址而得名，屈家岭遗址是全国重点文物保护单位。屈家岭文化主要分布范围是在长江中游、汉水中下游、长江与汉水相交汇的江汉平原之上。以江汉平原为中心，东起大别山南麓，西至三峡，北到豫西南，南抵洞庭湖北岸。屈家岭文化的年代距今约4200—4000年。屈家岭文化与大溪文化遗存互相重合，有明确的地层叠压关系，陶器有承袭、演变的因素，极有可能是直接继承大溪文化发展而来的。

屈家岭文化的陶器多为手制，但快轮制陶已普及。器表光洁，似经过打磨。陶质以泥制为主，夹砂陶较少，陶色以灰色为主，黑色次之，另有少量红陶及橘黄色陶。陶器纹饰常见弦纹、篮纹、瓦棱纹及镂空装饰。彩陶纹饰有带形纹、网格纹、圆点纹和弧三角纹。屈家岭文化的陶器圈足器发达，三足器较多，平底器较少，器形有罐形鼎、高领罐、高圈足杯、薄胎杯、壶形器、圈足碗、长颈圈足壶、扁凿形足鼎、甑、釜、缸等，蛋壳彩陶杯、碗和折腹鼎、豆、盂最富代表性。屈家岭文化陶器之中，如果要论器形的大小，最大者当属于一件1956年在京山屈家岭遗址中出土的陶锅了。锅高33厘米、口径86厘米。测其锅内的容量约0.625立方米，可见其煮烹的食物之多，非一个小家庭所能食用的食量，应该是为聚族而居的大家族而准备的炊器。这种大体积大容量的炊器也发现较少，应当是氏族宗庙在重要场合才会使用的重器。此器胎体厚实，为夹砂陶胎。器为宽平沿，斜方唇，敞口，沿面内侧起凸边，无颈深腹，腹中部较直，下腹斜内收到底，底较平，腹外饰旋纹。这是目前湖北新石器时代考古发掘之中所发现的体积最大的陶器，在其他区域的新石器文化之中也非常之罕见，应该是属于新石器时代陶器中的名副其实的重器和大器，对于研究它当时的社会形态和制陶手工业都具有重大的历史价值和工艺价值。

彩陶纺轮是屈家岭文化陶质工具中最为精彩的制品。其形状多为扁圆形，纺轮上彩绘有旋涡纹、平行线纹、同心圆纹、卵点纹、短弧线纹、点纹、直线纹(图1-5)。其中形似蝌蚪的涡纹最具特色，有单涡、双涡、相对三涡相随、四涡相盘的造型，而双涡相对的构图极像后来的太极图案，又有其色彩的些许差别，就有好事者将之与太极图相联系在一起，甚至与韩国国徽相提并论，其实根本就不是一回事，充其量也不过是形有点相似罢了。先民在纺轮线之中都产生一种丰富美妙的视觉效果，与"太极"的联系可以说是风马牛不相及的事。纺轮是一种原始的纺织工具，其用途是细杆插在孔中，用以旋转纺线。这种纺轮在新石器时代非常流行，有石质、玉质和陶质，而彩陶纺轮仅见于长江中游地区和汉水流域的屈家岭文化之中，是屈家岭文化最具时代特征的器物。

图 1-5 屈家岭文化彩陶纺轮

屈家岭文化时期的彩陶纺轮可以说是独具特色，其纹饰丰富多彩，别具一格。特别是那些似火旋转的的"太极纹"图案的彩陶纺轮，除了表现出当时纺织业的发展和艺术美感之外，其中所蕴含的原始宗教意义，也是颇为值得探讨的课题。

屈家岭文化时期出现了大型分间房屋建筑。这种建筑一般呈长方形，里面隔成几间，有的呈里外套间式，有的各间分别开门通向户外。地面用红烧土或黄砂土铺垫，以便隔潮，表面再涂白灰面或细泥，并用火加以烘烤使之坚硬。大者长 14 米，宽 5 米余，室内面积达 70 平方米。房屋建筑多为方形或长方形地面起建式。

屈家岭文化时期的墓葬形制以竖穴土坑墓为主。成人墓多集中于氏族公共墓地，多单人仰身直肢葬，有拔掉上侧门齿的现象。小孩墓多圆形土坑瓮棺葬。

屈家岭文化的石器多为磨制，制作水平已相当高超，器形有斧、铲、锛、凿、镰、箭头等。经济活动以稻作农业为主，家畜饲养及渔猎采集也是很重要的经济活动。屈家岭文化是以农业经济为主体的过着定居生活的氏族部落。屈家岭文化的遗迹和遗物中，具有自身原始宗教文化特征的是众多的臼形器套合排列的祭祀遗迹，以及由数节相套接的高大的陶祖形崇拜柱，都反映出屈家岭文化时期的社会形态的状况。可以推测，屈家岭文化时期已经进入了父系氏族社会的发展阶段。

（四）石家河文化遗址出土文物

石家河文化是长江中游地区继城背溪文化、大溪文化、屈家岭文化之后，发展起来的一种地域性新石器时代晚期的文化。在年代上相当于黄河流域的龙山文化和长江中下游的良渚文化。距今约4000—3000年。因最早发现于湖北省天门市石河镇而得名。有学者认为，石家河文化时期已经进入了铜石并用时代。石家河文化的地域分布主要是在湖北和河南南部、湖南北部地区，其他端可至南阳盆地、西北到达汉水上游，西南至长江西陵峡，东端以大别山为界，南端为洞庭湖西北部。其文化中心区域是江汉平原地区。

石家河文化在文化面貌上既包含有明显的龙山文化因素的存在，如陶器中袋足器、篮纹罐等都很普遍的存在，又有着强烈的自身文化的地方特征，如陶器中的红陶杯、小口高领罐等。因而对于它的文化命名，曾引起了学术界的争议。上世纪60年代至70年代之间，有人将此类遗存命名为清龙泉三期文化。70年代，有人将之称为湖北龙山文化和季家湖文化。80年代末期，湖北省考古学界认识基本趋于一致，将此类遗存命名为石家河文化。石家河文化分布的区域以及时代概念，与古代传说中的三苗集团的分布区域和时代大致相吻合，学术界往往将屈家岭——石家河文化遗存与三苗民族集团相联系为一体。就目前考古资料所能反映的状况来看，这种联系还只能是一种推测而已。但作为一个问题提出来，以供大家参考，也还是很有价值的。石家河文化时期的聚落遗址其规模已相当宏大，可以证实这个时期已经出现了大型的城址。城的出现。标志着中国古代城（酋）邦文明的开始，或者说是中国古国时代的开端，极有可能已经开始跨入了文明社会的门槛。当时的社会分工已经十分明显,从其手工技术和艺术的角度而言,最令人眩目是玉器的制作和使用。

石家河文化的陶器一般以夹砂陶为主,泥质陶次之,还有一定数量的羼谷壳而形成的夹炭陶。轮制陶器比例较大,在一些陶器的底部往往还留有轮制成形的痕迹。陶器大部分为黑色,也发现有不少红色的陶杯和陶塑艺术品,是该文化的一大特色。陶器以素面为主。纹饰以篮纹最多,弦纹次之,还有少量的绳纹、镂孔、附加堆纹、划纹、方格纹、粗条纹、锯齿纹、戳印纹、锥刺纹等。主要器类有宽扁足盆形鼎、盉、鬶、平底钵、圈足碗、盘、粗柄豆、高领罐、橄榄形罐、深腹胎缸、刻槽杯、红陶小杯和陶塑艺术品等。石家河文化时期,从陶器的器物组合及造型来看,很明显的一个特征是有北方文化特征的器物进入。鬶、盉之类的袋状器的出现,表明文化融合的大趋势和社会形态发展的阶段。

在丰富多彩的古代陶制品之中,最为引入注目的莫过于形态各异,种类繁多的新石器时代石家河文化的红陶雕塑艺术品,其数量之多,制作精巧,类别之繁,在同时代的其他文化之中,实属绝无仅有,堪称中国原始文化艺术的精华,其历史价值、艺术价值绝不亚于黄河流域仰韶文化的彩陶艺术品。

关于石家河文化的陶塑艺术品的发现,还要从上世纪的50年代说起。20世纪50年代中期,中国科学院考古研究所张云鹏先生带领一只考古队来到了湖北京山、天门一带开展田野考古工作。他们是为配合湖北荆州地区石龙过江水库工程的建设而展开文物保护工作的。考古队的工作先是在京山屈家岭进行了大规模的发掘。首次发现和命名了屈家岭文化为代表,具有湖北地域文化特征的新石器时代晚期的文化类型,从而揭开了湖北新石器考古的序幕。这次考古工作的收获还包括对天门石家河遗址群的发现和发掘,先后对石家河的罗家柏岭、贯平堰、三房湾和石板冲等处遗址进行了发掘,在发掘中发现有相当多的玉雕器和红陶雕塑品(图1-6)。但限于当时的认知程度,这批弥足珍贵的玉雕器和红陶雕塑品没有得到相应的重视,而且在时代的判断上也有误差。随着考古工作的深入,认识水平的提高,根据地层堆积和器物的共存关系,判断出这批珍贵的玉雕器和红陶雕塑品都属于石家河文化时期的遗物。经过历年的考古调查和考古试掘,红陶雕塑品较为集中地发现在湖北天门石家河遗址群的邓家湾遗址。

在石家河文化遗址发现的陶塑艺术品之中,以陶偶人的造型最为重要。这些偶人有的正襟危坐，有的转身起舞，还有的手捧大鱼。有学者释之为部落酋长的塑像，也有人认为是巫师作法的形象塑造。

图 1-6　石家河文化陶塑

陶塑中发现最多的是禽鸟类的动物，可辨之者就有鸡、鸭、鹅，至于难辨属种的只能是长尾者称之为鸟，短尾者称之为雀，其数量可达千件之多。还有双尾相连的联体鸟造型。此种造型与楚文物之中的虎座鸟架鼓中的双鸟相背尾相连的形状极其相似，可能是一种难得的巧合吧。

泥塑中形态特征明显兽类动物有狗、猴、猪、牛、羊、兔，以及老虎、大象。狗的造型可谓精彩多姿，有立状、卧状、蹲状，还有大狗背之上托一只小狗的造型。仿佛是先民在有意识的用丰富多彩的狗造型，来向后来的人类传递一个信息——狗是人类忠实的朋友。猪、羊、牛、兔都应当是石家河文化时期人类所饲养的家禽类，猴的饲养也是可能的。在石家河文化遗址的考古中，还发现用猪作为祭祀祭品的例证。发现有以猪下颌骨为随葬品的现象，表明当时的人们将猪视为重要的财富标志。

在陶塑中发现的老虎、大象造型也很多，尤其是大象的长鼻及象牙等特征突出，极易辨识，说明石家河文化时期，江汉间的气候是处于相对炎热的状况之中，很适合大象一类的热带动物生存。

陶塑中的水生动物有鱼、龟、鳖等。鱼仅是作为偶人怀抱的物品，亦视为祭品。而龟鳖类多是独立成形，造型的特点也非常清楚。龟鳖在江汉平原自古以来就是非常多，应当是石家河文化时期先民所捕获的重要食物之一。

在陶塑中除了可辨识的动物种类之外，还有一些让人无法理解的奇怪造型，如鸟首鱼尾的造型。更让人所夷匪思的是居然出现有类似袋鼠和企鹅的造型，是先民无意捏塑的意外之作，还是刻意的创作？这无疑是一个难解的千古之谜，至少还没有半点可供支撑的资料来说明是有意所作。但企鹅和袋鼠造型却是那样逼真，可谓是形神俱佳之作。

关于石家河陶塑品的意义和作用，学术界目前主要有玩具论和祭品论。玩具论认为复杂问题简单化，即石家河文化时期的孩童玩具，还可能有对儿童进行教育认识部落首领巫师，以及辨别各种动物的功效。祭品论认为是祭祀神灵所赋予人们的食物，祈祷来年有更多的收获。这些形态各异，种类繁多，造型生动的石家河文化陶塑艺术品，是湖北博物馆史前藏品的重要器物，也是湖北新石器时期最具特色的重要文物。

长江中游地区的琢玉历史，就目前资料表明，在大溪文化和屈家岭文化时期就已经相对成熟了。石家河文化玉器造型丰富多姿、类别繁多，就用途而言大致可分为礼器、仪仗器、工具、装饰器和杂器等。礼器包括有琮、璧、环、璜；仪仗器有钺、璋；工具有刀、锛、钻；装饰品有筒、珠、端饰，柄形器、锥形器、棒形器、叉形器等。而雕琢工艺作品有琥、龙、凤、蝉、鹰、鸟、人首面像、兽首神面像、羊首、鹿首等，其中尤以形态精巧的动物及人、神雕像引人注目，是石家河文化玉器的代表性作品。

石家河文化玉器在质料上所表现出的正是古文献中所指的“美石”之概念。石家河文化玉器在质料方面应用非常广泛，所采用的原料多以青玉为主体，亦有黄玉和碧玉。石家河文化玉器除了普通采用玉料以外，还采用了石英、水晶玛瑙、大理石、绿松石、滑石、荧石等作为琢器的原材料。这些材料在湖北、河南、湖南的山区都有蕴藏。在这些材料的雕琢器之中，也有不少精巧之作，如桂花村出土的玉刀、福田遗址出土的玉钺，为大理石质。肖家屋脊出土的鹿首、羊头为滑石，枣林岗出土有1件绿松石虎首，2件水晶蝉，1件玛瑙璜。这些精美之器，当然也属于古人所称为的“美石之器”。可以说选择广泛的美石作为雕琢精巧之作的材料，是石家河文化玉器的一大特色。石家河文化玉器的另一个显著特点是形体小巧，但从雕琢工艺上看都很精致，各类器物形体的规格和神态的细腻都掌握得十分准确。在雕琢手法上较为普遍地采用圆雕、浮雕、阴刻、透雕等多种雕塑技法，最令人叹为观止的是细微的减底阳线的普遍使用。标准的造型和精美的装饰,便构成了石家河文化玉器在制作工艺上一大特色。在雕琢手法上具有相当的难度,可以说,不是具有掌握了专门琢玉技术的的能工巧匠,并且拥有相当先进的琢玉工具和手段的话,是根本无法做到的,换而言之,石家河文化玉器制作工匠的技术是相当高超的,所使用的琢玉工具和手段也是超出了我们所能想象的先进。

石家河文化玉器以其丰富多姿的类别,精巧别致的造型,独具特色的工艺风格而大放异彩,令世人瞩目。更为重要的是从石家河文化玉器中透射出的时代气息,更是令学术界注目的焦点。从宏观的角度而言,探究石家河文化的构成因素,其主要的有三点:其一,石家河文化是长江中游江汉地区继城背溪文化、大溪文化、屈家岭文化之后发展起来的地域性的考古学文化,这里有一个沿袭的因素;其次石家河文化所受到的周边区域文化因素的影响,当然这种文化因素的影响是相互性的;其三,石家河文化受时代因素的制约。玉器,作为石家河文化的一个重要组成部分,必然的会受到这三个方面因素的约束,反言之,从玉器中所表现出来的文化内涵及特征,其主体必然包含在这三大因素之中。应当这样来看待这个问题,相对而言,石家河文化玉器与大溪文化、屈家岭文化玉器相比较,无论是在数量上、品种上都明显增多,更为重要的是在造型风格上存在著相当大的差异,可以说产生了质的变化,这不仅存在著时代早晚的关系,实际上所体现出的是由不同文化源流的融汇产生出的新特征。石家河文化的构成,就存在着本源与主源相融汇以及比例大小之差别,这也是研究玉器风格特征的重要前提。石家河文化的本源应当说是以屈家岭文化因素占有主导地位,而主源(尤其是在石家河文化晚期)与中原的龙山文化一脉相联,主源与本源的融汇,从而构成了新的文化共同体——石家河文化。这一历史现象极有可能是“禹征三苗”所造成的。仅就玉器而言之,受到的中原文化因素的影响又远远大于其他区域。有学者指出石家河文化玉器与山东龙山文化玉器在许多方面都有相似之处。这种看法是可以赞同的。

中华民族是世界上最喜爱玉器的民族,中国自古有崇玉爱玉的习尚。古代玉器与玉文化是中国传统文化的重要组成部分,具有鲜明的民族特色。在中国古代的观念之中,玉是可以通灵的神物,是通天地、祀鬼神的社稷重器,是权势与地位的物化表征,也作为追求灵魂升天,保尸不朽的殉葬工具。古人赋于了玉这种天然矿物许多的寓意，玉器便成为了人文之美与自然精华之美的结晶。中国古代对玉的认识，尤其是远古人们对玉的认识，并非现代人理解意义中的狭义的矿物概念。古人对玉的理解是相对广泛的精美石头。古人视美石为玉，表明玉具有温润与儒雅的光泽，坚实的质地和精致洁丽的品质，稳定宁静之中蕴涵着超凡脱俗的、深邃神秘的意蕴。学术界将史前玉器称之为“神玉”，神玉可以理解为两个方面：一是神玉为祭神之玉，如琮、璋、琥、璜。二是神玉器雕琢成“神”的形象。两者都是要透过玉作为媒介，达到与神相沟通的目地。与神相沟通的载体，是神玉的主要功能。如前所述，石家河文化玉器以出土数量多、造型别致精巧，寓意深刻的动物及人、神雕像为典型代表性作品。而这些作品所表现出浓厚的原始宗教崇拜的信息，更是值得注意研究的一个方面。毋庸置疑，远古时代的艺术品，往往都与原始宗教崇拜有着密切的联系，石家河文化玉器作为原始艺术的一个品类，也毫无例外地与中国远古时代先民对神灵的崇拜有着极为深刻的联系。

卷屈的龙和舒展的凤，显然是中国先民尊凤崇龙文化传统的体现，这种文化传统早在远古时代就已经成为中华大地包括长江、黄河、辽河流域以及北方草原地区先民们所共同崇拜的伟大神灵。至于龙凤的渊源，显然不是石家河文化土著因素的原始产物，是受到周边文化因素影响所产生的结果。

造型别致的琥，可以说是具有强烈自身文化特征的艺术形象。虎作为一种威武雄勇的动物，被视为“兽中之王”，极有可能被石家河土著民视为一种神灵的象征，赋予虎以神秘的宗教含义，大量经过刻意雕琢的各式各样的琥，应当是先民对虎崇拜的产物，单单从玉器的角度而言，虎崇拜在石家河文化中就是一个昭然若揭的事实。

玉蝉在石家河文化玉器中，是数量最多、造型最丰富的玉雕器。也是最能表现其文化特征的典型器物。玉蝉形式多样，似有具象写实型和抽象写意型二大类。毫无异议，蝉也包含有某种神秘的宗教寓意。蝉是一种经过几次蜕变的昆虫，人们时常可以观察到蝉由蛹蜕化而来的过程，先民们对蝉在形态上的蜕变形象，不可能有科学的解释，对这种自然现象感到十分的迷惑不解，从而会产生出神秘感，进而便对它产生了崇拜。且不能肯定地说玉蝉具有了“蝉蜕龙变”的宗教寓意，但玉蝉具有了“死而复生”的宗教意义，就应该说是可以肯定的。

人首雕像是石家河文化玉器中最富特色的玉雕造型。一般都为写实性雕像，但也具有很强的装饰性。主要有牌状人首面像（图 1-7）、璜状人首面像和筒状人首面像三种。雕像面目表情严肃，神态呆滞，还有作吐舌张嘴状，似乎表现出一种令人肃然恭敬的神秘意味。有推测认为人首面雕像可能是部落酋长的客观体现，用这种说法来解释那些逼真写实性的雕像是完全讲得通的。也有推测说人首面雕像可能是先民所崇拜的神灵雕像，其性质同于兽首神面像，具有象征天神的意义。其实，兽首神面像与人首面像二者之间既有一定的联系和相似性，却也存在着质的差异。兽首神面像的造型是以兽首和人面部分器官复合装饰于一体为特征，人首面像大都逼真写实，尽管有一些人首面像具有很强的装饰性，但人面五官形象仍然是清晰可辨的，是属于人的面目。即使是吐舌，也是人本身所能表现出的一种真实的面部神态表情。至于所表象的宗教意义，可以肯定属于祖先崇拜范畴。

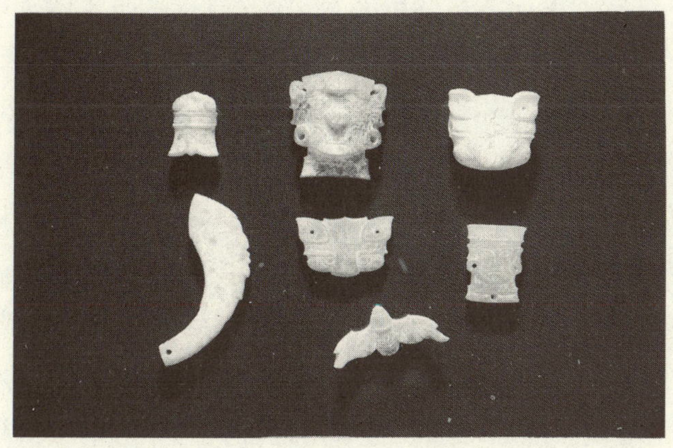

图 1-7　石家河文化玉器

兽首神面像不仅具有人面像的部分特征如肩、眼、鼻，同时，也具备有兽首的翼角、獠牙等动物特征，可以说已经脱离了人脸面部自然表情的范畴，是更深层次的宗教崇拜形象在艺术上的体现。它与人首面像在形象上的差别仅仅是具有特别突出的翼角和獠牙，而二者之间在文化内涵上，却有着祖先崇拜与神灵崇拜的不同范畴，二者的差异性十分的明确。是否可以这样认为，兽首神面像是石家河土著民从祖先崇拜向神灵崇拜转换过程中，创造出的历史性雕塑艺术品。

兽首神面像是属于神灵崇拜的艺术作品，它与良渚文化玉器上所刻画的神像，在性质上是相一致的，或者说是相似的。它与山东龙山文化玉锛上刻画的神像就更为相似了，大有异曲同工之妙，这一点在学术界几乎达到共识。兽首神面像在国内外有较多的收藏。近年来，在商代墓葬及遗址中也曾有出土，就目前资料而言，其时代上限为石家河文化，下限可至殷商，可依据其时代早晚排出系列。它在造型上具有琥首与人首的综合特征，是二者的复合性造型，从其宗教意义上讲，极有可能是中国远古时代先民所崇拜的一位尊神，关于它本身的文化内涵，需要进行更为深入的研究。

石家河文化玉器对于后世玉器具有很强而深刻的影响，像琥、蝉、龙、凤、鹰以及人首面像、兽首神面像这些主要造型，在商周玉器中都曾经出现，且在风格上可谓同出一源。人首面像更是源远流长，在河南申县春秋黄君墓中出土的玉人首面像，与江陵枣林岗出土的石家河文化人首面像就颇有几分相像，完全有理由说它们是同源于一师之门的艺术品。类似江陵枣林岗和钟祥六合出土的柱状玉鹰，在湖北盘龙城一座商代墓葬中就有出土。与石家河文化琥首相似的造型，在山东西周墓中也有出土。还有前面已经提及的兽首神面像在陕西西周墓和江西商代遗址中都有发现，这些都是非常突出的例证。石家河文化的玉凤造型与商代玉凤造型及工艺比较也颇有几分相似，能说明的问题是商周时期，乃至后世的许多中国玉雕器的许多器形可能源于石家河文化玉器中，也可以这样说，石家河文化玉器是中国玉器艺术由原始阶段走向成熟时期的一个代表性作品群，它与龙山文化玉器、良渚文化玉器及薛家岗文化玉器一道，共同构成了新石器时代晚期中国玉器文化一个全新的风景线，从而透射出中国文明社会的缕缕曙光。

石家河文化时期已经出现了以石家河遗址群为标志的中心聚落，石家河遗址群由邓家湾、土城、肖家屋脊等数十处遗址组成。当时的经济生活以稻作农业为主。在邓家湾遗址发现了铜块和炼铜原料孔雀石，标志着冶铜业的出现。石家河文化时期已经发现有铜块、玉器和祭祀遗迹、类似于文字的刻划符号和城址，种种迹象表明它似乎已经跨入了文明时代的门槛。

第二章 先秦时期文物

一、殷商时期文物

商取夏而代之，在中原建立了中国历史上的第二个王朝。接着，殷人踏着夏人的足迹，继续经营南国。古本《竹书纪年》记："成汤二十一年，商师征有洛，克之。遂征荆，荆降。"《吕氏春秋·异用篇》也记载："汉南之国闻之曰，汤之德及禽兽类，四十国归之。"可见早在商朝初期，殷人便长驱南进，所向披靡。在长江沿线的许多地方诸如湖北的黄陂、江陵，都发现了早商文化遗存，出土了大量文物即为明证。

（一）盘龙城出土文物

在长江中游地区所发现的商代遗址中，以盘龙城最为著名。盘龙城位于湖北黄陂叶店村，遗址发现于20世纪50年代，发掘于70年代，是一处商代二里冈期的遗存。经过前后三次发掘，获得十分丰富的资料，足以让人们了解当时的文明状况。主要有：

其一，保存较好的城址。城址平面呈方形，南北长约290米，东西宽约260米，周长约1100米，方向北偏东20度。部分城垣目前在地面上还保存1~3米的高度，墙基宽约21米。整个城墙由主城墙和内侧护城坡构成，断面呈梯形，采用层层平夯和斜夯相结合的方法，分段夯筑而成。每夯土层厚约8~10厘米，夯筑的技术比较原始。城的四面中部有一缺口，可能为城门，城门的基部地面铺有一层石头，作为门道。

在南北城垣外有宽约 14 米，深约 4 米的城壕，在城南濠沟底部曾发现桥桩的柱穴，可知当时是架桥通过的。

其二，在城内东北部地势较高的台地上，有大型的建筑群。目前在这里已发现三座宫殿建筑基址，前后并列，坐北朝南地排列在一条中轴线上。宫殿建筑分为上、下两层建筑，下层建筑建在生土上，上层建筑是先将地面平整，然后在其上筑一高约数 0.10 米至 1 米以上的大型夯土台基，再在台基上营建宫殿。

第 1 号宫殿基址为夯土筑成的台基，东西长 39.8 米，南北宽 12.3 米。台基中央有东西并列的四室，四壁木骨泥墙，中间两室较宽，各有前后二门。两侧的两室较窄，各仅南面一门。台基周围还有一圈檐柱，柱径半米左右，深 70 厘米，柱洞底部有大小石块作柱础。根据这些遗迹，可以复原成一座"茅茨土阶"式的四周有回廊，中间为四室的四阿重屋的高台寝殿建筑。

2 号墓址东西长 27.5 米，南北宽 10.5 米，基址四周分布有柱洞，可能是一座两侧开门的厅堂式的建筑，即位于"寝"前的"堂"。

上述两座建筑与文献记载中的前堂后寝的建筑布局极为相似，假如判断不误，那就是迄今所知最早的"前堂后寝"布局的建筑群实例了。尽管这一建筑群比较简单，却奠定了直至封建社会末期明清两个王朝的宫殿——北京故宫的基本结构。

盘龙城的建筑基址多方面地继承了二里头宫殿建筑的建筑手法，而有所发展。重檐屋盖是凹曲屋面出现之前，高大建筑为防雨、防晒以及保证良好的通风和日照条件，同时保持体形高耸壮观的一个成功的创造。这种建筑式样在此后 3000 多年里一直作为主体殿堂的定制。总之，盘龙城的宫室建筑，在中国古代建筑的发展史上，具有承前启后的地位。

其三，在城址的周围，分布着密集的居住遗址，当为当时一般居民的居住区及制陶、铸铜等手工业作坊遗迹。

其四，在盘龙城的楼子湾、李家嘴、杨家湾、杨家嘴等地都发现有商代早期的墓葬，随葬青铜礼器的贵族墓则主要集中在李家嘴一带，其中以李家嘴 1、2 号墓的随葬器最为丰富。

而分布在楼子湾一带的普通贵族墓，墓坑长约 2.6 米，宽约 1.2 米，皆有棺椁和腰坑，腰坑内殉狗 1 只，随葬有青铜礼器、武器、工具各数件，还随葬有石镰等农具以及陶器和原始瓷器等。

分布在杨家湾一带的平民墓，墓坑窄小，往往宽仅 40 厘米，长 2 米左右，有棺无椁，随葬品为数量较少的陶器，个别的有一件青铜器爵随葬。

其五，遗址与墓葬内出土有大量陶器、青铜器、玉器等。

盘龙城出土的陶器中，以红褐色陶所占比例较大，灰陶亦有相当数量，此外还有一定数量的硬陶和原始瓷。陶器的纹饰以绳纹为主，还有方格纹、弦纹、附加堆纹、圆圈纹、云雷纹、兽面纹、S 形纹等。主要器形有鬲、甗、鼎、罐、大口尊、盆、簋、瓮、缸、壶、豆、斝、爵、碗等。盘龙城的陶器与中原商文化有较多的相似性，但又存在一定的差异，如硬陶和原始瓷器占整个陶器的 6%以上，所占比例远较中原商文化遗存为大。又如盘龙城所出带流罐、平底圆腹罐、圈足碗均为中原所少见。

盘龙城也出土有数量不少的玉器，如出土的一件玉戈长近 1 米。

盘龙城的青铜器主要出土于墓葬。1963 年在盘龙城西面的楼子湾清理墓葬 5 座，出土青铜器 38 件；1974 年在城东李家嘴清理墓葬 3 座，出土青铜器 67 件；同年在城北的杨家湾清理墓葬 2 座，出土青铜器 1 件；在城南清理墓葬 1 座，出土青铜器 22 件。此外还在周围采集到青铜器 20 余件。据 1976 年统计，当时盘龙城即已出土青铜器 159 件，器类达 25 种。之后在盘龙城周围的墓葬、遗址、窖藏等处又陆续出土青铜器 200 余件，盘龙城出土的青铜器总数达 400 多件。

盘龙城出土的青铜器主要有工具如锸、斨、斧、锛、凿、锯、鱼钩等；武器钺、戈、矛、刀、镦、镞；礼器鼎、鬲、甗、簋、斝、爵、觚、盉、罍、卣、盘等。

各墓随葬青铜器以李家嘴 1 号墓、2 号墓居多。2 号墓为男性墓，未经扰动。该墓是一座长方形竖穴墓，墓长 3.67 米，宽 3.24 米，葬具为重椁单棺。椁板有精细的饕餮纹和云雷纹雕花，内侧涂朱。墓内随葬品除青铜器外，还有陶器、印纹硬陶、玉器等，并有 3 名殉葬者。从现存的考古资料来看，该墓是商代二里冈时期墓葬中规模最大、随葬品最多的一座，墓主应系盘龙城的最高统治者。

2 号墓出土青铜礼器 23 件，其中酒器类有爵 4 件，斝 3 件，盉、觚及罍各 1 件；食器类有鼎 4 件，鬲、甗、簋各 1 件；水器类有 1 件大盘及 5 件小盘。酒器除 1 件罍外，其余都放置于棺与内椁之间，而食器则放在内外椁之间。椁内近棺，椁外远棺。这些器物与墓主人显然存在亲近与疏远的关系。也就是说，凡墓主人生前特别喜欢因而特别看重的器物,就置于身旁,而墓主人认为次要的物件,则放在稍远的地方。由此可见,商代早期的铜礼器已经是“重酒器的组合”,而轻炊食器的组合,与西周中期开始的“重食器的组合”有所不同。这或许能从一个侧面反映了“周礼”和“商礼”的区别。

盘龙城出土的青铜器在器类、形制、纹饰等方面无不与郑州二里冈出土的商器相吻合,表现出两地文化的高度一致性,而且在李家嘴 1、2 号墓出土的铜甗、簋、提梁卣等器物为新发现的器类,大大丰富了早商青铜文化的内容。

这里出土的青铜器应是就地冶铸而成的,在盘龙城遗址中,发现了一些孔雀石、木炭、红烧土等,所需铜料应是就近取得。

这些铜器的合金成分并不稳定,有的铜约占 81%~88%,锡、铅分别占 5%~8%和 1%~6%,有的铜含量相对偏低,约占 71%左右,而含铅量高达 21%~24%。总之,还未能掌握一个比较适当的合金比例,这种情况也和郑州二里冈期的青铜冶金术大体相同。

青铜器的铸造工艺已达到一定水平,1990 年在这里出土的一件圆鼎高 85 厘米,是目前所发现的二里冈时期最大的一件圆鼎,它反映了当时的铸造水平。铸造方法普遍使用了陶合范的通体浑铸,但也使用了分铸法,如对于卣的提梁、簋的双耳等器物的附件是先铸后再通体合铸而成的。从容器里侧平滑,器表花纹浮于器面的情况看,其铸造工序是先制模、模上雕花、再制内外范。所出青铜器大小不一,花纹各异,未见二件完全相同者,其铸造应为一器一范。从铜器表面光亮,则可看出在范铸后已行打磨修饰。

总之,盘龙城出土的二里冈期的青铜器,只能视为中原青铜文化向长江流域的延伸。

盘龙城出土的典型器物为:

(1)大玉戈。戈是商周流行的一种兵器,以玉为戈始见于二里头文化,其后流行于商、周两代。由于玉石本身质地坚脆,无法将玉戈用于实战搏击,且大量出土的玉戈无使用痕迹,可知商周时期的玉戈应是一种仪仗器。

玉戈形制的演变可以分为两个阶段。第一阶段包括二里头文化期和早商二里冈期。此期玉戈的特点为尺寸普遍较大,一般在 30 厘米左右。出土于黄陂盘龙城商代遗址的一件最长,长达 97 厘米(图 2-1)。戈援部(刃部)略呈弧度,直内（后端），多数无中脊仅有钝脊。除部分在内上饰有简单的弦纹外，一般无纹饰。第二个阶段为殷墟时期即商代晚期，玉戈尺寸变小，殷墟前期的尺寸多在15至20厘米；殷墟后期长度在15厘米以内，小的仅4至5厘米。戈有直身、弯身两种，皆有中脊或三脊。内上饰平行的粗阳纹，或者在内及援上阴刻兽面纹和变形云纹。部分戈内直接雕成鸟头状。传世品中亦常见以玉为援，用铜铸成鸟头状内嵌接而成的铜内玉戈。

图2-1 黄陂盘龙城出土大玉戈

西周玉戈形制与商晚期相似，普遍不饰纹饰，制作不及商代精细。西周以后玉戈趋于消亡，春秋战国时零星可见的玉戈，仍保留了周代的特点。春秋玉戈锋作三角形，援身上刃微外弧，下刃稍直，刃颇锋利，中部起脊，内之尾端作斜角状，援、内间中部穿一孔。汉代玉戈有所变制，一种援呈尖首长方形，上饰多组纹饰，援前端为对称盘绕的双龙纹，中间是谷纹，后端作几何纹和龙凤纹，背面平素，内窄，长方形，上穿两孔。另一种玉戈援呈弧形，锋端如橄榄尖，两侧有刃，中脊为窄条，并有横凸的胡部（即戈刃曲而下垂的部分），上皆饰勾连云纹，内呈长方形，亦饰勾连云纹，胡部与内部分别镂三个和一个长方形的小孔洞。汉以后玉戈不常出现了。

（2）大铜钺。在盘龙城李家嘴2号墓出土的一件青铜钺，长41厘米，刃宽26厘米，是目前所发现的商代铜钺中最大的一件（图2-2）。铜钺的内作长方形，身作梯形。平肩，弧刃，两侧微凹，刃角略翘。肩两侧有对称长方镂孔各一，用于穿绳缚柄。肩下饰夔纹一组，两侧饰夔纹河蝉纹。

图 2-2 黄陂盘龙城出土大铜钺

钺是具有权杖一类性质的兵器，它由新石器时代作为复合生产工具的穿孔石斧演变而来。夏代，战争以斧为要器，不仅用于战斗，而且用于披荆斩棘，开田种地。后来，斧的作用逐渐变为仅仅用来两军战斗，人们便将斧的刃部放大，名之为钺，“钺者，大刃之斧也”。到了商代，战争中多用弓矢，白刃交手不常有之，斧钺逐渐失去了在战争中的重要性。商代以后，其实际用途除为兵器外，还具有了特殊的用途，即权力的象征。

从历史上著名的武王伐纣战争中，就可看出钺的重要地位和特殊的象征意义。公元前 11 世纪，武王伐纣在牧野誓师时，武王左手拿着黄钺（青铜钺），右手举着白色的战旗，纣王兵败自焚后，武王又用黄钺砍下了纣王的头颅，又用玄钺砍下了纣王宠妃妲己的头颅，由此可见，钺是具有象征征伐权力的古代兵器。古籍中也有不少这方面的记载，《礼记 · 王制》：“赐弓矢然后征，赐斧钺而后杀。”《史记 · 殷本纪》中有“汤自把钺，以伐昆吾”、“赐弓矢、斧钺，使得征伐，为西伯”等记载。这种权力也适用于诸侯或重臣，著名的西周宣王时虢季子白盘铭文有“赐用钺，用征蛮方”。由于钺具有这样的性质，所以又起着仪仗的作用，《尚书 · 顾命》载：“一人冕，执刘，立于东堂；一人冕，执钺，立于西堂。”

盘龙城李家嘴 2 号墓出土青铜钺，根据该墓的出土器物综合考察，说明墓主人生前是拥有很大军事统率权的统治者。

（3）铜爵。在中原夏商铜器墓中，酒器爵、觚、斝是最基本的铜礼器组合，以爵最为常见。在二里头遗址所发现的铜器墓中，如果只出一件铜容器便必定是爵，若有两件或更多的铜容器，其中必有爵。在郑州发现的15座商代铜器墓中，出爵者占80%，而其他铜礼器如鼎、斝、觚的出土率，各自只占30%~50%。在安阳殷墟，建国前发掘的铜容器，以爵最多；建国后在西区发掘的67座有铜器（或仿铜器的铅器）的墓中，也无一例外地有爵。铜爵发源于中原地区，最早出土于河南偃师二里头文化遗址。至商代二里冈期时，铜爵随着中原青铜文化向周边地区的扩展而同步扩散，反过来说铜爵的扩散，也大体代表着中原文化的扩张，尽管各地所见铜爵并非全部来自中原地区。盘龙城出土的以铜爵为代表的青铜器，应是中原商文化南进的结果。

至少在商代，铜爵在酒礼器中的作用和地位是崇高的，《博古图》卷十四说："盖爵于饮器为特小，然主饮必自爵始，故曰在礼实大。爵于彝器是为至微，然而礼天地、交鬼神、和宾客以及冠、昏、丧、祭、朝聘、乡射，无所不用，则其为设施也至广矣。"如此概括颇为精辟。铜爵在商代青铜礼器中居有举足轻重的地位，除了"在礼实大"、"设施至广"之外，还因为铜爵是"明贵贱、辨等列"的标尺，能否拥有铜爵以及拥有铜爵的多少，都是当时区分人们社会地位的重要尺度。

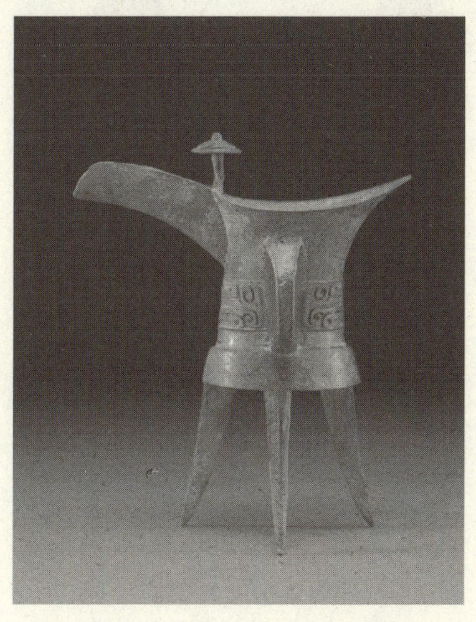

图2-3 黄陂盘龙城出土铜爵

盘龙城出土的铜爵形制略有区别，主要有双柱爵和单柱爵两种（图 2-3）。双柱爵器身椭圆，直腰宽腹，下腹微斜凸出，平底下连三细尖足；口沿前端突出长流，流嘴似 V 形，后端如短尾微翘，而流根与口相连转折处，两侧面各作一短柱加固，以防倾倒碰裂，柱顶似钉头；口沿下腹部右侧，附一扁平状把手，以供右手提举。采集所得的一件单柱爵，器身扁圆而长，腰腹作二段式，上端腰高似长颈而直，下端腹宽鼓突，底平足短；口与流相接处，用一单柱分叉而立，柱顶似笠帽形。铜爵的纹饰主要为兽面纹，以平雕为主，缺少层次，是全无立体感的平板表现；在纹样缝隙之间，也无地纹补衬，显得单调朴实，是典型的早商铜器特征。尽管如此，商代早期的艺术工匠，能将动物的写实描写，简化成至精而单纯的平面图案，还不失其动物体态，具象与抽象兼备，造型稚拙，却线纹流畅，充分显现原始古朴的美感，这是颇令人叹服的。

（4）大铜鼎。1989 年，在武汉市黄陂盘龙城发掘了杨家湾 11 号墓出土的 35 件青铜器中，有一件青铜鼎经修复复原后，高 85 厘米、口径 55 厘米，成为迄今所出土的商代早期青铜鼎中最大的一件。这件大铜鼎为圆腹鼎，颈部饰兽面纹（图 2-4）。

图 2-4　黄陂盘龙城出土大铜鼎

青铜鼎是由新石器时期陶制的鼎演变而来的。鼎的主要用途是烹煮食物，鼎的三条腿便是灶口和支架，腹下烧火，可以烹煮食物。自从青铜鼎出现后，它又多了一项功能，成为祭祀神灵的一种重要礼器。青铜鼎多为圆腹三足，也有方腹四足的，鼎口处有两耳。

鼎是我国青铜文化的代表。鼎在古代被视为立国重器，是国家和权力的象征。直到现在，中国人仍然有一种鼎崇拜的意识，"鼎"字也被赋予"显赫"、"尊贵"、"盛大"等引申意义，如：一言九鼎、大名鼎鼎、鼎盛时期、鼎力相助，等等。鼎又是旌功记绩的礼器。周代的国君或王公大臣在重大庆典或接受赏赐时都要铸鼎，以旌表功绩，记载盛况。

鼎被赋予神圣的色彩，起源于禹铸九鼎的传说。传说夏禹曾收九牧之金铸九鼎于荆山之下，以象征九州，并在上面镌刻魑魅魍魉的图形，让人们警惕，防止被其伤害。自从有了禹铸九鼎的传说，鼎就从一般的炊器而发展为传国重器。历商至周，都把定都或建立王朝称为"定鼎"。国灭则鼎迁，夏朝灭，商朝兴，九鼎迁于商都亳(bó)京；商朝灭，周朝兴，九鼎又迁于周都镐京。

历史上有"问鼎"的典故，语出《左传》宣公三年，大意是：楚庄王为讨伐外族入侵者来到洛阳，在周天子境内检阅军队。周定王派大夫王孙满去慰劳，楚庄王借机询问周鼎的大小轻重。王孙满说：政德清明，鼎小也重，国君无道，鼎大也轻。周王朝定鼎中原，权力天赐。鼎的轻重不当询问。楚庄王问鼎，大有欲取周王朝天下而代之的意思，结果遭到定王使者王孙满的严词斥责。后来就把图谋篡夺王位叫做"问鼎"。

秦代以后，鼎的王权象征意义逐渐失去。以后，伴随着佛教在中国的传播，鼎的形式得以延续。后代的鼎通常安放在寺庙大殿前，既是装饰物，又是焚香的容器。

鼎也是我国青铜文化的代表。它是文明的见证，也是文化的载体。根据禹铸九鼎的传说，可以推想，我国远在4000多年前就有了青铜的冶炼和铸造技术；从地下发掘的商代大铜鼎，确凿证明我国商代已是高度发达的青铜时代。中国历史博物馆收藏的"司母戊"大方鼎就是商代晚期的青铜鼎，长方形、四足，高133厘米，重875千克，是现存最大的商代青铜器。鼎腹内有"司母戊"三字，是商王为祭祀他的母亲戊而铸造的。清代出土的大盂鼎、大克鼎、毛公鼎和颂鼎等都是西周时期的著名青铜器。鼎和其他青铜器上的铭文记载了商周时代的典章制度和册封、祭祀、征伐等史实，而且把西周时期的大篆文字传给了后世，形成了具有很高审美价值的金文书法艺术，鼎也因此更加身价不凡，成为比其他青铜器更为重要的历史文物。美学家李泽厚认为，中国青铜器以其“特有的三足器——鼎为核心代表，器制沉雄厚实，纹饰狞厉神秘，刻镂深重凸出”，是我国青铜艺术成熟期最具审美价值的青铜艺术品。

郑州二里冈一带是商王朝早期都城所在地，这里曾出土大型的方鼎——杜岭方鼎 2 件。这与商中期的王室有关，并不足为奇。盘龙城出土这么大的铜鼎，颇让人好奇。

长期以来，人们对商王朝的疆域和活动范围并没有明确的认识，一般认为商域南不过大别山。我国近代著名的学者王国维在他的《观堂集林 · 说亳》中认为商的版图按“卜辞所载地名，大抵在大河南北数百里内”，其南界未超出今河南境内。盘龙城商代城址和大铜鼎的发现，打破了这个旧框框，证明商王朝早期的活动范围，不但跨过了大别山，到了荆楚之地，而且在长江之滨已筑起了坚固的城，铸造了象征政权的大铜鼎。

盘龙城出土大铜鼎，说明在荆楚一带活动的商朝贵族，并不是等闲之辈。《诗经 · 商颂 · 殷武》中有“挞彼殷武，奋伐荆楚，深入其阻，裒荆之旅，有截其所，汤孙之绪。维女荆楚，居国南乡，昔有成汤，自彼氐羌，莫敢不来享，莫敢不来王，曰商是常”的诗句。《竹书纪年》记载：“成汤二十一年，商师征有洛克之。遂征荆，荆降。”《吕氏春秋 · 异用篇》还记载：“汉南之国闻之曰，汤之德及禽兽矣，四十国归之。”这些诗句和记载表明商代初年南方的荆楚各部落和西方的氐羌等部落一样，已经臣服于商王朝，江汉一带已是商王朝的“南土”。而盘龙城就是商王朝当时统治荆楚地区的重要据点，盘龙城出土的大铜鼎就是这个据点的贵族权力与身份的标志。

（二）湖北其他各地出土文物

湖北境内除盘龙城之外，还有多处发现了商代青铜器，但主要分布在汉水以东和长江以北地区。略述如下：

1977 年在随州淅河出土青铜器 13 件，主要有爵 2、觚 1、斝 1、卣 1、斧 1、刀

2、戈 2。可能出土于墓葬之中，为商代中期器。

1978 年在宜都王家渡出土铜斝 1 件，商代中期器。

商代晚期的铜器出土地点分布较为广泛，主要有：

应城出土有铜爵、斝、鸮卣各 1 件；

应山长岭出土铜鼎 1 件；

随州熊家老湾出土铜罍 1 件；

枣阳新店出土铜尊 1 件；

黄陂袁李湾出土铜斝 1 件，铜家岗湾出土铜爵 1 件，桐官家寨出土爵 1 件、觚 3 件；

汉南纱帽山出土铜尊 1 件，竹林嘴出土铜方彝 1 件；

鄂城陈林寨出土铜爵 1 件，内有铭文“癸父已”；

崇阳汪家嘴出土铜鼓 1 件；

阳新白河出土铜尊 1 件；

沙市东岳村出土铜尊 1 件；

江陵岑河庙与八姑台出土铜尊 2 件。

在上面所述的商代铜器中，最具代表性的几件为：

其一，为汉南纱帽山出土的铜尊，高 37.1 厘米，喇叭形口，腹微鼓、高圈足。器身饰满三层花纹，云雷纹衬底，颈饰蕉叶纹，其下作回首夔纹，腹部及圈足饰饕餮纹，在主纹的凸线条表面刻划脉络以为勾勒。圈足上有两个对称的不透空十字形镂孔。器身从上至下起四条侈出口沿的扉棱。圈足内铸铭文“天兽御”。全器铸造精工，纹饰富丽，其工艺水平之高，堪与殷墟出土的青铜器媲美。

其二，为崇阳汪家嘴出土的铜鼓。铜鼓出土于 1977 年，通高 75.5 厘米，重 42.5 千克，鼓身模置，鼓面呈椭圆形，鼓冠似屋脊的两面坡，鼓座作长方体中空。鼓面仿牛皮鼓面，光素无饰。沿鼓腔两端边缘各饰三周乳钉纹，为模仿木鼓蒙鼓面所用的钉。鼓身及鼓足饰云雷纹（图 2-5）。目前所知商代铜鼓共 2 件，这是迄今所见最早的一件铜鼓，较之日本滨田耕作《删订泉屋清赏》所著录的双鸟饕餮纹铜鼓更为古朴。龙山文化遗址已出土陶制的鼓，甲骨文中也有鼓字，鼓的历史非常悠久。《礼记·明堂位》记：“夏后氏之足鼓，殷楹鼓，周悬鼓。”《毛诗传》

记:“夏后氏之足鼓,殷人置鼓,周人悬鼓。”郑玄注:“置读作植。”楹鼓、置鼓亦即建鼓,湖北随州市曾侯乙墓出土过1件。上述两件皆为足鼓,其为夏代的遗韵,抑或史籍记载有误,尚待考古资料印证。

图2-5 崇阳出土铜鼓

其三,为江陵岑河出土的2件铜尊。两件铜尊形制基本相同,但大小有别,大尊口径57.8厘米、腹径38厘米、通高63.5厘米,重31.3千克;小尊口径46.2厘米、腹径34.5厘米、通高46.2厘米,重16.5千克。两尊均为大敞口,口沿上折,尖唇,束颈,略呈喇叭状。广折肩,斜直腹,下壁微内收,高圈足,足壁微外鼓。颈根部饰凸弦纹三周。肩、腹、圈足某些部位以云雷纹衬地。肩部雕铸三鸟,鸟身向外,作伏卧状,大头,长嘴钩喙,尾上翘。牺首长角,鼻口清晰,在鸟与牺首之间,饰三组对称的夔纹图案。腹、圈足各起三道扉作棱,扉棱间各起一组饕餮纹,饕餮纹由两条夔纹构成,尾下卷。圈足的三道扉棱之上各有一个镂孔。铜尊造型凝重,制作工艺精湛,立雕鸟和牺首比例准确,形象生动,浮雕饕餮纹疏密得当。这样的铜尊在江汉地区尚属首见。

二、西周时期文物

早在北宋时期，湖北就有西周时期的青铜器出土，即著名的"安州六器"。据宋人王黼著《博古图录》记载，为方鼎3件、圆鼎2件、甗1件。其中的中方鼎、中甗等器物的铭文记录了周昭王南征的重要史实。

湖北各地较普遍地出土有西周青铜器，基本上可以分为两大类：一类为江陵万城、黄陂鲁台山等地出土的青铜器，有着浓厚的商文化因素；另一类为随州、京山、枣阳等随枣走廊地区出土的青铜器，大部分为西周晚期。

（一）黄陂鲁台山出土文物

黄陂鲁台山的五座中小型西周墓出土有圆鼎3、方鼎4、甗2、簋2、爵9、尊1、觯5、觚1、卣2等礼器，以及兵器、工具、车马器、生活用具如铜镜等。这批器物形体普遍较小。礼器的表制与中原或关中地区同期青铜器相同的约占十分之九；器物上饰饕餮纹、夔龙纹、双尾龙纹、雷纹、云纹、圆涡纹、对角云纹、乳丁纹等，也与中原或关中地区同期器物上常见的相同；铭辞简短，字体端正古朴且有波磔。其铸造技术与中原地区大体相同，均采用通体浑铸，一范一器。这种现象的出现，无疑是周王朝在汉东地区分封"汉阳诸姬"，将势力向南推进的结果。

不过，这批青铜器也有大量商文化的因素，如以鼎、甗、簋、爵、尊、卣、戈、矛为主要器类，以云雷纹、饕餮纹、夔龙纹、圆涡纹为主要纹饰，这在盘龙城的早商文化遗存和鄂东的晚商文化遗存中均有所见。铜器铭文上的"以日为名"也见于鄂城出土的晚商铜爵，这与江汉地区曾为殷人所大力经营，商文化在这里已有深厚的根基大有关系。鲁台山西周文化遗存的内涵是商周文化的融合，二者在文化因素上平分秋色。

（二）江陵万城出土文物

江汉地区曾为殷人所大力经营，当周人灭商后，大量殷遗民也就滞留于此。诸如黄陂鲁台山、江陵万城出土的一批西周早中期青铜器大概就是他们的遗物。

江陵万城出土青铜器17件，7件有铭文，鼎铭为“北子”，簋铭为“翏乍（作）北子乍簋，用遗氒（厥）且（祖）父曰乙。其万年子子孙孙永宝”。卣铭为“小臣乍（作）父乙宝彝”。其他器铭与这些大体相同，应是同一家族即北氏家族的一组器物。器铭中出现三个人物，即翏、北子乍或小臣、祖父曰乙（父乙），为祖孙三代。这组器物是孙子为父亲北子乍作祭器，用来祭飨其祖父乙。

万城出土的北子器上有族氏文字“[illegible]”。“[illegible]”是商朝的王族，曾见于安阳殷墟出土的铜器，湖北也曾出土铭“[illegible]”的商器。另外，祖父名乙，而以日为名也是殷人的习惯。北氏家族的一支或者是在商王朝大力经营江汉地区之时便已迁徙至此，后因国破而不得不定居下来，或者是在商王朝灭亡时流落至此，直至西周中期。其所铸青铜器倒是具时代风尚，与其他各地所出西周早中期青铜器风格基本一致。

江汉地区的殷遗民积数十百年之功，并与当地土著荆蛮联合起来，曾对西周王朝构成极大威胁，以至于“周昭王南征而不返”。鲁台山出土青铜器即表明，周人因对殷遗民与土著的联盟莫之奈何，曾以联姻的方式予以笼络。

江陵万城、黄陂鲁台山出土的青铜器虽是西周时的器物，但因其所有者乃殷遗民，或可视之为殷商文化的余绪。

（三）随州羊子山出土文物

西周早期的青铜器在随州羊子山也曾出土过两批：1975年出土鼎、簋、爵、尊各1件；1980年出土鼎、簋、爵、尊、觯各1件，卣2件。鼎呈深腹柱足，簋一有盖，一无盖，圆鼓腹，两兽首下垂珥，圈足。纹饰亦为流行于西周早期的特征性纹饰——以云雷纹为地纹的饕餮纹和夔纹。鼎、簋、尊、卣、爵、觯的组合形式，为中原地区西周早中期铜礼器常见的复合组合。鼎簋组合出现于商代，流行于西周时期；尊卣组合出现于商代晚期，至西周晚期消失；爵觯组合则是流行于西周早中期的一种酒器组合形式。

（四）京山苏家垅等地出土曾国文物

京山苏家垅等地出土的曾国文物主要是青铜器。如：1970年在随州熊家老湾出土簋4件，鐳、方彝各1件；1972年在这里又出土鼎3件，簋2件，甗、壶、盘、匜各 1 件；1978 年在随州贯庄出土鼎、簋各 2 件，鬲 4 件，甗、壶、盘、匜各 1 件；1972、1983 年在枣阳赵湖分别出土鼎 2、簋 2，鼎 1、盆 2、壶 1，鼎 1、簋 2 等三批器物；1966 年在京山苏家垅出土鼎、鬲各 9 件，簋 7 件，豆、壶各 2 件，甗、盉、盘、匜各 1 件；1980 年在京山西北台出土鼎 2 件，卣、盘各 1 件。

上述几批青铜器，以京山苏家垅为代表，该墓是迄今已发现的曾国墓中的三座九鼎墓之一，也是我国已发现的西周时期的唯一一座九鼎墓。出土的鼎呈深腹蹄足，附耳；鬲为款足弧档；甗为方体四足，通高 52 厘米，形体较高大；簋圈足下附三支足；豆（铺）为浅盘镂空座；匜为宽长流，扁四足；盉为罐体，细长流，扁四足。

尤其是苏家垅出土的曾仲斿父铜方壶为长颈、垂腹、圈足。盖缘耸起一圈镂空莲瓣，形若华盖。颈部饰阴线波曲纹，两侧有兽耳套环。器腹上两周波曲纹边缘起棱，疏朗醒目。圈足饰垂鳞纹，重心稳定。盖内、器口内有相同铸铭："曾仲斿父用吉金自用宝隮壶。"此壶器体高大，通体以波曲纹为基调，动静呼应，虚实相谐。阴刻与阳刻，宽与窄的变化形成节律，气势凝重而华丽，堪称青铜艺术的上乘佳作（图 2-6）。这些器物大都饰有精美而规整的纹饰，以窃曲纹、环带纹、垂鳞纹、重环纹和瓦纹为主体。铸造尚称精良。

图 2-6　京山苏家垅出土曾仲斿父壶

苏家垅青铜器的组合也最为完备，其组合为鼎、鬲、甗、簋、豆、壶、盘、匜，与河南上村岭 M1810、M1820 的铜礼器组合形式相同。器类中，较之西周早中期，食器数量和种类明显增多，酒器明显减少，鬲和豆较多地出现。在鼎簋组合中，列鼎制度形成，鼎的大小依次递减并多为奇数，簋多为偶数。盘匜成套配置，这是西周晚期出现的一种新的水器组合形式。酒器壶也出土较多，在大墓中则成对地出现，这也是西周中晚期出现的一个新特点。在苏家垅铜器中，两件最大的鼎有铭文"曾侯中子斿父自乍隮彝"，同出的铜铺（豆）和铜壶分别作"曾中斿父"，这两种不同的称呼应指同一人，"曾中"即"曾侯中"，曾侯是封爵之号，曾中为氏称，"父"为男子美称，"斿"为"子斿"，是其名。上海博物馆藏《曾子斿鼎》的作器者曾子斿也应为同一人。同出的两件鬲则作"佳黄朱（？ ）柁用吉金乍鬲"，为黄器。刘节据"江仲嬭钟"和《曾姬无恤壶》谓"江、黄、曾、楚，皆互为姻娅"。因此，这两件鬲应为黄国媵器。墓中既有此媵器，且无兵器同出，墓主应为曾侯夫人。

以京山苏家垅为代表的曾国青铜器，体现着当时长江中游地区的青铜铸造水平。这些器物如果出现在中原地区，那就不足为奇了，但它们出现在西周时期青铜器铸造明显衰退的长江中游，则难能可贵。

曾即随，是西周初年周王分封在汉水以北、以东地区的诸姬姓小国之一，其从西周早期建国，到战国中后期灭于楚，有着近 700 年的历史。曾国的发展史，基本上是与楚国的关系发展史。在其早期发展阶段，一度颇为强盛，"汉东之国随为大"，并且因保持着宗周的文化传统，相比湖北境内的其他诸侯国如楚国而言，文化也是较为发达的。九鼎七簋的出土，应是在楚国强大之前，曾国在汉东地区具有举足轻重地位的象征，曾器所反映的文化面貌尽管是对中原周文化的亦步亦趋，但其高出一筹的青铜铸造技术，对楚国早期青铜文化的发展有着至关重要的影响。

三、春秋时期文物

《史记·周本纪》说："平王之时，周室衰微，诸侯强并弱，齐、楚、秦、晋始大，政由方伯。"所谓"方伯"，实即霸主。对此，《国语·郑语》所记相似而较详："及平王之末，而秦、晋、齐、楚代兴。秦(景)[庄]、襄于是乎取周土，晋文侯于是乎定天子，齐庄、僖于是乎小伯，楚蚡冒于是乎始启濮。"按：秦襄公助平王东迁，而取西周王畿为己有；晋文侯迎平王至洛邑，有功；齐庄公和齐僖公主持过诸侯的盟会，虽不成大气候，但也算小霸主了；楚君蚡冒开拓濮地，与其祖若敖齐名。

春秋早期的楚国正在变小为大、变弱为强，称雄于江汉之间，但与淮汉之间的诸多国家和部落相比，资源既不丰饶，文化也不发达。当时的长江中游，资源最丰富的是聚居在鄂东南和赣西北的扬越，出产大量红铜；文化最发达的是镇守在汉水支流涢水流域的曾国，不仅出土的曾器在当时的长江中游最多、最好，而且已有像大夫季梁这样走在时代前列的思想家兼政治家。这个曾国，李学勤考证即文献所谓随国，其公室为姬姓。在《国语·郑语》中，"曾"写作"缯"。

但是，至春秋中期的楚成王时，不仅扬越成为了楚国恭顺的臣民，而且曾国也成了楚国忠诚的附庸，楚国于是奠定了霸业的坚实基础。楚文化也以其丰富的内涵和特殊的风姿而让中原人士刮目相看了。

(一)楚墓、楚遗址出土青铜器

春秋时期楚墓、楚遗址出土的器物主要以青铜器为主。

早在20世纪30年代，郭沫若先生在《两周金文辞大系·序》中，就将中国古代青铜器划分为南北二系，提出"江淮流域诸国南系也，黄河流域北系也"，并认为"徐楚乃南系之中心"。在半个世纪的岁月中，长江中游地区所取得的一系列重大考古研究成果，表明楚国青铜器作为南系之中心是当之无愧的。从春秋中期开始，楚国的青铜冶铸不仅发达，还自成体系，独具风格，而且对周边地区的青铜文化有着重要的影响。

春秋时期的楚国青铜器较集中地出土于湖北的宜昌、荆州、襄樊地区，特别是宜昌、襄樊地区。在宜昌当阳赵家湖发掘的297座楚墓中，春秋时期的几座墓出土有青铜礼器。

赵家湖楚墓出土铜礼器统计表

墓　号	铜礼器	时　代
赵家塝 M2	鼎1、簠2	春秋早期晚段
赵家塝 M3	鼎1、簠2	春秋中期早段
赵家塝 M4	鼎1、簠2	春秋中期晚段
赵家塝 M8	鼎2、(锡)簠2、盏1、舟1	春秋中期晚段
金家山 M9	鼎2、簠2、盏1、舟1	春秋中期晚段
金家山 M235	鼎1、敦1	春秋晚期早段
郑家洼子 M23	鼎1、盏1、舟1	春秋中期晚段
杨家山 M6	鼎1、敦2、盘1	春秋战国之际

1975年在赵家湖墓地附近曹家岗5号墓中，出土青铜礼器10件，计鼎4、簠2、缶1、盘1、匜1、斗勺1，其中两件簠上有铭文，为"王孙飙作蔡姬饮[illegible]"，为春秋晚期之器。

1988年抢救性发掘的赵巷4号墓虽被盗严重，仍出土有铜器数件，为盘、匜、銮铃、车辖、戈等，时代为春秋中晚期之际。

1974年11月在赵家湖之北的王家台一楚国贵族墓中出土一组青铜礼器，计鼎2、簠2、缶1、盘1、匜1。其中一件鼎上有铭文"楚子[illegible]之饮緐"，时代为春秋晚期。

1969年在枝江百里洲发现一组铜器，共8件，为鼎3、簠2、壶1、盘1、匜1，为春秋早期之器。两件簠的盖内、器内铸有铭文，作器者为考叔䀇父。一件匜内铸有铭文，作器者系塞公孙䀇父。

1987年枝江关庙山一号春秋墓中出土一件缶盖，内有铭文"永陈之隮缶"，时代属春秋晚期。

在襄樊地区，襄阳余岗东周墓地（包括山湾、蔡坡二处墓地），是一处楚国的重要墓地，1971年至1976年考古工作者在这里先后发掘了一批楚墓，其中有25

座墓中出土青铜器。此外,文物部门在该地还收集了一批青铜器。据已发表的资料,余岗共出土青铜器 152 件,其中铜容器 109 件,器类有鼎、盏、簠、簋、豆、敦、盒、缶、壶、盘、匜、瓢、勺、长勺、舟等。此外还有斧、锛、凿、镰、刀、锥等工具,剑、匕首、矛、戈、戟、钺、殳、镞等兵器,以及车马器、杂器、装饰品等。出土铜礼器的墓有 12 座,除 M18 为战国晚期的秦墓外,另 11 座皆为楚墓。根据出土器物及埋葬情况来看,这 11 座墓皆属级别不高的"士"或"下大夫"的贵族所有。这里出土的青铜器除楚器外,还有邓、蔡、徐、吴等国之器。

余岗楚墓出土铜礼器分期表

墓号	期别	出土青铜器	时　代
M15	一期	鼎 1 盏 1 缶 1 盘 1 匜 1	春秋中期晚段
M14	二期	鼎 1 簠 1 缶 1 盘 1 匜 1 瓢 1	春秋晚期
M6	二期	鼎 2 簠 2 缶 2 盘 1 匜 1 瓢 1	春秋晚期
M33	二期	鼎 2 簠 1 缶 1 敦 1 盘 1 匜 1 瓢 1	春秋晚期
M32	二期	鼎 1 敦 1	春秋晚期
M23	三期	鼎 1 簠 1 缶 1 盘 1 匜 1	春秋战国之交
M19	三期	鼎 1 敦 1 盘 1	春秋战国之交

此外,在宜城、谷城还出土有一批春秋时期的青铜器;

1979 年在宜城骆家山一楚墓中出土铜鼎 1、盏 1、戈 1,属春秋战国之际之器。

1976 年冬对宜城楚皇城进行勘察和试掘,在该城址及其附近发现大铜方壶、带流铜鼎、提链铜壶、错金嵌玉铜带钩、铜车軎等,时代属春秋早期。

1977 年 11 月在谷城新店发现青铜器 17 件,有鼎 5、缶 2、壶 2、簠 4、盘 1、勺 2,这批铜器早晚有别,时代分别为春秋早期和春秋中期。

在鄂东地区,也出土有春秋楚器。1978 年春安陆王家山出土铜鼎、铜簠各一件,属春秋中期之器。

1982 年至 1985 年在安陆砖瓦厂出土铜鼎、簠、壶各 1 件,时代为春秋晚期。

1986 年在应城砖瓦厂发掘的一座春秋时期的墓葬中出土铜鼎、簠、壶各 1 件,从器形来看应属春秋中晚期之器。

1974 年在汉川县城关收集到一批铜器,计有鬲 2、簋 1、盉 1、舟 1,据调查这批铜器同出于一座墓葬之中,其时代属春秋中期。

春秋早期的楚器出土不多,如湖北枝江百里洲楚墓出土有礼器,鼎 3、簠 2、壶2、盘1、匜1,尽管数量不多,但发出的信息却十分明显,即器类组合形式已十分完整,但以簠易簋,以有别于中原的礼器组合形式,开始体现楚国的文化方针和楚人的文化素养。楚人在铸造青铜器的时侯,他们的准则主要不是模仿,而是创造。他们所追求的,是根据自己的传统,按照自己的审美标准,表现自己的风格和气派。于是,在春秋中晚期,楚国青铜器形成了自己的独特的风格。这主要体现在器物的形制、纹饰、铭文及其组合形式诸方面。

春秋时期楚国青铜器的组合形式

时　期	楚器类组合	中原器类组合
春秋早期	鼎、簠、壶、盘、匜	鼎、簋、壶、盘、匜
春秋中期	鼎、簠、缶、盘、匜	鼎、簋、铆、盘、匜
春秋中晚期	鼎、簠、缶、盘、匜	鼎、簋、铆、盘、匜
春秋战国之交	鼎、簠、敦、缶、盘、匜	鼎、豆、罍、盘、匜

(二)曾国墓出土的青铜器

春秋时期的曾国青铜器出土数量也不少,这些铜器的出土地域北起河南新野,南至湖北的京山,西起枣阳,东至随州,其中又以随州地区出土数量最多。所出土的曾国青铜器主要有:

1976年在随州周家岗一墓葬中出土青铜器16件,计鼎2、簋2、鬲2、壶2、盘1、匜1、及戈2、车軎4。其中一鼎、二簋、一鬲、一盘上铸有铭文,鼎和盘的作器者为廓季,簋的作器者为曾大师。二件廓季鼎为附耳折腹平底,它应是楚国大型墓中出土的束腰平底升鼎的祖型。

1979年在随州桃花坡的一座墓葬(M1)中出土一批青铜器,计有鼎2、鬲4、簋4、壶1、盘1、匜1,以及相当数量的车马器。在另一座墓(M2)中,出土有铜鼎4、鬲2。

1972年在枣阳段营出土鼎3、簋4、壶2,以及戈、矛、镞和车马器等。一件有铭鼎的作器者为曾子仲。

1980年在随州八角楼出土鼎2、壶1、盘1、编钟2。

1980年在随州刘家崖一座已被盗掘过的墓葬中出土铜器27件,其中铜礼器有鼎3、簋1、鬲4、壶2、勺2、编钟5。鼎为附耳斜腹平底,为升鼎。其中一件铭文为“盅下登鼎其永用之”。登鼎,即升鼎。这是目前所见最早的一件自铭为升鼎的标本。

随(州)枣(阳)地区出土春秋时期曾国青铜器统计表

时间	地 点	铜礼器	其他器物	时 代
1976年	随县周家岗	鼎2鬲2簋2盘1匜1	戈、车軎	春秋早期
1972年	枣阳段营	鼎3簋4壶2	戈、矛、镞、车马器	春秋早期
1979年	随县桃花坡M1	鼎2鬲4簋4壶1盘1匜1	车马器、漆器等	春秋早期
1979年	随县桃花坡M2	鼎4鬲2(盘1匜1)		春秋早期
?	襄樊	簋2		春秋早期
1980年	随县八角楼	鼎2壶1盘1编钟2	戈、车马器	春秋早期
1979年	随县季氏梁	鼎1甗1簠1编钟5	戈、车马器	春秋中期
1975年	随县鲢鱼嘴	鼎2簠2盨1(盆)	戈	春秋中期
1980年	随县刘家崖	鼎3鬲4簋1壶2勺2编钟5	戈、车马器、陶罐2、玉器	春秋中期
1975年	随县刘家崖	鼎10甗1簋4簠4壶5盘5勺1		春秋中期至战国中晚期
1980年	随县八角楼	鼎1盏1	陶罐1鬲1	春秋晚期
1980年	随县八角楼	鼎3		春秋中期 春秋早中期

1975年在随州刘家崖出土一批铜器,系收集品,其中完整的铜礼器计有鼎10、甗1、簠4、壶5、盘5、勺1。简报称其分三次出土,故器物时代早晚不一,其中除甗、盘属战国中晚期之器外,多属春秋中晚期之物。

1979年在随州季氏梁出土鼎1、甗1、簠1、编钟5;1980年随州八角楼出土鼎1、盏1;1975年随州鲢鱼嘴出土鼎2、簠2、盨1;1988年随州徐家嘴出土鼎1、簠2、壶2(铅)。

随县周家岗出土的曾国青铜器制作精致,造型谨严,纹饰工整,这批春秋早期的曾国青铜器,较之同时期的楚器要精美得多。直到春秋早期,楚国在青铜冶铸方面还落后于在汉阳诸姬中居首的曾国。

上述几批春秋早期的曾国青铜器,从器形、组合、纹饰和铭文等特征来看,与同时期的三门峡上村岭 M1706、M1052, 以及郏县太仆乡春秋墓所出土的青铜器相似。曾国青铜器所反映的文化面貌尽管是对中原周文化的亦步亦趋,但是高出一筹的青铜铸造技术,对楚国早期青铜文化的发展有着至关重要的影响,春秋中期以前的楚国青铜器不可避免地打上了曾国青铜器的烙印。

在上述曾国青铜器中,诸如邦季鼎、登鼎最具代表性。在春秋中晚期的大型楚墓中,出土有束腹平底鼎。根据现有的考古材料,铜升鼎仅限于楚文化区内,仅限于大型楚墓中发现,是显示楚文化考古学特征的一种重要器型(图 2-7)。

图 2-7 廓季鼎

这类鼎自铭为鼾,形符是鼎,声符是升,此字即由声符而得义,故一般以升鼎称之。

升鼎这种楚国上层贵族的专用随葬品,在春秋中晚期之际,已铸造得尽善尽美,如淅川下寺 2 号墓出土的王子午升鼎,共 7 件,形制相同,大小相次。有盖,侈口,方唇外折,立耳外撇,颈内收,束腰,腹微鼓,平底,蹄足;鼎腰有半圆形腰箍一道;器身等距离附有怪兽六个;鼎足粗大,上部铸有兽面、兽鼻,亦铸作怪兽状;器身满饰纹饰。气势不凡,铸造精美。

升鼎的独特之处在于束腰,平底,外撇耳,腹周有攀附兽。

束腹是对鼎这一沿袭已久的传统器形的最大胆的突破，束腰的产生或者是出于视觉效果上的考虑，反映了楚人对灵巧、生动的喜好，也足以让人联想到以细腰为美的楚俗。升鼎的束腰有由紧到松的变化，楚幽王墓所出升鼎的腹部已近桶形，但略作束腰与腰上有凸带这一特点仍保留着。

平底也是对商周以来传统圆鼎的形制的一种改变。平底也见于方鼎，如著名的司母戊大方鼎，传统的圆鼎只使用圜底。而圆形的升鼎在以优美柔和的圆弧为主构成的器形中，引入了方硬而富有力度的水平横线。腹底由圜变平，方折的口沿、底沿和耳沿，与外撇耳、蹄形足和内收的鼎腹等部位的圆弧线形成对比，刚柔相济，视觉效果大为丰富，节奏感也变得鲜明强烈起来。

束腰与平底这两项形式上的改进，彻底改变了作为青铜礼器最主要器类的鼎之传统形象，将传统方鼎的宏伟建筑感与传统圆鼎的庄重神秘感有机地糅合在一起，创造出一个全新的富于时代气息的青铜大鼎形象。而且，束腰、平底、浅腹的设计，使升鼎的实用空间变小，感觉空间变大，利用错觉让祭祀之用的牲肉等鼎实达到以小充大、以少为多的目的，以充分满足视觉效果的需要。

外撇耳是呈放射状的弧形耳，一对外撇耳也确实赋予了凝重的大鼎以向上张扬的态势和灵活生动的感觉。因此，有人情不自禁地认为，楚人的这一设计与中国古代建筑中那种四角上翘的“飞檐”有异曲同工之妙。

攀附兽则表现出楚人敢于突破周文化传统的气派，在器物腹部附上华丽的装饰，是春秋中期以后见于各地的风尚。但在其他地区，这种装饰只是见于壶、鉴等器物，在鼎体上罕见。楚式鼎中，也惟有升鼎装饰有这种精巧的附饰。这种附饰既使升鼎显得雄浑壮观，或许还反映了楚人的某种心态。著名的“叶公好龙”的故事出自楚人，这种附饰也具有龙的形态，这可能也是楚人好龙的生动写照。

升鼎这种有别于传统的深腹圜底鼎造型的全新工艺形象，既是文化素养颇高的楚人大胆创新的结果，也是国势强盛后的楚人为维护自尊，与中原诸国分庭抗礼之下的时代产物。

迄今所知最早的铜升鼎是淅川下寺和尚岭 1 号墓出土的“克黄之𩱣”，不晚于公元前 605 年，稍早于淅川下寺 1、2 号墓出土的铜升鼎。但克黄鼎也并非升鼎的源头，早于楚升鼎而与其形制相近者，见于出土的曾国青铜器。

这批器物分三批出土于随州境内，第一次出土3件，形制、纹饰相同，为附耳斜腹平底；第二次出土2件，形制、纹饰也完全相同，口沿外折，束颈，鼓腹，平底，附耳，蹄足，一件在器底铸有铭文“盅之登鼎其永用之”。第三次出土2件鼎，形制、纹饰相同，为方形附耳、直口、口沿外折、曲腹较浅、鼓腹、平底、三蹄足，器体厚重。两器腹内壁有相同铭文：“廓季之伯……自乍宝鼎……。”

这三批分别出土的铜鼎都为春秋中期以前的器物。对于这批曾国的平底鼎，可以认为是楚系大型墓中出土的升鼎的祖型，楚升鼎是由自铭为登鼎的平底鼎发展而来的。

在楚国崛起于江汉地区之前，“汉东之国随为大”，作为“汉阳诸姬”之首的曾（随）国，其青铜铸造技术水平与中原诸国是一致的，那么，在楚国崛起之前，曾国在江汉地区理所当然地居于领先地位。在江汉地区、随（州）枣（阳）走廊直至河南南阳地区大量出土的春秋中期以前的曾器，足以说明这一点。这对尚处于初创阶段的楚人来说，是颇富吸引力的，春秋中期以前的楚器因之打上了曾器的烙印。在楚国青铜文化发展史上无疑存在过受曾器影响的阶段。

但楚人敢于创新，在掠人之美的同时，以创新赋予其灵魂。特别是在楚成王时，将铜绿山铜矿攫为己有，拥有丰富的红铜资源，征服曾国，将其青铜铸造技术有效地掌握，“得扬越和华夏的青铜冶铸技术而兼之”之后，楚人更大胆地根据社会的需要和独特的审美观点，而铸造风格独具，自成体系的青铜器。

既然楚人的青铜铸造技术源于曾国，曾国铸造的青铜器必为楚人所重视。对于这一有别于圜底鼎之形制的束腰平底鼎，喜欢追新逐奇的楚人，当会如获至宝。不过，楚人只是有选择地接受了曾鼎的某些形制而加以改造。

楚升鼎和曾鼎尽管在形制上相距甚远，曾鼎的简朴与楚升鼎的豪华不可同日而语，但楚升鼎的问世，曾鼎的启蒙之功不可磨灭。从这种意义上完全可以说楚升鼎是受了曾鼎的影响。

楚人独创的特色鲜明的升鼎在春秋中期至战国早期这一阶段内，在楚系青铜器中，风光无限，因在礼制上是充当代表身份的正鼎而地位神圣。至战国中期以后，或许与“礼崩乐坏”的社会大趋势有关，或许与青铜时代向铁器时代过渡的时代特征有关，升鼎已不再备受重视了，其在楚礼制中虽仍有一定的地位，但已不那么严格。

(三)其他诸侯国的青铜器

在江汉地区,除了有大量的曾国青铜器、楚国青铜器出土外,尚有其他诸国的青铜器或出土于楚墓、曾墓,或为采集所得,虽数量有限,国别却很多,计有邓、都、徐、蔡、吴、越、许、番、中、秦、息、黄、陈、魏、杞、巴等国。上述诸国大部分灭于楚,其器出土于楚墓不足为奇。此外,还有作为馈赠、战利品、媵器和该国后裔携带入楚等各种不同形式流入楚国的。较早的为出土于随州熊家老湾的秦器,较晚的也为战国末年的秦器,其中的大部分则为春秋时期的器物。

邓器

1974年在襄阳山湾采集到一件邓公乘鼎,盖和腹内各有铭文十六字:“邓公乘自作𩰫,其眉寿无期,永保用之。”此器抓把盖,深腹,蹄足外撇,饰蟠螭纹、绹索纹。为春秋中期之器(图2-8)。

图2-8 邓公鼎

1978年在襄阳山湾采集到一件邓尹侯鼎,盖内有铭六字,“邓尹侯之浴盘”,腹内铭文六字,“邓尹侯之𩰫鼎”。此器盖顶有三环纽,蹄足外撇,饰蟠螭纹和绹索纹，为春秋晚期之器。

1979年在襄樊收集到两件邓公牧簋，一件盖内铸有铭文六字：“邓公牧作俸簋。”此器抓把盖，圆鼓腹，耳下有垂珥，圈足下有三支足，体饰窃曲纹、瓦纹。为春秋早期之器。

1979年在武汉市收集到一件邓子午鼎，腹内壁有铭文“邓子午之飤鉼”，盖顶有铭文“盅子疆自作飤鉼”，时代为春秋晚期。据文献记载，邓于鲁庄公十六年（公元前678年）为楚所灭。以上诸器除邓公牧簋属邓国之器外，其他诸器皆应属楚之邓县县公及其宗族之器。

鄀器

1972年在襄阳山湾采集到一件上鄀府簠，器盖和器底内共铸有铭文三十二字：“佳王六月初吉丁亥，上鄀府择其吉金铸其鬻簠，其眉寿无疆，子子孙孙永宝用之。”为春秋中期之器。郭沫若首倡周之鄀国有上鄀、下鄀之分，据考证其地望都在南阳盆地境内，春秋早期以后为楚所灭，此器或为楚之封君之器。

1977年谷城过山出土一件鄀儿罍，肩部有铭文二十八字，有数字残损不清。此器小口，弧肩，有盖，鼓腹，腹饰蟠虺纹及圆涡纹，当为水器盥缶。或定其为下鄀之器，时代约为春秋中晚期之际。

徐器

1978年在枝江问安关庙山出土一件铜盘及一件铜鼎，鼎腹内有铭文二十八字，多漫患不清，主要内容为余太子白辰为其好妻作鼎之事。该鼎浅腹立耳，蹄形足，腹饰窃曲纹，为春秋早期之器。铭文中余即徐，余太子即徐太子，公元前512年徐被灭于吴。

1973年在襄阳蔡坡M4中出土一件徐王义楚剑，格上两面镶嵌铭文十六字：“徐王义楚之元子羽，择其吉金自作用剑。”据考证，徐王义楚之元子羽即文献记载中的徐子章羽。《春秋》昭公三十年：“冬十又二月，吴灭徐，徐子章羽奔楚。”此剑当作于昭公三十年（公元前512年）之前。

蔡器

襄阳蔡坡M4出土一件蔡公子缶，盖内有铭文八字，“蔡公子□姬安之鬻缶。”蔡国于公元前447年灭于楚，该缶当作于此前。

1972 年武汉市文物商店收集到一件蔡太史鉚,环耳两侧有铭文。此器椭圆体,敛口,鼓腹,平底,两侧有鋬,为春秋中期之器。

1958 年在宜城安乐垸发现一件缶,肩部横书铭文"蔡侯朱之缶"。此器小口直领,鼓腹,假圈足,腹侧有提链,通体素面,为春秋晚期之器(图 2-9)。

图 2-9 蔡侯朱之缶

1987 年宜城朱市出土一件蔡大膳夫簠,器和盖内各有铭文三十一字。该簠浅直腹斜壁,矩形足,有上下对称四兽首耳,饰蟠龙纹和乳钉纹,为春秋早期偏晚之器。

吴器

1973 年在襄阳蔡坡 M12 中出土一柄铜剑,剑身铸有铭文:"攻敔王夫差自作其元用。"吴王夫差在位时间为公元前 495 年至前 493 年,其后吴为越所灭,此剑当作于夫差在位期间。

1983 年在江陵马山 M5 中出土一件吴王夫差矛,矛身起中脊,骹短,下端作鱼尾形,通体有米字格暗纹,是吴器特征。矛身有错金铭文两行八字。"吴王夫差自人甬鍨",属春秋晚期之器(图 2-10)。

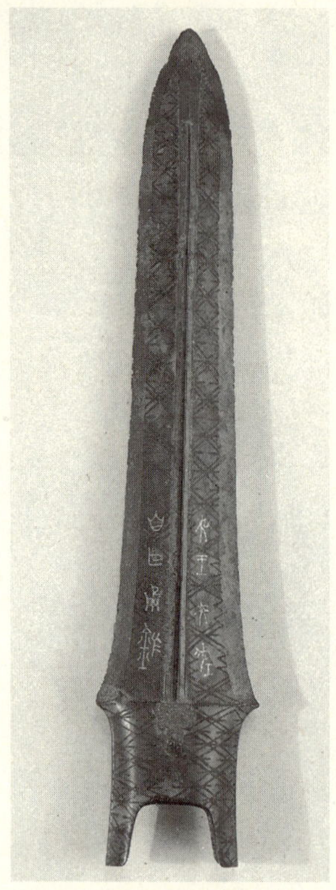

图 2-10　吴王夫差矛

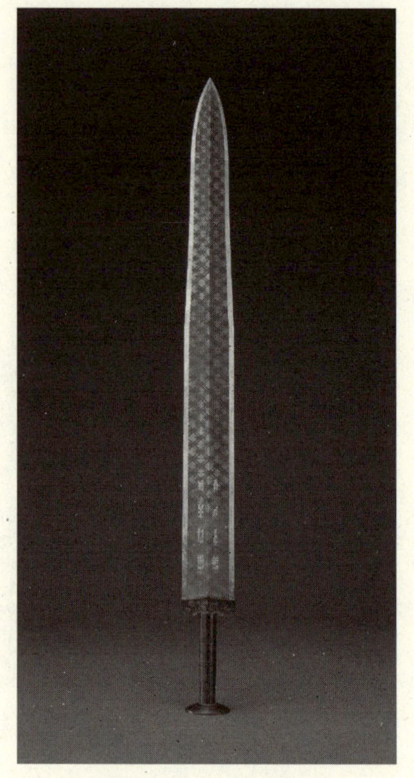

图 2-11　越王勾践剑

越器

1965 年发掘的江陵望山 M1 出土一件越王勾践剑，近格处有铭“越王勾践自作用剑”。越王勾践在位时间为公元前 496 年至前 465 年，此剑当作于此间（图 2-11）。

养器

1970 年在江陵岳山的一座楚墓中出土一件鄴伯受簠，深腹斜壁，兽首耳，体饰蟠螭纹、蟠虺纹和垂叶纹。器盖与底皆有相同铭文：“鄴伯受用其吉金作其元妹叔嬴为心媵餗[illegible]，子子孙孙其永用之。”铭中之鄴，为养之古体，鄴伯即养国国君，该器为养伯嫁妹于楚之媵器，时代为春秋中期。

1975 年在江陵雨台山 M133 中出土一件有铭铜戈，长胡四穿，援和胡上有铭文“鄴之宝戈”四字，此器属战国早期，此时养国已为楚所灭，戈铭之养或为楚之养邑。

许器

1977年在当阳赵家湖金家山M45中出土一件铜戈，长胡三穿，错金鸟篆四字，自援斜行及胡，可释之为“许之造戈”。为春秋晚期之器。

番器

当阳赵家湖金家山M43中出土一件番仲戈，长胡三穿，错金鸟书八字，六字在援，二字在胡，可释为“番中作伯皇之造戈。”为春战之际之器。

中器

1983年在谷城禹山庙一座春秋晚期墓葬中出土一件中子宾缶，肩上有铭文七字，作器者为中子宾。或认为即“安州六器”之中国，为两周时期“汉阳诸姬”之一。

1980年在随州赵家崖出土一件盅鼎，其器内壁有铭文八字。盅字即古中字，或为中国之器，或为中邑之器，时代属春秋中期。

秦器

1973年在当阳季家湖古楚城遗址出土一枚秦王卑命钟，外刻铭文十二字。为春秋晚期之器。关于该器的国属时有分歧，或以为秦器，或以为楚器。

息器

1975年随州鲢鱼嘴发现一件郎子行盘，器底及盖内有铭文十一字。此器可称为盏，似盆，为春秋早中期之际之器。铭文中郎字即息，该国公元前680年亡于楚。

陈器

1979年在随州季氏梁一座曾国墓葬中出土一件陈公子仲庆簠，器底内有铭文二十三字，属春秋中期之器。

在上述器物中，诸如越王勾践剑、吴王夫差矛等为重器。

在吴越所铸青铜器中，兵器既精且美。春秋中晚期，随着吴越对外军事扩张的需要，其兵器铸造业呈畸形发展的状态，因此，“吴戈越剑”不仅为时人所艳羡，其美名还流传千古，为今人所称道。

所谓“吴戈”，应该是指春秋晚期出现的那种锋呈弧形尖状，窄援上扬，援中有脊，内上多饰有双钩纹和涡纹的戈，与援内平直的戈相比，其刺杀功能大大提高。这些吴戈，铸造得非常精致，如山西万荣出土的两件王子孜戈，援长16厘米、胡长9.5厘米、内长3厘米，胡有三穿，内有一穿。两戈铜质极佳，锋刃犀利，纹彩斑斓。两戈铭文相同，每戈各铭七字，正面援上三字“王子孜”；胡上“孜之用戈”；背面胡上铭一“王”字。皆错金，字体为鸟书，长条形，笔画婀娜劲拔，具有很高的艺术性，是我国出土铜戈中不可多得的精品。其他如江苏六合程桥1、2号墓，和仁东周墓，安徽贵池铜器窖藏，安徽淮南蔡家岗战国墓等所出土的吴王夫差戈，以及传世的吴王光戈、攻吴王光戈等，比上述的王子孜戈也并不逊色多少。

在吴越兵器中，最著名的还是青铜剑。其因质量精湛，可以“肉试则断牛马，金试则截盘匜，薄之柱上而击之则折为三，质之石上而击之则碎为百”(《战国策·赵策》)，成为有口皆碑的利器，故得之者视为珍宝。《庄子·刻意篇》记：“夫有干(吴)越之剑者，柙而藏之，不敢用也，宝之也。”甚至连使用也于心不忍，可见珍贵之极。

《史记·吴太伯世家》记载了一则有名的“季札挂剑”的故事：在公元前544年，吴王寿梦的小儿子季札奉命出使中原，途经徐国。徐君见了季札的佩剑心生羡慕，季札考虑到出使的需要，当时未能将剑赠予。等到季札完成使命，归途经过徐国时，徐君已去世，季札遂将佩剑挂在徐君墓旁的树上而去。故事虽是赞扬季札的重信义，然透过故事也可看出吴越青铜剑的身价在当时已非同一般，否则作为一国之君的徐君也就不会为之垂涎了。

吴越青铜器之所以名贵，除了吴越拥有优良的铜锡资源，可以精选原材料，还有就是这一时期吴越冶铜技术的精进和大规模青铜铸造基地的形成。与此同时，统治者也高度重视冶金生产，尊崇青铜铸作匠师，诸如干将、莫邪、欧冶子等都被传颂为神话般的人物，其传奇式的铸剑故事一直流传至今。《越绝书》专门有一篇《越绝外传·记宝剑》，把吴越的铸剑技术描述得神乎其神：

越王勾践有五把宝剑，名闻天下。有一位叫薛烛的客人能鉴赏宝剑，越王连忙召来请教。越王取出纯钩(剑名)，薛烛观赏后答道：“这把剑显示它的光辉时，犹如刚开放的芙蓉花；观察它的剑面，似夜空中灿烂的星星；看它的光泽，似溢出池塘的充盈流水；看它的断口，似高峻山峰上琐碎的细石；看它的材质，犹如正融化着的光亮冰块。这就是纯钩之剑吧？”王说：“对的。有人欲以两个一万二千五百家的乡、千匹良马、两个千户的城市换取，可以吗？”薛烛答道：“不可。当时造这柄剑时，破赤堇山得锡矿，使若耶溪干涸得铜矿，雨神洒扫，雷神拉鼓风设备橐，龙神捧熔炉，天帝装炭，天上的精气降临。于是欧冶子凭借天的精神……通晓铸剑的技术，制作了大剑三柄，小剑二柄，一称湛卢，二称纯钧，三称胜邪，四称鱼肠，五称巨阙。吴王阖闾时代，阖闾获得胜邪、鱼肠、湛卢三剑。阖闾无道，其子女死时，以屠杀活人为之送葬，湛卢剑因此而似流水般远遁，经秦国到楚国。楚王一觉醒来，得到湛卢剑。秦王闻之，向楚王要求而不得，于是出动军队攻击楚，并表示：给我湛卢剑即撤退军队。……现赤堇山已复，若耶溪积水已深不可测，众天神已不下凡，欧冶子将死，虽然得城市、金珠宝玉，使河干涸，亦不能得到纯钧剑，与人换取两个一万二千五百家的乡、千匹良马、两个千户的城市，岂不太不值得了吗？”

从这个故事可以看到，吴越之剑在当时已闻名于世，而出自诸如名师欧冶子之手的宝剑价值连城，为争夺湛卢剑，秦王不惜以伐楚相威胁。

吴越名剑除了上面提到的五柄外，在《左传》、《国语》、《战国策》、《荀子》、《吴越春秋》、《越绝书》中还记载有毫曹、属镂、磐郢、辟闾、步光、扁诸等剑。虽然这些名剑未见传世，但考古发掘所得的吴越青铜剑，却提供了实物，使我们得以一睹2400年前的吴越名剑风采，也证明这些古籍所载的确非虚语。

自20世纪60年代以来，在各地出土大量带有吴、越王名的青铜剑，吴王剑主要有：安徽淮南市蔡家岗出土的吴王太子诸樊剑；山东沂水发现的吴王剑；山西原平峙峪出土的吴王光剑；安徽南陵出土的吴王光剑；安徽庐江出土的吴王光剑；湖北襄阳蔡坡12号墓出土的吴王夫差剑；河南辉县发现的吴王夫差剑；山东临朐出土的吴王夫差剑；河南洛阳出土的吴王夫差剑；台北古越阁主人收藏的吴王夫差剑等。

这些有铭吴剑的形制并不一致，但大同小异。大同，是指锋为弧形尖状，刃缘呈外凸的弧线，近锋处略为内收，隆脊有棱；小异，在于茎、格、首的区别。春秋晚期的典型吴剑多是宽格、茎作圆柱或扁圆柱形，其上或有两道箍，圆盘形首或喇叭形首。有的剑身饰有几何形或火焰朵状暗花纹，制作精美。

吴越式剑是在吴地发展起来的。江苏高淳下大路出土的一把西周中期的青铜剑，长仅30厘米，茎长1.7厘米，握时仅能容下三指。剑身平直，无中脊，扁圆茎，喇叭形首，虽比较原始，但具备了吴越青铜剑的雏形。溧阳下土墩出土的一件两周之际的青铜剑，锋呈直线三角形，剑身平直，无中脊，剑身窄长，宽格，茎中空，上有二凸箍，喇叭形首。后世享有盛誉的吴越青铜剑，应是在这个基础上不断改进锋刃并改变各部位的合金含量，精心铸造而成的。

吴剑的精良，从出土的三件吴王光剑便可见一斑。

其一，山西原平县峙峪出土，全长 50.7 厘米，剑身满饰火焰朵状暗纹，锋愕锐利，寒光闪烁，剑身近格处有铭文“攻敔王自作用剑”；

其二，安徽庐江出土，剑长 54 厘米，茎为椭圆柱形，茎中部有两箍棱，剑格较宽厚，格上有镶嵌绿松石花纹，近格处有铭文十六字：“攻放王光自作用剑，余允至克成多攻。”铭文洋溢出不可一世的气概；

其三，安徽南陵出土，剑长约 50 厘米，近格处有阴刻篆书：“攻放王光自作用剑，以当勇人。”“勇人”即勇敢的人，几无歧义，而“当”或释为“赏”，或释为抵挡，这里从前者，意为“吴王阖闾制作的用来奖赏勇士的宝剑”。

这三柄剑的铸造水平有高下之分，但水平之稍低者如南陵出土的那一柄也是非常精致的。另外两件剑或许为干将、莫邪所铸。《吴越春秋 · 阖闾内传》记吴王阖闾令干将、莫邪铸剑，干将、莫邪“使童男童女三百人鼓橐装炭，金铁乃濡，遂以成剑。阳曰干将，阴曰莫邪。阳作龟文，阴作漫理。”这个故事颇具传奇色彩，细枝末节未必一概可信，但当时吴国拥有诸如干将、莫邪等技艺高超的铸剑匠师则是可以肯定的。

但是，代表当时铸剑技术最高水平的并非吴剑，而是越剑。现在所出土的吴越兵器之有铭者，也以越剑为多。据不完全统计，已有 20 余件越王剑重见天日，如：湖北江陵望山 1 号墓出土的越王勾践剑；江陵滕店出土的越王州勾剑；湖北秭归香溪出土的越王州勾剑；湖南益阳赫山庙 42 号墓出土的越王州勾剑；河南淮阳平粮台楚墓出土的 3 柄越王剑；湖北江陵张家山小墓出土的越王兀北古剑等。而越王勾践剑是其中的佼佼者。

越王勾践剑出土于 1965 年 12 月，剑出土时，装在黑色漆木剑鞘内，剑与鞘吻合较紧。剑身寒光闪闪，毫无锈蚀，试之以纸，20 余层一划而破。剑全长 55.6 厘米，剑格宽 5 厘米，剑身满饰黑色菱形几何暗花纹，剑格正面和反面还分别用蓝色琉璃和绿松石镶嵌成美丽的纹饰，剑柄以丝线缠缚，剑首向外翻卷作圆箍形，内铸有极其精细的 11 道同心圆圈。剑身一面近格处有铭文两行八字。

铭文为鸟篆，当时正在发掘现场指导工作的历史学家、湖北省文物管理委员会副主任委员方壮猷教授带领着一班年轻考古工作者连夜对铭文进行释读，在工地无任何资料可供参考的情况下，释读出“越王”、“自用剑”五字，但最关键的越王之名未能释出。

越国自允常于公元前510年开始称王起，经勾践、鹿郢、不寿、朱勾……至无疆于公元前334年被楚所灭为止，先后有九个王。究竟是哪一个越王所自作呢？为搞清楚这个问题，由方壮猷教授发起，在考古学家、古文字学家之间展开了一场以书信往来为主要方式的学术讨论，参加者有郭沫若、于省吾、唐兰、容庚、徐中舒、商承祚、夏鼐、陈梦家、胡厚宣、苏秉琦、朱芳圃、史树青先生等。经过两个多月的讨论，取得了一致意见，即公认为越王勾践之剑。

越王勾践剑经复旦大学静电加速实验室等单位检测，该剑的主要成分为铜、锡、铅、铁、硫、砷诸元素，但各部位元素的含量不同。剑脊含铜量较多，韧性好，不易折断；刃部含锡高，硬度大，非常锋利。脊部与刃部成分不同，是采用了复合金属工艺的结果，即先浇铸含铜量高的剑脊，再浇铸含锡量高的剑刃，这是因为剑脊的熔点高，可以承受第二次浇铸的高温而不致熔化。这种复合金属工艺，能使剑既坚韧又锋利，收到刚柔结合的良好效果。这种先进的铸剑工艺，后来被善于掠人之美的楚人所吸收，并在战国时期的楚剑上得以发扬光大。剑格的含铅量却较高，这种材料的流动性较好，容易制作剑格表面的装饰。另外，在剑格、剑茎和剑身上所饰的优美的菱形几何形黑色暗纹，含硫化铜。利用硫化铜防锈，可谓当时一种先进的独特工艺，这也许就是该剑保存至今已历2000余年而毫无锈蚀的原因之一。

该剑上的八字铭文，刻槽刀痕清晰可辨，可以肯定是铸后镂刻而成，而非铸就的。铭文为鸟篆，笔划圆润，宽度只有0.3~0.4毫米，可见刻字水平是卓越的。勾践剑的制作时期当在公元前497年至公元前465年之间，此时我国已有渗碳制钢及白口铁技术，使用了钢铁镂刀雕刻铭文，是极有可能的。

总之，越王勾践剑集当时各种先进的青铜冶铸技术于一体，代表了当时吴越铸剑技术的最高水准，制作之精湛，真可谓鬼斧神工。

有铭的越剑以“越王勾践剑”为最早，有铭的吴剑始于诸樊而终于夫差，夫差与勾践同时。从吴越青铜剑的发展渊源和独树一帜的形制、纹饰等方面来看，其冶铸工匠应是土著。他们在不断改进工艺的过程中，至越王勾践剑时达到铸剑技术的顶峰。

青铜剑在吴越地区获得长足的发展，除东周时期佩剑之风的影响外，与其地理环境的影响有较大关系。吴越地处水网地区，当地土著习于"以船为车，以楫为马"，盛行于中原地区的主要依靠战车作战的方式，在这里几乎是无用武之地。所以，步兵是吴越军队的主力。而步兵所需要的是适于近战的既轻便又锋利的兵器，剑恰好具有这些特点。吴越的统治者为了争霸的需要，十分重视兵器的制造，因此从客观上为之创造了有利条件。《吴越春秋》记越王勾践为了提高军队战斗力，聘请越女教练剑术，也从一个侧面反映了这个史实。

（四）春秋时期楚墓出土的漆木器

据《韩非子·十过》记载，在远古传说中的虞舜时期，已经"斩山木而财（裁）之，削锯修其迹，流漆墨其上，输之于宫，作为食器。"至大禹时，除食器之外，又出现了祭器，"禹作祭器，墨漆其外，而朱画其内"，于是"觞酌有采，而樽俎有饰"。文献记载已被考古发现所证实。1973年，在距今近7000年的浙江余姚河姆渡文化遗址中，出土了漆碗等漆器，近年又在余杭瑶山新石器时代遗址中出土了嵌玉高圈足漆杯等一批漆器。事实证明，中国是世界漆器手工业的起源地。

东周时期，髹漆工艺进入了大发展的辉煌时期。在东周列国中，以楚国最为发达。以大量的精美漆器随葬，成为楚墓的一大特色。由于湖北地区雨水多，地下水位较高，墓葬也多为土坑木椁墓，除深埋于地下外，棺椁外面又常常填塞密度较大、能起防潮和隔绝空气作用的白膏泥，因此，楚墓出土的漆器不仅数量多，而且保存良好。

湖北地区出土漆木器的春秋时期楚墓已发现的有湖北当阳赵家塝、当阳曹家岗5号墓、当阳赵巷4号墓，这些墓葬所出土的漆器品种和数量，都比西周时期有较大的增加。按其用途，主要有日常生活用具、乐器、车马器、兵器及其附件、丧葬用具等。

这几座春秋时期楚墓出土的漆器，胎骨主要有木胎、竹胎和石胎三种，绝大多数为木胎，竹胎和石胎少见。竹胎漆器见于当阳曹家岗5号墓，其中一件槌作鼓槌形式，柄由长24.6厘米、径25厘米的竹棍斫制而成，柄尾缠宽1.4厘米的丝线加固，槌体内包扎竹片和丝麻等物，外用粗1.1毫米的细麻绳捆缚，再通体髹黑漆。同出的还有七件彩绘篾片，宽窄不尽相同，相间施以红、黑彩，每道彩宽0.4~0.7 厘米。

木胎漆器的制作工艺，仍然是斫制、挖制和雕刻等三种方法。当阳赵巷出土的三件漆俎（如 13 号），俎面呈长方形，四边起棱，两端翘起，俎面底部有四个卯孔与四个曲尺形足相接，就是以斫制为主的方法制成的（图 2-12）。这座墓出土的方壶、豆、簋等，是以挖制为主，辅以斫制的方法制作的。例如漆豆，豆盘系挖制，粗短圆把与喇叭形座是斫制而成的。当阳曹家岗 5 号墓出土的五件雕花漆龙，均为长条形，断面呈半圆形，凸面雕刻龙形云纹，通体髹黑漆，在刻纹内施朱色，龙纹就是采用浅浮雕的方法制成的。当然，这个时期的制作工艺已较发达，三种制作方法因器形而异，并往往是以一种方法为主，辅以其他方法。例如赵巷 4 号墓出土的四件漆簋，器内系挖制而成，器外为斫制的方法制作的，牛头形双耳系雕刻制成的。木胎漆器的胎胚制成后，又经髹漆、彩绘各种优美图案等多道工序。显而易见，这个地区西周时期的漆器制作工艺已有较大的发展。

图 2-12　当阳赵巷出土漆俎

所出土的漆木器如日常生活用具的漆器，主要有漆耳杯、斗、勺、梳、篦、槌、珠、圆木杆等，兵器有戈杆、矛杆、人甲、马甲、弓、矢杆等，车马具有龙首车辕、肩舆，乐器有瑟、笙、排箫等，丧葬用具有棺，以及专供丧葬用的镇墓兽、小木俑等冥器。

当阳曹家岗 5 号墓出土的一件镇墓兽，头面圆鼓，无目、舌，面部一周边框，颈后折，身作方柱形连小方座，下接梯形大方座，座后侧有一缺口，口内填铁锈色的凝固物，造型富于变化。赵巷 4 号墓的木梳、篦虽上部均为半弧形，下部的木齿却有疏密之分。

曹家岗5号墓的一件漆木瑟，整件为近长方形，而首端略大于尾端，瑟面弧拱，还在尾部雕一兽面纹和禽、龙等动物图案，档面的兽面上也雕有猛禽、龙等纹样，内、外两侧板亦浮雕对称的龙兽之类动物花纹，使其造型显得较为生动。

这个时期的漆豆、方壶、簋、俎等，都是仿铜、陶礼器而制作的。但是，它们依据木胎的特点而有所变化，因而两者又有一定的差别。

当阳赵巷4号墓出土的三件木胎漆俎，俎面呈长方形，四边起棱，两端翘起，俎面又以榫卯与曲尺形四足相接。这显然是仿制于铜俎的。但它与同时期的河南淅川下寺2号墓出土的铜俎，两者的形制并不完全相同。

该墓还出土2件木胎漆方壶，均为方口，长颈，肩部有对称的两兽耳，耳上浮雕一变形牛头，腹微鼓，座内凹，方圈足外撇，也是在仿制铜方壶的基础上略加变化的（图2-13）。

图2-13　当阳赵巷出土漆壶

仿动物形象制作的漆器，始见于春秋时期。当阳曹家岗5号墓和赵巷4号墓，发现一件镇墓兽，前者还出土漆龙和雕花漆龙。

上述漆器的装饰纹样，复杂多变，组成各种优美的图案。从装饰纹样的类别分析，大致有动物纹样、自然景象、几何纹样等三大类。

动物纹样，主要有龙、兽、凤、鹤、鸟、鸷雕纹及兽面纹、窃曲纹、蟠虺纹等纹样。这些纹样的制作手法，有漆绘与雕刻两种，其雕刻又可细分为浮雕与圆刻两类，而以漆绘的动物纹样较多。

当阳曹家岗5号墓出土的漆瑟，除底板外，髹漆朱黑彩绘及浮雕装饰，并以龙凤纹为主体，以勾连雷纹作装饰。在瑟尾部雕兽面纹及凤、龙等动物图案；瑟档面则兽面纹之上绘一只鸟，其后绘一只鸷鸟类猛禽，身饰鳞纹，尾分两叉，两爪各抓一条龙，龙围绕弦柄；内外两侧亦浮雕对称的龙兽之类图案。面板右端，饰一组兽面纹，由内外对称的两组异首连体龙凤纹、蟠虺纹、龙纹、半卧回首兽等组成。侧板右端，内外两侧各有四条同体异首的龙凤，中间一鸟。面侧板，饰两种蟠龙纹，一排为两龙交叉相勾连成方形的二方连续纹样，另一排为二龙相交，四龙勾连首尾相接的绹索式二方连续纹样；二排纹饰，以"绾线夹"式几何纹样分界。左右边框的花纹，由两行镞形几何纹夹一行雷纹组成。首档面，饰一兽面纹，由蟠龙纹、蟠虺纹、兽、鹤等纹样组成。

整木雕制的动物形象不多，有曹家岗5号墓与赵巷4号墓的镇墓兽，以及前者的漆龙和雕花漆龙`，固始侯古堆大型陪葬坑的彩绘木雕盘龙等。浮雕的动物形象，例如赵巷4号墓出土漆方壶与簋上的牛首形附耳，曹家岗5号墓漆瑟上的兽面纹与龙、禽、兽纹等。

春秋时期的自然景象纹样较为多样，主要有水波纹、波折纹、卷云纹、雷纹、云纹、勾连雷纹等，数量较多，而且都是漆绘的。例如当阳赵巷4号墓的漆簋中部饰一周水波纹，该墓的漆豆下部饰一周卷云纹和点纹组成的三角形纹等。

春秋时期的几何纹样的种类与数量都有明显的增加。主要有三角形纹、圆点纹、点纹、长方形纹等纹样，而且都是漆绘的。例如当阳赵巷4号墓的漆方壶、簋和豆上，均在黑漆地上用红、黄漆绘三角形纹，漆豆上还有圆点纹。

这个时期长江中游地区的漆器装饰纹样的组合形式，主要有独立纹样和连续纹样二种，并以带形连续纹样较多见，未见四方连续纹样和边缘二方连续纹样。

独立纹样的组合形式，是在漆器的中心位置或某一面上，描绘独立的个体单位或几个单位的装饰纹样。

当阳赵巷4号墓的三件漆俎，俎面髹红漆，余髹黑漆，并用红漆绘十二组三十只瑞兽珍禽。其中俎面板两长侧面各有瑞兽三只，两短侧面各有瑞兽四只，四足每宽侧面各有瑞兽两只，窄侧面各有珍禽两只。瑞兽的形象基本相似，鹿头，四肢修长，偶蹄，长尾，身饰圆点纹。但也略有差别，有的生枝杈状角，有的无角；有的耳大，有的耳小；有的身躯肥壮，有的身躯细长；有的匍匐，有的弓背。珍禽昂首，长颈，短身，翘尾，变形长腿，身饰圆点纹。这些装饰纹样与器皿造型的有机结合，使其更为美观。

带形二方连续纹样，是由一个或几个单位纹样组成一个单元纹样，向两方反复连续。例如当阳曹家岗5号墓漆瑟两侧板上的蟠龙纹、云雷纹、几何纹等纹样，就是采用这种方法。

这个时期漆器的装饰纹样技法，大多采用漆绘的方法，也有些是漆绘与雕刻相结合，还有些是以雕刻为主而略施彩绘。

在装饰纹样的施用部位方面，这个时期都只是将装饰纹样施于器表，器内尚未见有装饰纹样。漆器上装饰纹样的用色也较少，只有红、黑、黄三种，并以黑漆地施红漆居多，黑漆地施红、黄漆较少。

四、战国时期文物

在秦国拔郢（公元前278年）之前的200多年中，楚国达到了最繁荣、最光辉的阶段。铜器生产登峰造极的发展，促进了铁器的改善和推广。其他各行各业，如丝织、刺绣、髹漆和城市建设等，也欣欣向荣。精神文化方面的成就异常突出，哲学行于前，文学殿于后，这是一个从老子经庄子到屈子，东方的智慧之星一个接一个升起来的伟大时代。

鼎盛繁荣期的楚文化遗存，主要是在今江陵一带发现的，在这里所出土的楚文物中，有一种造型特异的木雕，即虎座立凤，凤两胁有鹿角，通体饰彩纹，昂其首而振其翅，集壮、美、奇于一身，令观者神往。它是已迁于乔木的凤，可视之为楚文化达到鼎盛期的象征。

(一)湖北各地楚墓出土的青铜器

战国早、中期是楚文化发展的鼎盛期,此时楚国的青铜器生产,就器类而言,编钟、列鼎仍是必然精心铸造的重器,在此之外,兵器和日常生活用器也得到了长足的发展。

1.兵器

作为战国七雄之一,楚国的武库无疑是庞大的。特别是战国时期,随着战争次数的增多和战争规模的扩大,受到刺激的兵器工业迅猛发展,在战国七雄的军备竞赛中,楚国是长期占着上风的。在战国中期,楚国号称“带甲百万”。在公元前312年秦楚丹阳之战中,秦军击杀楚国甲士八万。由此不难想象,楚国需要的兵器数量是何等巨大。迄今所发现的最早的楚兵器是楚公豪戈,但戈体为巴蜀式,非楚人所铸,只是因为铸造精工,楚公豪才得而宝之,加刻“楚公豪秉戈”以据为已有。楚人的这种擅于掠人之美,并勇于创新的精神,在其兵器业的生产上,尤其发挥得淋漓尽致,楚人因此得以后来居上,并长期在列国的军备竞争中保持着优势。

各地已发掘的战国楚墓,出土有大量兵器。论质料,有铁、青铜、木、竹、皮等制品,以青铜兵器为大宗。论功能,可分为进攻性武器和防御性武器两大类。进攻性武器又可分为长兵器如戈、矛、戟、殳等;短兵器如剑、匕首等;抛射兵器如弓、弩、镞等。防御性兵器主要有甲胄和盾。

所出土的楚国青铜兵器主要有:剑、矛、戈、戟、殳、镞、匕首等。

(1)剑

青铜剑最早出现于西周时期,陕西长安张家坡的一座西周墓曾出土一把青铜剑,长仅27厘米,形状像细长的柳叶,所以发掘者称之为匕首。这种短短的青铜剑,有效使用的锋刃部分不过17~18厘米,和匕首相差不多。至于其用途,应该是一种防范非常的卫体武器。剑的名称,也正是因其用途而得的,据《释名》:“剑,检也,所以防非常也。”正因为剑仅为护体之用,在西周时期车战所使用的武器组合中,剑并不居有重要位置。

剑受到重视是在春秋以后,剑的形制也发生了变化,所发现的春秋早期的青铜剑,即为柱脊剑,此时的剑也较短,长不超过40厘米。这类剑只适于前刺,而不适于劈砍，故称之为“直兵”。在中原地区，由于此时车战盛行，剑在战斗中的作用并不大。

剑在车战中无用武之地，在步兵中却必不可少。吴、越乃水乡之地，军队的主力为步兵，步兵所需要的是适用于近战的锋利而轻便的短兵器，剑正具这样的特点，所以这种武器在吴越有了很大发展。因此，当时吴越地区的铸剑水平，远远超过中原诸国，出现了许多传奇式的铸剑大师，如干将、莫邪的铸剑故事，一直流传到现在。正因为吴越青铜剑冶铸技术水平在当时就为人们所称颂，才能化成那神奇而又生动的传说。也正因为如此，春秋时期的吴越简直就成了宝剑之乡，这里出产的青铜剑，备受中原各国的重视。迄今在各地出土的吴越剑，更提供了有力的实物例证。最著名的有湖北江陵出土的两把剑，一为望山1号墓出土的越王勾践剑，一为藤店1号墓出土的越王州勾剑。特别是越王勾践剑，出土时完好如新，锋刃锐利，铸制精美，剑长55.7厘米，剑茎缠缑还保留着清晰的痕迹，剑格饰有花纹且嵌有蓝色琉璃，剑身满布蓝色的暗纹，衬出八个错金的鸟篆体的铭文：“越王鸠浅自作用剑。”

这把剑显示着春秋晚期以来铜剑共有的特点之一，就是刃部不是平直的，其最宽处约距剑格三分之二处，然后呈弧线内收，至近剑锋处再次外凸然后再内收成尖锋，刃口的这种两度弧曲的外形，更说明剑在使用时注意的是它直刺的功能，而不是以斫击为主的。这把剑的铸造技术，代表了当时吴越工匠的最高水平。越灭吴，楚灭越，吴越宝剑也就被当作战利品掳到楚国来了，这也是江陵一带的楚墓里不断出土有吴王、越王铭文的青铜剑的一个原因。与此同时，吴越精湛的铸剑工艺也为楚国所掌握，使楚国的铸剑工艺得以迅速发展。

在春秋晚期之前，楚国的铸剑工艺落后于吴越自不待言，其原因有二：一是吴越的铸剑技术本来就妙绝天下，楚人一时还没学到家；二是吴越因车兵少，步兵多，步兵的利器以剑为最，所以吴越特别重视提高铸剑技术。

对于吴越宝剑，楚人梦寐以求。《越绝书·外传》上记载有这样一个故事，说越国的欧冶子铸了宝剑五柄，其一曰湛卢之剑，后为吴王阖闾所得。湛卢之剑恶阖闾无道，腾空而去，飞到郢都，落到楚昭王的床上。楚昭王大惊，问风胡子是怎么回事，风胡子说：湛卢之剑有“去无道以就有道”的品性，欧冶子已死，人家即使用满城的美金、满河的珠玉去买湛卢之剑，也是买不到的。现在阖闾无道，大王有道,所以它就飞来了。阖闾听说湛卢之剑为楚昭王所得,大怒,命孙武、伍员一起率兵去打楚国。

这个离奇的故事,有可能是楚人杜撰的,它说明了楚人对吴越铸剑技术之仰慕,并希望得到吴越宝剑的急切心情。当楚灭越时,楚人大肆搜罗吴越名剑是理所当然的事情,当然吴越名剑也就出现在楚墓中了。

楚人对于吴越宝剑的渴求,实际上是对其铸剑工艺的渴求,是要学习吴越之地的铸剑技术,以促进本国铸剑工艺水平的提高。吴越铸剑匠师在国亡之时为楚所用是顺理成章的事情,于是,过去关于吴越铸剑的神奇传说,也随之转移到楚人的头上了。

经过楚人的不懈努力,到战国时,楚人根据铜锡合金中,铜锡的不同比例与合金的硬度、强度、韧性等之间的关系,铸造了青铜复合剑,将青铜剑的铸作技术推向了一个新的阶段。

所谓复合剑,又称之为双色剑、插心剑,是用两种铜、锡含量不同的合金制造而成的,由于两种合金外观颜色不同,所以考古工作者如此称呼。它是在青铜剑制造技术的基础上逐步发展起来的一种新工艺。这种剑要浇铸两次,第一次浇铸剑脊,第二次浇铸剑刃。剑脊含锡量较小,取其坚韧;剑刃含锡量较大,求其锋利。由于长剑的铸作必须兼顾硬度和韧性两个方面的性能,如果采用含锡量较低的青铜制作长剑,韧性方面较好,长剑不易折断,然硬度较低,不适于交战时作砍杀之用;如采用含锡量较高的青铜制作长剑,硬度方面较好,因含锡量较高,青铜脆性增加,但长剑在使用时容易折断。为同时满足硬度和韧性这两个方面的要求,才有了复合剑的产生。

有人认为复合剑的产生是楚人喜爱佩带长剑的结果。楚人喜欢“长剑危冠”这样的装束,《离骚·涉江》中即有“带长铗之陆离兮”的句子,长铗即长剑。1973年在湖南长沙子弹库楚墓出土一幅《人物御龙帛画》,画面上的一男子即危冠长袍,手握长剑,立于龙身之上。

楚国在兵器工业方面的最大成就,就是铸造了大量的优质青铜剑。剑是楚墓中出土的数量最多的一种青铜兵器。在已发掘的数千座楚墓中,已出土600余把剑。已出土的先秦铜剑,大半是楚剑。仅以江陵楚墓为例:望山1号墓出土4件,望山2号墓出土7件,天星观1号墓出土32件(此墓被盗严重),太晖观墓区 6 座墓出土 6 件，万城墓区 5 座墓出土 5 件，拍马山墓区 17 座墓共出土 15 件，张家山墓区 123 座墓共出土 21 件，雨台山墓区 216 座墓共出土 72 件。特别是雨台山墓区 89 座单棺墓和 24 座没有其他随葬品的无棺无椁墓也有青铜剑出土，表明凡墓主只要为成年男子，无论贵族、平民，几乎都有铜剑随葬，说明佩剑之风在战国时期已遍及楚国各阶层。

楚人尚武，他们在求生存和图发展的艰难历程中养成尚武精神，爱剑是他们尚武精神的具体表现之一。剑之所以为尚武的楚人所宠爱，在于剑便于携带，既可用于防身，又可以用于战斗中近距离格斗，是一种兼具多种功能的武器。因此，楚人多方面地学习，吸取先进的铸剑技术，而铸造出许多利剑。

所出土的楚剑依其形制可分为四大类型：

其一，柱脊剑，为圆首，空茎，窄格，脊呈柱脊状，形体较短小，出土于春秋墓；

其二，空茎剑，圆首，圆空茎，窄格，棱脊，大多无从，数量较多；

其三，实茎剑，圆首，圆空茎，双箍，广格，剑身脊多隆起，大多有从，数量较多；

其四，扁茎剑，无首，扁棱茎，有格，有从，形体长宽，数量不多，多出自战国晚期墓。总之，这些剑的发展变化趋势，是由短到长，由空茎、窄格发展到实茎、双箍、广格，由无从发展到有从。

上述各类剑，式样高度统一，表明它们是由专门的作坊生产的。而楚人在战国时期铸造的复合剑，可谓各类楚式剑的代表，是楚人推陈出新的杰作。楚式剑与吴越剑的剑身形制几如孪生兄弟，表明它是吴、越、楚三国青铜铸造匠师的智慧结晶。

楚人不仅铸造了大量优质的青铜剑，还铸造了一批铁剑，现在所知年代最早的一把铁剑，就是出土于湖南长沙的一座春秋晚期楚墓中。这把剑经过鉴定，所用的钢是含碳量为 5%左右的中碳钢，金相组织比较均匀，说明可能进行过热处理。该剑出现在楚墓并非偶然，《史记·范雎列传》记载，秦昭王曾经向秦相范雎表示过如下的忧虑："吾闻楚之铁剑利而倡优拙。夫铁剑利则士勇，倡优拙则思虑远，夫以远思虑而御勇士，恐楚之图秦也。"秦昭王当时这样赞扬楚国生产的铁剑锋利，说明当时楚国铸造的铁剑是驰名中国的。

长沙楚墓出土的铁剑数量还是较多的，其长度大大超出了一般的青铜剑，常常不短于 70 厘米，接近 1 米或超过 1 米的也不少，其中最长的铁剑长度已达 1.4

米，几乎是一般青铜剑长度的三倍左右。

楚国尽管铸制了大量铁剑，但并未能以之取代青铜剑。而先进的钢铁武器取代落后的青铜武器，那已到汉代了。

(2)戈

戈古称勾兵，是用以勾杀的兵器，由戈头、柲、柲冒、柲末等构成。

在青铜兵器中，戈是出现得较早的一种，二里头文化遗址即已出现，且一直延续使用到战国、秦，其间形制上虽有所变化，但几个基本部位仍大致相同。

楚墓中出土的戈的数量仅次于剑，已知有 400 余件，如江陵雨台山楚墓出土 98 件，江陵天星观 1 号墓出土 9 件，江陵拍马山楚墓出土 15 件。春秋时期的楚戈出土较少，主要是战国时期的，戈的形制变化较明显，其变化趋势主要为戈头的胡由短到长，援由短、宽、直发展到长、宽、弧，或者上翘；内亦由短到长，由平到上翘，三边作刃。

戈柲的长度不等，荆门包山 2 号墓出土的戈柲最短者仅 89 厘米，江陵九店楚墓出土的柲最长者达 210 多厘米，较多的为 150 厘米左右。这是因为戈柲的长度根据使用时的需要而有长、中、短之分。有人认为："与普通人站立时的眉端相等谓之中兵，比中兵长一倍的谓之长兵，格杀或车战时用之最便，比中兵短一半的谓之短兵，一手执盾者用之最便。"这种说法大致符合戈柲的实际情况。楚墓出土的戈柲，除使用木料外，还使用竹料。江陵雨台山楚墓出土的积竹柲，中间用棱形木条做芯，外用数根细竹条包裹，再用丝线缠紧，外髹漆。这种积竹柲刚柔相济，大大增强了戈的杀伤力。

楚戈铸造得较精致，在九店楚墓中还出土有复合戈。

(3)矛

矛是用于冲刺的兵器，矛体分锋刃和骹两部分，锋分前锋和两翼，即矛的鋈。

楚墓出土的矛已达 200 多件，如江陵雨台山楚墓即出土 15 件。包山 2 号墓出土矛 11 件，较为特别，分为小刺矛、宽叶矛、棱形矛、剑形矛四种。

战国时期楚墓出土的矛形体一般较大，脊多为棱形，锋锐利，而翼较长，有血槽，刃中端微内凹。

(4)戟

戟是一种既可刺杀又可勾啄的具有双重性能的兵器，它是在戈的柲顶装有矛形尖刺,有少数是戈和刀的合体。

楚墓出土戟据初步统计有 60 余件,绝大部分为戟体和戟刺分铸联装而成,有一戈戟,也有少量是多戈戟。

江陵天星观 1 号墓和藤店 1 号墓出土的几件战国中期的戟颇具代表性,它是体刺联装戟发展到顶峰时的一种形态。其戟体为长胡三穿,援窄长,援锋下斜成斜刃,然后形成折角,再弧接长胡。内平伸后上翘,形成向后弯曲的锐利距刺。戟刺为有骹的短矛,数量最多的是刺叶前锐后转圆钝,全形似水滴,体高 11.2 厘米。也有一些刺叶窄长或作柳叶状的,体高最高的达 15.1 厘米。这种戟既增强了戟的勾杀功能,也充分利用长内用于勾搏,从而使杀敌效果更强。

各地出土戟的墓葬往往同出有兵器戈、矛、殳,并有车马器出土。从各墓的用鼎情况来分析,墓主人大多是大夫,最低也是有田禄的士,他们都是具有乘车作战的身份的。因此,所出土的铜戟都应是用于车战的兵器。综合与戟同出的其他兵器,也正好与《考工记》中所记车战兵器有戈、殳、车戟、酋矛相吻合。另外,江陵天星观 1 号墓出土的戟柲长度分别为:283.5 厘米、338 厘米。《考工记》所记车戟的长度是人体高度的一倍,上述两个数据与《考工记》的规定是大致符合的,这也说明它们是用于车战的车戟。进入春秋时期之后,车战发展到其历史的顶峰,战车乘员中的车右,其主要职责是与敌方战车错毂时杀伤敌车上的乘员,为了加强格斗兵器的杀敌效能,迫切需要一种能把传统的戈与矛的优点结合起来的新型兵器。为了完成上述设想,开始了新的设计,并力图获得最佳方案。由于西周时期遗留的经验,表明戟体、戟刺合铸的办法并不成功,于是人们又回到商代前期曾有人尝试过的设想方面来,利用长柲把戈和矛联装在一起,于是东周时期的戟本、戟刺分铸联装的铜戟开始出现,从而使青铜戟发展的历史进入了新阶段,成为车战中的重要格斗武器。

(5)杖

杖在楚墓中仅出土一件,即为荆门包山 2 号墓所出。此杖由杖首、杖镈、积竹柲组成,首、镈为青铜铸制。杖首作龙头形,龙张口露齿,吐舌为刃,双眼微睁,两角后收。銎作椭圆形,銎上部有对称圆。通体以金银错菱形纹和云纹。镈为束腰杯形,中部铸一昂首蹲伏鸳鸯。鸳鸯喙前伸,眼圆睁,卷云纹翅、尾,颈、腹饰颗粒形纹,身饰索状纹。积竹柲上接杖首,下接镈,以竹钉透穿上下圆穿来加以固定。全长 155.2 厘米。

"龙首杖"出于包山 2 号墓北室,同出的有竹简、灯、瑟、席、枕、几、奁等,除竹简外其他都为实用器。该杖是兵杖,还是墓主人生前权势和地位的象征性标志——爵杖,尚不能肯定,但以后者可能性较大。

(6)弩

弩由臂、弓、机三部分组成,臂由木制,弓和机都装在臂上,弓横装在臂的前端,机装在臂的中部偏后尾处。春秋战国时期的弩已用青铜铸制,包括悬刀(扳机片)、望山和牛(钩心),在望山下部连有钩弦的牙,它们都用青铜的枢(栓塞)结合在弩臂上挖出的框槽内,因此弩之张发,枢都是很重要的部件。

楚墓已出土战国时期的弩机数件,如大冶窖藏出土 1 件,江陵九店出土 2 件,江陵秦家嘴还出土 1 件双矢并射连发弩机。

九店出土 2 件,木臂已不存,唯铜质机件和木臂后端上的铜套饰保存完好。其中一件牙较短宽,前有两齿,后端与望山联铸为一体,侧视呈钩状,末端下部有栓孔与悬刀相衔。悬刀作长条形,上端圆形有栓孔,以枢将悬刀与牙衔接于一体,旁侧有扣牛的缺口。牛的一端有栓孔,以枢衔于木臂的机槽内,另一端伸出二齿,上齿极短,扣于二牙之间,下齿略长。与悬刀缺口相扣合。枢作圆柱形,用于衔接悬刀和固定牛。

从发射原理看,弩和弓是相同的,都是利用弓储存能量,然后通过急速收弦把它转化为动能,将箭射向前方。如二者相较,互有优劣。

从弩在楚墓出土的数量来看,尤其是双矢并射连发弩机的出土,既说明这种远射兵器当时在楚国使用得较为普遍,也说明楚国的造弩工艺比较先进。《吴越春秋》记述有越王勾践向楚将陈音请教射箭的故事,陈音把他学习射术的师承关系,一直追溯到传说时代的后羿,并把弓弩的发明和发展的历史,归结为"弩生于弓,弓生于弹",是楚国的琴氏"横弓着臂,施机设枢"而发明了弩。还认为安装青铜扳机,并在春秋时期开始把弩用作战争兵器也是源于楚国。弩机最早出现于楚地是有可能的,但弩的出现要比春秋时期早得多。楚国从西周晚期的楚公将一件蜀式戈视为珍宝,到战国时期拥有当时各诸侯国中最先进也是最庞大的武库,成就是惊人的,这也是楚国历史进程的一种见证。

2.生活用具

随着社会的发展,风气的改易,以及铸造工艺的革新,楚国青铜器的风格在战国时期出现了新的变化。而随着楚人对神界的虔敬之心减弱,对人世的深缅之情增强,在礼器受到重视的程度日益衰减的同时,日用铜器受到了楚人的空前重视。诸如一批铜镜、铜灯、铜带钩、铜熏杯、铜樽等无不铸造精美,堪称名工巧匠呕心沥血的作品。

(1)灯

灯是照明用具。在几座战国中期的楚墓如江陵望山2号墓、荆门包山2号墓、荆门后港楚墓分别出土数件。依其形制,有豆形灯和人擎灯两种。

豆形灯构造简单,由灯盘、束腰柄组成。灯盘较浅,盘中部有锥状灯芯柱。高20厘米左右,盘径13.54厘米。

人擎灯可细分为两种:一种为包山2号墓所出,由灯盘、柄和铜人组成,灯体与豆形灯相同,铜人头挽右髻,发髹黑漆,宽额,浓眉大眼,直鼻,小嘴,圆颌,耳微外侈。右衽,广袖,博带,深衣,左手扪胸,右手执灯,其下接方形座。铜人高7.1厘米,通高16.3厘米。

图2-14 人骑骆驼灯

另一种为人骑骆驼灯:铜人昂首直腰坐于骆驼上,头部比例较大,面向正前方。圆胖脸型,铸有向脑后梳的发纹。两手屈肘前伸托住灯座,以承插灯柄,双腿屈膝弯足贴于驼身两侧。骆驼之头前伸,弓背垂尾,四足立于长方形铜板上。骆驼颈上有斜线纹,前腿上部有直线纹,以表示驼毛。通高19.2厘米。全器以简洁的手法,浑朴的造型,形象而生动地表现了驼之憨然而人之怡然,惟妙惟肖,是典型的拙中见巧的器物(图2-14)。

《楚辞·招魂》中有"兰膏明烛,华镫错些"的诗句,镫即灯。这种造型别致的器物既为实用品,又是工艺品,二者兼而得之,为楚贵族"沉日夜些"带来不尽的欢乐。

（2）熏杯

熏杯为熏香用具。大部分为战国中期的器物，望山1号墓、雨台山264号墓各出土1件，包山2号墓出土2件。

包山2号墓出土的熏杯，口微侈，斜直壁，活动平底，三兽蹄足。杯外壁上下分别饰二方连续错红铜勾连云纹，中部饰六组镂空勾连蟠螭纹，其上铸细密的三角纹、涡纹。圆形平底置于器内凸榫上，其上饰四组镂空云纹，其外壁上下分别饰四组二方连续兽面勾连云纹，兽面及尾部嵌有绿松石。口径11.8厘米、通高14.6厘米。

望山1号墓出土的熏杯，杯壁由透雕的八只相互缠绕的变形凤纹所构成。出土时被一件丝织香囊所裹着，器内尚存一些植物残片，虽因朽坏不能鉴定为何种植物，但应是香料性植物。

上述几件透雕而成的器物，是楚人穷力追新的结果，其刀法精熟，图案典雅，虚实结合，有轻灵活脱的艺术效果。有学者曾高度评价长台关出土的那件器物“极见功夫”，“是戛戛独造的艺术品”。

（3）樽

这种器物仅望山2号墓出土1件，包山2号墓出土2件，但反映了楚器花纹装饰技术的精湛。望山2号墓之樽，凸盖，直腹，平底，短足。盖周有四个鸟形钮，腹侧有两个铺首衔环，足为兽面蹄形。盖和腹布满了嵌银花纹。盖顶为云纹，细若游丝。盖顶与盖缘之间为一圈变形龙纹和变形凤纹，以四个鸟形钮为界分为四个单元，每个单元有六龙、六凤，龙纹与凤纹之间施以云纹，龙游、凤翔、云流，极具婉转、袅娜、飘荡之美。腹部纹饰分别为六个单元，每个单元也有六龙纠结。此器通高17.1厘米，口径24.4厘米，

图2-15　江陵望山2号墓出土铜樽

而有嵌银的龙六十条，凤二十四只，缛丽之极(图 2-15)。包山 2 号墓出土的两件樽，其装饰纹样也非常繁缛。

包山 2 号墓出土的樽内盛有各种兽骨，或可表明该类器应为食器。

(4)带钩

带钩是束腰皮带一端的挂钩。古称鲜卑、师比头，最初为北方草原民族所使用，春秋战国时期传入中原，一直沿用到汉代。

楚墓出土的带钩，无疑是南北经济文化交流的产物，尽管形制未能突破北方的模式，流行的程度也比不上北方，但还是有些带钩的纹饰颇具特色，尤其是望山楚墓出土的两件铸造得十分精美。

一件为鎏金铜带钩，出土于望山 3 号墓。钩作龙首反顾状，背有一圆钮，头窄尾宽。遍体鎏金，浮雕两条龙，一条有角，一条无角，相互缠绕。长 14.3 厘米。

另一件为错金银铁带钩，出土于望山 1 号墓。铁制品最早出现于春秋晚期的楚墓，战国楚墓出土得较普遍，这件器物是其中的佼佼者。

带钩的腹部宽薄而扁平，略带弧形，背面有两个圆形的凸钮，钩作龙首形。龙首用金片和银丝嵌饰龙的眼、耳、鼻、嘴。龙颈两侧用金丝嵌饰卷云纹，颈背用金片和金丝镶有圆卷纹等纹样。腹上的周边用金丝镶嵌一周，并从中部分成两组基本对称的图案：即用金片嵌成凤纹，凤的周围又用金片和金丝镶饰卷云纹，使凤鸟如飞似动，非常美观。在每个凤纹之间，又用银片错出变形鸟纹的图案，使整个画面复杂多变而又有规律，金光灿烂，银光闪烁。背面也用金丝嵌边一周。两个凸出的圆钮上，用金丝镶有圆圈纹，用银丝嵌成云纹图案。尾端用两道银丝将画面分成四个大菱形纹与六个大三角纹，并在菱形纹与三角形纹里用金片、金丝与银片、银丝分成六个不等边的四角形，又用金片与金丝错成卷云纹等图案。带钩的三个侧面均用金丝错成卷云纹等图案，带钩弧长 46.2 厘米(图 2-16)。

图 2-16 江陵望山 1 号墓出土错金银铁带钩

这种宽大而精美的错金银铁带钩，为迄今所仅见。

(5)铜镜

铜镜发明于北方，已发现的西周以前的10余件铜镜全部出土自黄河流域。楚国铸造铜镜始自春秋晚期，但至战国早中期之际，楚国已有多种新镜型，并显示出独特的型式特征，被称之为楚式镜。

楚式镜最初在淮水中游被发现，一度被称为淮式镜。后来在湖南发现了更多的楚式镜，淮式镜也就无人提及了。在湖南长沙，大约四分之一的楚墓都出土有铜镜，可见当时楚镜的普及程度。从出土实物看，我国铜镜铸造的第一个发展高峰出现在战国中期的南楚地区。湖南楚墓出土的铜镜既多且精，与此相反，在楚都江陵一带的楚墓中所出土的铜镜数量较少。据有关资料统计，迄今为止出土楚式镜1000面左右。

楚式镜的发展脉落比较清晰，其镜形是从仅有圆形到偶见方形；镜面从小到大，从全平到微凸；镜缘从平到卷；镜背从仅有地纹到地纹烘托主纹，地纹和主纹都从简到繁，地纹以云雷纹较少而羽状纹较多，主纹从仅有花叶纹或山字纹或蟠螭纹或禽兽纹到两种纹样交错组合，雕刻技法从仅用浮雕到也用透雕；镜钮从单调到多样，从无座到有座。

图 2-17　山字镜

山字镜是楚式镜中最多的一种，凡山字镜都以羽状纹为地纹，山字则多少不等，少则三个，多则六个，通常为四个。山字都为斜体，或左旋，或右旋，单字的三竖有参差错落之态，多字相接则有旋转流动之势，手法简洁，风格明快。而且，有的还在四个山字之间配有花枝、花叶、花瓣，每个山字都是减地双钩，圆中见方，静中有动，柔中寓刚，成为最典型的楚式镜(图2-17)。

江陵九店出土的几面铜镜显示出不同的镜型特征，颇具代表性：其一，为圆形镂空凤纹镜。其镜面与镜背用两种含合金成分不同的金属分铸，然后扣合而成。三弦钮，圆形钮座，斜边，窄平沿。以钮座为中心，作成十字形的箭头符号状，将背面划分成四个象限区，每区透雕一组凤纹图案，每组两凤相对，凤冠高扬，凤身作反首曲颈展翅卷尾状。两凤之间颈、翅相连成对，身饰羽毛纹。每区间以花瓣形卷云纹连成一体。凤身和云纹上加饰有半镂空的长条形和圆形浅槽，槽内填有天蓝色颜料，直径 11 厘米。

其二，云雷纹地饕餮纹镜。该镜出土时仍装在竹笥内，保存完好，光彩照人。三弦钮，无座。直边，宽缘微凹。以钮为界，两边饰相背对称的饕餮纹，其形如兽面形铺首。直径 12.2 厘米。

其三，羽状纹地四叶纹镜。三弦钮，方形双重钮座，斜边，卷缘较低。在羽状地纹上由钮座四边外缘中部各饰一叶，叶面有叶脉纹。直径 10.9 厘米。

其四，圆形彩绘镜。桥形钮，无钮座，斜边，无缘。镜体较大，直径 16.7 厘米，胎较薄。镜背在黑漆地上用朱、黄两色漆彩绘鸟、云纹。中部用红漆勾勒出一展翅飞翔的小鸟，用黄漆绘鸟目，外围用红、黄漆相间绘云朵状纹。

总之，根据现有的资料，先秦时期铸镜最多且最好的是楚国。楚镜后来居上，形制繁多，质地精良，纹饰华美，成为先秦铸镜业最发达的地区，其影响所及，甚至在阿尔泰山西麓的古代遗址中发现了堪称标准楚式镜的四山镜。

3. 乐器

在先秦时期，礼与乐是并称的，礼与乐“相须为用”，“礼非乐不行，乐非礼不举”。所谓“国之大事，在祀与戎”，有祭祀也就必然有乐舞。乐还是先秦时期作为教育的不可或缺的组成部分，当时的教育内容为“礼、乐、书、数、射、舆”，即“六艺”，乐名列次席。总之，乐在先秦时期并非单纯的娱乐，而有着多方面的重要意义。

古代有“八音”，即金、石、丝、木、土、革、匏、竹。“金”是指用青铜铸造的乐器，主要是钟，其次有钲、铙等；石指石质乐器，主要为编磬；丝指弦乐器，如琴、瑟；竹指竹类乐器，如排箫、篪等；土质乐器有埙；木类乐器有柷；匏类乐器有笙；革类乐器有鼓等。

楚国的乐文化十分发达，《国语 · 楚语》记：“（楚）灵王为章华之台，与伍举升焉，曰：'台美夫！'对曰：'臣闻国服宠以为美，安民以为乐……不闻其以土木之崇高、彤镂为美，而以金石匏竹之昌大、嚣庶为乐……'"在这里，伍举显然是以八音的首尾"金石"和"匏竹"来指代八音的整体，说明楚国是八音俱全的。

"八音"也常常用"金石"来指代，金以钟为表率，石以磬为指代，钟音量雄浑，磬声音清越，所谓"金声玉振"，意即在此。

八音之中，楚人所爱以钟为最。尚钟之风，于楚为烈。诸夏以鼎为重器，作为王权的象征。两国交兵，胜者入败者国都，往往以"毁其宗庙，迁其重器（宝鼎）"作为战胜敌国的标志。但楚国的重器却是钟。据记载，公元前 506 年，吴师入郢，"烧高府之粟，破九龙之钟"。烧粟，是为了破坏楚国的经济实力；破钟，则象征着击败楚国的王权。

楚人尚钟，当因钟为八音之首，是古代礼乐制度的重要载体之一。礼乐制度作为诸夏社会政治生活中的最重要内容，无疑是楚人仿效的对象。但楚人富于创新精神，并具"不与中国之号谥"的心态，这就决定了楚人在仿效的同时决不可能去照抄照搬，而必定对中原的礼乐制度有所损益，以建立适合本民族特点的礼乐制度。在礼乐器中，礼器的组合形式已改变了中原的鼎、簋相配；乐器中惟一能与礼器之首"鼎"对举的是钟，钟也就为楚人所喜爱，赋予钟在礼乐制度中的重要地位，钟从而成为楚人的宝器，从而成为王权的象征。

孔子曰："移风易俗，莫善于乐。"让人耳听"正言"，目睹"舞容"，可以"耳目聪明，血气平和"，从而达到"易风移俗，天下皆宁"的目的。西周时楚人"僻在荆山"，与蛮夷为伍，处于一种亦夏亦夷，非夏非夷的尴尬地位，要站住脚跟并欲有所发展，就必须或者完全地"变服从俗"，或者"移风易俗"。如果说前者对于与华夏有着千丝万缕联系的楚人来说不易行得通，那么利用礼乐，实行教化以达到移风易俗的目的，应是切实可行的。因此，聪明的楚人实行编钟制度以先声夺人，因钟、铙之类的乐器，也正是在该地区聚居的越人中流行的，最早的钟就是由越人铸造的。投其所好，笼络其心，以征服其地。楚人尚钟，无疑有其较深的文化背景。

尚钟也是楚人酷爱音乐的集中表现。因为音乐在楚国享有崇高的地位，楚国还设有掌管音乐之官。《左传》"成公九年"记楚国有"泠人"世家出身的钟仪，泠人即伶人，是司乐之官。《左传》"定公五年"记楚国有乐尹钟建，乐尹也是司乐之官，从泠人到乐尹，可以看出楚人早期因摹仿周人，称司乐之官为伶人。后来，楚人随着自身文化特征的愈益鲜明和周天子地位的日渐式微，又易伶人为乐尹。在某官名后续一“尹”字，为楚国的惯例，如楚官有令尹、左尹、门尹、郊尹等。

文献所记以钟为氏的楚人共有三位，除上述钟仪、钟建之外，还有一位钟子期因知音的故事而千古留芳。钟子期是否担任过乐尹史无明载，但从他精深的音乐素养来看，或许是一位息影田园的乐尹。《吕氏春秋·精通篇》高诱注云：“钟，姓也。子，通称。期，名也。楚人钟仪之族。”在盛行世官世职的先秦时代，作为乐尹后人的钟子期很可能承袭过世职。楚国已知的三位司乐之官都以钟为氏，反言之，已知以钟为氏的三位楚人都是司乐之官，其中的缘故，可能是楚人因钟为群乐之首，因而让司乐之官即司钟之官以钟为氏。《左传》“成公九年”记晋侯问钟仪之名族，钟仪答称“乐”是“先人之职官”，这种一语双关的回答，既反映了当时名族、姓氏、职官三者可互相替代的事实，又说明钟氏确实以司乐为世官。

楚国司乐之官的地位，在春秋诸国中是最高的。钟仪曾任郧县的行政长官——郧公，其权力可比诸侯。钟建随昭王逃难，背过王妹季芈，后来季芈要嫁给钟建，昭王应允了，便任命钟建为乐尹，足见乐尹的地位非同一般。

楚人因尚钟，便大量铸钟，迄今所知的早期楚器几乎全部为钟，如楚公钟一套四钟，楚公逆镈，楚公逆钟一套八件等。

钟分为钮钟、甬钟、镈钟三类，各有从大到小不可颠倒失次的组合关系，因而称之为编钟。有人认为编钟制度的形成，以及以编钟制度为中心的西周乐制的确立，是在西周晚期。此时编钟制度的形成是因为具备了以下几个条件：其一，编钟的普遍存在；其二，八件成组编钟的出现；其三，编钟的右鼓出现第二基音标志，表明“西周编钟有意识地正式使用第二基音”；其四，八件成组的编钟已有一定的音阶规律；其五，大多数钟上有铭文，并且有着一定规律的排列格式。此说有一定道理。楚公逆钟的出现，说明楚国在西周晚期已形成编钟制度。

楚公逆钟于1993年出土于山西天马——曲村遗址北赵晋侯墓地64号墓，出土的八件甬钟形制相似，甬断面略呈方形，上端有浅涡纹及三个沟槽，舞两面微向下倾，钲、枚、篆各部位均以双阴线划分，双阴线之间排列乳刺，枚为平顶两端式。舞部饰宽阳线卷云纹，旋饰云目纹，篆带饰蝉纹，鼓部中央饰龙、凤、虎纹，左侧以穿山甲为基音点。钟内有调音槽一道。钟甬高18.5厘米、舞修24.3厘米、中长32.4厘米、铣间28.8厘米、通高51厘米。钲及鼓部右侧有铸铭六十八字。

钟铭说楚公逆得到四方首领入贡的九万钧红铜之后，“自作和齐锡盄钟百肆”。“和齐”，指钟声谐和；“锡钟”指用优质金属铸成的钟；“百肆”，指编钟的数量。《周礼·小胥》记：“凡悬钟磬，半为堵，全为肆。”杜注：“肆，列也，悬钟十六为一肆。”根据已出土的西周编钟，至多者包括楚公逆钟为八件一套，“一肆”在当时应指八件一套的编钟。“百肆”不免有夸张的成分，但仍可说明当时楚国铸钟的数量是庞大的，已具备了较高的青铜冶铸水平，并形成了一定的规模。

湖北战国楚墓、楚遗址出土的青铜乐器主要有：

（1）楚王熊章钟，共三件。其中两件为钮钟，传出土于湖北安陆，今仅存铭文。另一件于1978年出土于随州曾侯乙墓编钟的下层西架正中，为镈钟。其铭文和传世的两件铭文相同，是楚惠王熊章五十六年（公元前433年）为曾侯乙宗彝作器。镈钟的钮由两对精雕而粗壮的蟠龙对峙构成。钲间两侧篆带各以五个凸起的圆泡形饰为枚，呈梅花状排列，正背两面共四组二十枚，均缀于浅浮雕龙纹的衬地上。正鼓部为浮雕的六龙组成的图象，其构成情况是：中部为上下相对的两个正面形龙首，左右两则各有上下两龙，龙的躯体作侧视相互交缠状，轮廓分明。龙身的细密填纹也非常清晰，铸造的精工程度胜于曾侯乙钟。全器通高92.5厘米，重134.8千克（图2-18）。

图2-18 随州曾侯乙墓出土楚王熊章钟

(2)江陵天星观1号墓出土编钟。这座战国中期的楚墓曾被盗，钟仅遗存四件，出土时仍悬挂于木质钟架横梁上，从钟架上有挂钟的二十二个方孔来看，原来实有钟数应为二十二件。四件钟均为钮钟，形制相同，纹饰有异。最大的一件通高20.3厘米，重155千克；最小的一件通高9.3厘米，重0.222千克。木质钟架长3.4米，高1米。

(3)铜钲。荆门包山2号墓出土的铜钲铸造精美，柄呈圆形，较长，首端呈箍状，柄上镂空两组二方连续勾连纹，外铸细密的几何三角形、菱形纹饰；舞内外铸细密对称变形龙纹；器身内壁也铸细密的对称龙纹图案。通长27.5厘米。据同出的竹简遣策记为"一铙"，器名当为铙。

(二)曾侯乙墓出土青铜器

1979年在随州东郊季氏梁出土两件戈，一戈铭："穆侯之子/西宫之孙/曾大攻尹/季怡之用"。另一戈铭："周王孙/季怡孔/臧元武/元用戈"。器主季怡自称为曾之先君穆侯之子西宫之后代，又称为"周王孙"，说明曾的确是周朝分封的同姓国，并且与周王室有着较近的血缘关系。

曾国的青铜铸造技术一度领先于楚国，但随着楚国的迅速崛起，其青铜文化也开始发达并以至于鼎盛，这对在春秋中期即已沦为楚国附庸的曾国青铜文化的发展，影响之强烈是不言而喻的。曾侯乙墓出土的青铜器便是在这种文化背景下产生的，是曾楚青铜文化相互影响，相互融合的结果。

曾侯乙墓于1978年发掘于湖北随州市擂鼓墩，是中国考古史上的一次重大发现。所出土的青铜有礼器117件，用具17件，钟镈65件，钟架构件和钟挂件246件，磬架及编磬挂件102件，建鼓座1件，兵器4732件，车马饰958件，墓主外棺框架1副，总计6239件，总重量近10.5吨，是历年来一墓出土青铜器的数量和重量最多的一次。

1. 礼器

所出土的礼器组合关系完整，组合中有食器、酒器、水器。

食器中有烹饪器鼎、鬲、甗，盛食器簠、簋、豆等。仅鼎类即有镬鼎、箍口鼎、子母口鼎、小口鼎以及楚国特有的束腰平底升鼎等数种鼎型。

炉盘　炉盘由上盘下炉两个部分组成。盘直口方唇，浅腹，圜底，四个兽蹄形足立于炉的口沿上。腹部两侧各由一对环钮套接一副提链。炉体为浅盘形，平底，底部有分布不匀、大小不等的小长方形穿孔十三个。三矮足，其中兽形足一只，兽嘴和前肢上托炉底。出土时盘内有鱼骨，炉内有木炭，盘底有烟炱痕迹。此器为煎煮肉食之器，有人将其定名为盘鼎。

鼎形器　共10件，内装小勺，仅见于此墓，是一种特殊器形。

勺　用以挹取牲肉与饭食，常作为鼎和鬲的附件。曾侯乙墓出土的一件长达158厘米，柄上铸有双钩蟠螭纹，大概是目前所见最长的一件勺，出土时置于两件大鼎的口沿之上。另一件长仅45.8厘米，置于升鼎内，但柄上有镂空几何形纹饰，柄两侧边缘处镶嵌绿松石，非常精美。

酒器中有大尊缶、鉴缶、联禁大壶、提链壶、尊盘、罐、滤酒器、勺等。

大尊缶　共出土2件。形制相同，为敛口，平沿，溜肩，鼓腹，假圈足，平底。盖隆起，盖缘有对称的四个环钮。一环钮，中衔锁链，一端与缶肩上一蛇形环钮相衔接。缶腹中部上下各有一圈凸起的大箍，其间有四个对称的大环钮。器身饰有印模铸制而成的纹饰。其形体特别高大，分别高1.25米、1.26米，重327.5千克、292千克。这是迄今为止发现的我国先秦酒器中最大、最重的两件，可称之为“酒器之王”。二器出土于该墓的北室，北室主要置放兵器，被称之为兵器库。因此，有人戏称这是曾国国君鼓励将士出征或犒劳胜利归来的将士而设置的大容量酒器，所装之酒足以慰劳一支大军(图2-19)。

图2-19　随州曾侯乙墓出土大尊缶

鉴缶　由盛酒器尊缶与鉴组成，共两套，出土时保存完整。方尊缶置于方鉴正中，方鉴有镂孔花纹的盖，盖中间的方口正好套住方尊缶的颈部。盖的四边各有一兽面衔环钮，四边边沿则各有两兽面形衔扣以使器身与盖接合得更好。器口每边正中和四角上又各加一块曲尺形和方形附饰，用凸榫与口沿上相应的榫眼套接。鉴身的四面和四角，共有八个拱曲攀伏的龙形耳钮，耳钮的尾部都有小龙缠绕，并有两朵五瓣小花立于尾上。鉴底由四只龙首兽身的足顶托。鉴身及尊缶满饰变形的浮雕蟠螭纹。鉴的底部与尊缶的结合处，其设计之精巧更令人叹为观止：鉴底结构分为两层，外层呈圆饼形下凹，中间有十字形凸梗，因此增加底托力量；内层为一圆盘，恰好嵌入外层的下凹部位，器内壁底又伸出三个小凸榫将圆盘卡住，并加焊固定，其中一个弯钩带有可以活动的倒钩，当弯钩套入尊缶的方圈足钩孔后，倒钩即倒下扣紧圈足。这样，方尊缶便牢牢地固定在方鉴内了（图 2-20）。

图 2-20　随州曾侯乙墓出土鉴缶

在鉴与缶之间有较大的空隙，应是夏天盛放冰块，冬天盛放热水之用。这样，可以在炎热的夏天喝到冰凉的美酒，在寒冷的冬天喝上温热的甘醇。《楚辞·招魂》记有“挫糟冻饮，酎清凉些”，其“清凉些”大概就是由这种盛冰的鉴缶制成。设计奇巧，铸造精工的鉴缶实为中国古代最早的“冰箱”。

尊盘　由一尊一盘组成，出土时尊置盘内。这种组装以盛酒为主，应称盘尊。这是铸造工艺之精巧达到先秦青铜器的极致，被叹为鬼斧神工的器物（图 2-21）。

图 2-21　随州曾侯乙墓出土尊盘

尊由尊体和各种附件、附饰组成。尊体喇叭口，长颈，圆鼓腹，高圈足。口沿附加精细繁缛的透空附饰。颈、腹和圈足，各附四条形态不同的龙形装饰。口、颈之间，器壁为内外双层，内层为有规则的镂空网状结构，外层为一些分布不规则的铜梗相互勾连，与口沿上的繁缛花纹相连接。口沿上的附饰由高低两层透空附饰组成，内外两圈，错落相间。每圈有十六个花纹单位，每个单位由形态不一的四对变形虺组成。虺均各自独立，互不依附。每条虺的下端由弯曲不规则的小铜梗支撑，这些小铜梗立于外层器壁的铜梗之上。整个口沿和唇面就形成了极为复杂又错落有致，既玲珑剔透又节奏分明的立体花环艺术形象。尊颈部较长，除饰有蕉叶纹和浅浮雕的变体蟠螭纹外，还附加有四条立体圆雕的龙形装饰，龙首向上反顾，口吐长舌，身躯中空，由镂空的变形虺纹、涡纹组成。四龙足伏于颈壁之上，其尾部与腹部装饰的龙首相连。

尊的腹部饰浮雕的变体蟠螭纹，并附加有四条双身蟠龙作装饰，从正面看，龙首与双身似是连在一起，而实际上龙首连于颈部龙的尾上，与双身并不相连。

其圈足的上部为镂空的蟠螭纹，下部饰简化的蟠螭纹，也有四条曲张多姿的双身龙作装饰，龙首昂起，口吐长舌，双身的左右各攀附两条蜷曲的小龙。

据统计，整个尊体上装饰有二十八条蟠龙和三十二条蟠螭。

盘也是由盘体和各种附件、附饰组成，其装饰风格和结构同尊一样，附件、附饰的繁缛精巧程度无与伦比。盘上的龙有五十六条，蟠螭四十八条，蟠龙、蟠螭都是龙。上述统计的数字尚不包括尊、盘口沿上的那些细小的虺龙，如果将这些龙，甚至连同尊、盘体上平雕或浅浮雕的蟠螭纹加在一起，龙的数量是无法统计的。无数条龙聚在一器，尚难找到第二件。

盘尊的镂空纹饰之精细犹如丝瓜络子，经专家鉴定，为失腊法铸造，是先秦失腊法铸造最成功、最繁复的一件，其铸造技艺已达炉火纯青的地步。

尊通高 30.1 厘米、口径 14.2 厘米，重 9 千克；盘通高 23.5 厘米、口径 58 厘米，重 19.2 千克。

曾侯乙尊盘的出土，可以推定于上世纪 50 年代的安徽寿县发掘的蔡侯墓也出土有同类器物，且不止一套。有学者论定此类器物为裸器，就是祭器。

过滤器　所见两件分别出土于曾侯乙墓和擂鼓墩 2 号墓。以曾侯乙墓的铸造较精，其器体作三角锥体形漏斗状，斗口为等边三角形，其中一角与立于器座的长杆相接，另两个角伸出一环形钮。尖底，有呈圆形排列的十二个镂孔。器座为一蜷曲卧伏的怪兽躯体，颈部为一长圆杆，口衔住漏斗的一角，用以支托漏斗。高 88.5 厘米。出土时在鉴缶一侧，推测其功能应为滤酒之用。当时所酿之酒为粮食发酵酒，未经蒸馏，一般连渣一起饮用，称之为“醴”。为使酒更加清醇，则需过滤，过滤器正是滤渣的。

水器主要有小口鼎、匜鼎、盥缶、圆鉴、盘、匜、斗等。

2. 用具

礼器之外，还有青铜用具 17 件，如炭炉、箕、漏铲、镇、熏、筒形器、勾形器、鹿角立鹤等。

炭炉、箕、漏铲　这是一套取暖用具，出土时箕、漏铲置于炉内。

炭炉为直口，平沿，方唇，短颈，浅腹，平底，三兽形矮足。兽首反顾向外，头部顶托腹底，身尾着地，肩腹间有对称的双环耳，每对耳钮上套接提链一副。颈腹部饰有铸镶的红铜纹饰。

箕呈三角箕形，器表及曲栏模仿竹篾编织的形状。

漏铲亦如箕形，铲底口部中间呈尖突形，底有菱形漏眼五十三个，后壁上沿中间呈尖角上突。附圆杆形柄，柄近器身处有曲度，接于后壁腰际。铲身曲栏左右及后壁外铸镶红铜花纹。

这套完整的取暖用具的出土，解决了以前单件出土的同类器关系不明、用途不详的问题。

镇　共出土 4 件，大小相同，形制一致。全器如盖，半球形，内空，平口沿，顶有衔环龙形钮，面部有规律地雕铸八条互相纠缠的龙，形态生动，有的高出盖面呈镂空圆雕状，有的贴于盖面呈浮雕状。龙身饰鳞纹，每龙两足，每足三爪。龙与龙之间的空隙处，有十四个高出盖面的小圆圈，圆圈内原应有镶嵌物，惜已脱落。高 8.0 厘米、径 11.8 厘米，重 1.25 千克。

古代人们席地而坐，为防止竹席边缘卷起，因而需要用物镇压住竹席的四角。《楚辞·九歌·东皇太一》："瑶席兮玉瑱。" 瑱音镇。王逸注："以白玉镇席也。"此为铜镇，也是压席之物。

熏　出土有两种形制不同的熏，一为熏盘，一为镂孔筒形熏杯，后者在战国楚墓出土数件，已如前述，前者仅此一件。

盘式熏由蒜头形筒形罩和圆盘两个部分构成，熏罩套在圆盘侈出的子口上。熏罩为长而细的圆管状，中空至顶，上细下粗，盘浅腹，平底，三个蹄足。罩与盘各有相互对应的环钮一对，罩近盘处有一小圆管流。通高 42.8 厘米。出土的熏罩内壁，特别是其上部有厚 0.2~0.3 厘米的褐色烟灰一层，圆盘内也有此种灰层，当是熏燃香料的遗迹。此器结构合理，罩近盘处的一小圆管流，保证了燃烧香料时所需的空气，细而长的圆管状罩有如烟囱，保证了香料的充分燃烧。这是一件难得的珍品。

图 2-22　随州曾侯乙墓出土鹿角立鹤

鹿角立鹤　为鹿、鹤合体，是一件风格独具的艺品珍品。鹤引颈昂首伫立，长嘴，嘴上翘呈钩状，两翅展开作轻拍状，拱背，垂尾，两长腿粗状有力，下有三爪，立于长方形器板之上。鹤头上左右两侧插有两支铜质鹿角，向上呈圆弧状。

鹤、鹿角和器板上均有铸造和镶嵌的纹饰，特别是鹤的头、颈部和鹿角上饰错金涡云纹、三角云纹和圆圈纹，背腹和尾下部边缘镶嵌有绿松石。鹤嘴右侧有铭文一行七字："曾侯乙作持用终。"

全器分为八个部分分铸后连接组装而成，通高 143.5 厘米，重 38.4 千克（图 2-22）。

鹤、鹿在中国古代都被视为瑞兽，是长寿吉祥的象征。把鹿角插于鹤头，将两者集于一身，为想象中的吉祥动物。古人把仙人乘鹤叫“鹤驭”、“鹤驾”，此器出土时是置于主棺之东，可能意在引领主人灵魂升天或祈求神灵保佑。

3. 乐器

青铜乐器是曾侯乙墓青铜器群的另一重要组成部分，其核心为编钟。

编钟　共 65 件，其中钮钟 19 件，甬钟 45 件，以及楚惠王赠送的镈钟 1 件，分三层八组悬挂在钟架。

高大的钟架出土时仍完好地矗立于墓室，呈曲尺形，分上中下三层，总长 10.83 米，高 2.73 米。（图 2-23）由六个佩剑铜人和六根圆立柱承托。铜人身着衣裳，束腰宽带，神情肃穆。钟架以铜人承托，是第一次发现。

图 2-23　随州曾侯乙墓出土编钟

钮钟悬挂于钟架上层，形制相同。通体光素，最大者高 39.9 厘米，最小的高 20.2 厘米。

甬钟分五组悬挂于中下层钟架上，形制基本相同。纹饰除大甬钟有铸镶红铜龙纹外，大多为尖浮雕状蟠龙纹，触之有棘手之感。正鼓部的龙形数量也大为增加，最多达十五条。甬钟最大者通高 152.3 厘米，重 203.6 千克，为已发现编钟最重的一件。

钟的总重量达 2569 千克，连同钟架铜套等构件，全套钟共重 4421.5 千克，为我国历次出土编钟最重的一套。

编钟音乐优美：大钟低沉浑厚，中型钟圆润纯正，小钟清脆透明；音域宽广：总音域跨五个八度，其中心部位十二个半音齐备，全部音域的基本骨干则是五声、六声以至七声的音阶结构。尤其是一钟可以发出呈三度音程的两个乐音，还能分别击发而互不干扰，又能同时击发成悦耳的和声。

所有钟上都有铭文，少者 3 字，多者 90 字，共计 2828 字，加上钟架与挂钟构件上的文字达 3755 字。它们是先秦乐律学的珍贵资料，从乐学的角度来看，曾侯乙钟磬铭文好比是曾国宫廷中为乐工们演奏各诸侯之乐而准备的有关“乐理”知识的一分备忘录。其中涉及的音阶、调式、律名、阶名、变化音名、旋宫法、固定名标音体系、音乐术语等方面，相当全面地反映了先秦乐学的高度发展水平。

楚国有着铸钟的传统，这对曾国势必产生深刻的影响。比较曾侯乙编钟和淅川下寺 2 号墓出土的王孙诰钟，它们间的传承关系是十分清楚的，主要表现在以下几个方面：第一，两者在形制、纹饰的继承与演变方面十分明显；第二，两者如分组比较，“音域宽度大体相同”，“从半音完整程度看，其旋宫转调能力大致与曾侯乙钟相同。”第三，编悬方式相同，上层挂中小钟为高音区，下层挂大钟为低音区；第四，律名多沿袭楚国，曾钟记载了楚国的十一个律名，十二律的六间律名全部用的楚国律名。楚国的十二律形成远早于曾侯乙钟，“至迟在王孙诰钟时，楚十二律已经形成了。”总之，规模宏大、音域宽广、音乐优美的曾侯乙钟是对春秋时期楚钟的继承与发展。

这套钟经光谱分析、微量分析、化学定量分析的结果证明，全套钟由高锡青铜铸成。其含铜量为 77.54%~85.08%，含锡量为 12.49%~14.46%，含铅量一般小于 2%，个别略高于 3%。其合金配制已十分讲究，并且规范化。《考工记》载：“金有六齐(剂)，六分其金而锡居其一，谓之钟鼎之齐。”钟的化学成分比例，对其音量变化起着重大作用。实际结果，当含锡量低于 13%时，音色单调，尖刺；含锡量在 13%~16%时，音色丰满，悦耳。加上少量的铅有利于钟音的衰减和音色的改善。从这套钟的成分分析可以看出，当时的匠师已能识别铜、锡、铅的声学特性和物理特性,并且掌握了适当的配方。

编钟之外,还出土了青铜建鼓座、青铜磬架等乐器构件,二者是大胆的想象、奇巧的构造与新颖的造型完美结合的产物。

磬架 由一对怪兽造型及其头上插附的圆立柱和两根圆柱横梁结合而成。呈单面双层结构,通高 1.09 厘米、宽 2.15 米。两怪兽为圆雕,对称,由多种动物体结合而成,集龙首、鹤颈、鸟身、鳖足于一体。其高高伸出的头、颈,顶托磬架横梁,头上双角,双眼圆鼓,口吐长舌,呈长鸣状,身上两翼张开,作振翅欲飞状,和同出的鹿角立鹤有异曲同工之妙(图 2-24)。

图 2-24 随州曾侯乙墓出土编磬

鼓座 呈圆锥形,由圆形底座、承插空心圆柱和纠结空绕的圆雕群龙构成。通高 54 厘米、底径 80 厘米,重 192.1 千克。圆形底座是由一铜圈及其圈内数根弯曲不齐的铜条构成的圆形中凸的网状结构。承插圆柱突居于鼓座正中,口如盘,身如管,内空透底。圆柱上部被圆雕群龙所簇拥,群龙由八对主龙躯干及攀附其身、首、尾的数十条小龙组成。主龙曲旋蟠绕,沿背脊两边还各镶嵌有绿松石两道,并刻繁细的鳞斑纹;攀于其上的龙则以高浮雕和圆雕相结合的方法来表现。大大小小的龙仰首摆尾,穿插纠结,以多变的形态和对称的布局构成了极其生动繁复的立体造型(图 2-25)。

图 2-25 随州曾侯乙墓出土鼓座

4. 兵器

曾侯乙墓出土青铜器的种类就数量而言，最多的是兵器，达 4732 件，包括戈、戟、矛、殳、晋杸、箭镞等。

戈 共出土 66 件，其中在被称之为兵器库的北室出土 59 件，置主棺的东室出土 7 件。戈头因形状有异被分为九式，柲一般长 1.27~1.33 米。其中 48 件有铭文，分别为“曾侯乙之走戈”、“曾侯乙之用戈”、“曾侯乙之寝戈”、“曾侯郕作持”等。寝戈出于东室，守卫主人长眠，自不待言。走戈最多，且未见使用痕迹，有人认为是专门为死者从阳界返赴阴界所用的明器，颇有道理。

曾侯名在该墓青铜器上共出现三个，除见于戈铭的“曾侯乙”、“曾侯郕”之外，还有“曾侯遡”。因有器物出现器名磨改的现象，论者多认为三侯名分别为三人，也有人认为墓中三个名字可能实际是一个曾君。从出土器物形制纹饰无甚差异，风格基本一致来看即使曾侯分别为三人，也只能是几位非常短命的君主，在很短的时间内相继更替。

戟 出自北室，共 30 柄。分别为三戈带刺、三戈无刺、二戈无刺等几种。戈带刺乃被视为定论的戟之形态，三戈戟、双戈戟的出土，修正了人们的这一传统看法，也验证了《说文·戈部》记："戟，有枝兵也"所强调的是"枝兵"而非刺。戟杆均为长柲，在3.30米以上，为车战之器，但也可能为仪仗之用。

殳、晋杸　殳共出土7件，为形制略有区别的两种，一种的殳头作三棱矛状，刃的中部稍内收，刃的下部接一个八棱形的箍，箍中空，箍的外部饰浮雕的龙纹。在一侧的刃上，铸制篆书一行六字："曾侯郕之用殳"。另一种的区别在于箍部为刺球状，为三个一排，共十排，计三十个粗而长的圆形尖刺。殳杆上方的一个花箍亦为刺球状，为五个一排，共十六排，计八十个尖刺。

晋杸共出土14件，其形制与殳区别甚大，为一长杆，两端装铜套，铜套无刃。

关于殳，古籍多有记载，《考工记·庐人》记："殳长寻有四尺，……击兵同强。"郑玄注："八尺曰寻……改句言击，容殳无刃。同强，上下同也。"贾公彦疏："改句云击，以殳长丈二而无刃，可以击打，故云击兵也。云同强，上下同也者。"《说文·殳部》记："殳，以杸殊人也。礼，殳以积竹八觚，建于兵车，虎贲以先驱。"同部又出"杸"字，注曰"军中士所执杸也，从木从殳"。根据这些记载，古代殳长一丈二尺，按一尺23厘米计，相当于276厘米，积竹八棱形杆，两端有铜套，无刃，与出土的"晋杸"完全一致。

曾侯乙墓晋杸之得名，源于该墓出土的竹简简文。简文记有殳与晋杸两种，所记件数正好分别与出土的7件殳和14件晋杸相吻合，而殳自铭，于是对号入座，各就其名。

晋杸无刃而殳有刃，有刃之殳可能即古文献所载的"锐殳"。

曾侯乙墓同时出土两种形制不同的殳，并有铭文，简文实物互为佐证，解开了中国冷兵器时代的一个疑团。

箭镞　共出土4507件，出土时有的箭杆成捆放置，一捆杆数约五十支，这与此墓竹简所载一个箭箙装箭五十支相符，不失为兵器考古史上的一个重大收获。尤其是箭镞形制各异，达十七种之多，诸如二倒刺和九倒刺等，前所未见。

矛状车軎　在出土的车马器中，有两件在功用上等同兵器，即铸造精致的矛状车軎。矛状车軎是在车軎外端连铸一铜矛，车軎装于车轴上，矛叶与地面平行，便于行进时杀伤靠近战车之敌。两件大小相近，分别长37厘米和41.5厘米。这种器物将多种功能集于一体，足见当时战争的残酷性（图2-26）。

图 2-26 随州曾侯乙墓出土矛状车軎

在列国相互兼并的时代，由于战争次数的增多和战争规模的扩大，兵器得到了长足的发展，曾侯乙墓出土的兵器正是当时兵器工业大发展的体现。时楚国号称“带甲百万”，在战国七雄的军备竞赛中，楚国长期占着上风，作为楚国的附庸，曾国在兵器工业上必定受到较大的影响。

包括礼、乐、兵器及用具、车马器等曾侯乙青铜器群的出现，绝非偶然。春秋中期以后，青铜器的生产即开始出现新的变化，一方面是生产力的进步，为新的铸造技术和装饰工艺的产生与发展提供了条件；另一方面，各诸侯国开始大力铸造独具特色的青铜器，而楚国独领风骚。以楚国的技术优势及创新精神，加上曾国的文化传统，从而共同创造了中国古代青铜文化的辉煌。

曾侯乙墓出土的青铜器具有量多、型大、体重、工精等特点。其高超的铸造技术与装饰工艺主要表现在以下几个方面：

第一，复合范铸造技术在继承传统的基础上，又有新的发展，如曾侯乙编钟的铸制就反映了这一点。为保证钟的音质纯正、谐和，必须一次铸就。而一钟用范多达 126 块，这么多范芯拼合在一起，浇注时还要把已铸好的甬嵌入范内，铸好后不仅要求每一块范尽量不错位，以保证型体完整美观，还要求钟壁厚薄达到设计要求，以产生准确的乐音，其难度可想而知。曾侯乙编钟外型美观，花纹精细，同时音质纯正，音乐优美，音阶排列基本准确，可见当时的铸造技术之高超。

第二，分铸法有了新的进步。当时曾国铸造铜器除了广泛采用传统的分铸法以铸制小的附件如鼎的腿、耳之类，还能分铸诸如大尊缶、联禁大壶等大型器物的器身，腹径达 1.10 米的大尊缶铸造成功，是中国古代分铸技术成熟的一个标志。

第三，完善的铸接、焊接技术。建鼓鼓座为八对大龙交缠蟠绕在座体之上，还有许多小龙攀附在大龙的头部、身部、尾部之上，龙群由二十二件铸件和十四件接头通过铸接和焊接相互联并和座体接合在一起，蔚为壮观，在受力较大的部位，因难度较高而操作较烦难的用铜焊；在受力较小的部位，因强度较低而操作较简便的用镴焊，墓中即有用于镴焊的低熔点铅锡合金出土。先秦时期的这种焊接技术和低熔点铅锡合金，都是首次发现。

第四，铸镶、错嵌工艺成熟。在出土的青铜器中有六十多件镶有各种花纹。大部分使用错嵌工艺，就是在器体上铸出花纹凹槽，再于槽内填入绿松石、含铜量较高的矿物粉末和天然制漆品等，然后加以错磨，使之与器物紧密结合并显出光泽。铸镶法则是先将设计的花纹铸好，嵌入器体范内，在浇铸器体时连在一起，经过磨砺后既牢固又美观。是为创举，这也是当时铸铜技术发展成熟的标志。

第五，失蜡（熔模）法的应用达到新的高度。曾侯乙出土的尊盘，在中国所有传世和出土的青铜器，最精美也是最复杂，是中国古代运用失蜡法铸造的最杰出作品。

第六，装饰华美。该墓出土的青铜器主要以动物纹样如龙纹、凤纹为装饰题材，其他还有植物纹样及少量的几何纹样。装饰手法广泛，采用了平雕（包括线刻）、浮雕、镂空和镶嵌等，这些技法交相使用，造就了许多艺术上的精品。

总之，“曾侯乙墓青铜器群代表了铁器普遍运用之前先秦金属工艺的高峰。”但是，在此之前的曾国青铜器在风格上鲜有变化，技术上尚无突破。曾侯乙墓青铜器群的问世只能与楚国有关。曾国沦为楚国的附庸后，奉楚国为宗主，恭谨勤劳，累世不渝。所铸编钟一套六十四件，正中悬挂楚惠王所赠的镈钟，这是很有象征意义的。出土的九鼎八簋，代表了国君身份，但九鼎是楚式升鼎，这也形象地说明了楚与曾的主从关系。楚人富于创新精神，在春秋中晚期之际已形成自成体系的青铜器风格，早于曾侯乙墓一百余年的淅川下寺 2 号墓出土的青铜器，表明楚国当时已拥有高超的铸造技术及装饰工艺。此二墓的同类铸件无疑有着师承关系，只是曾器更加成熟罢了。曾侯乙墓青铜器群如果说在风格方面尚保持着某些个性，在技术方面则与楚保持着共性。因此，论者一般视为楚系青铜器。

（三）擂鼓墩2号墓出土青铜器

擂鼓墩2号墓与擂鼓墩1号墓（即曾侯乙墓）相距仅102米。亦为岩坑竖穴木椁墓。残存墓口近方形、正东西方向。墓内棺椁已腐烂，墓内有一具陪葬棺残痕。随葬器物成组排放在椁室内。共出土遗物2770余件，包括青铜器、容器、杂器、车马器、陶器、玉石器等。

所出青铜乐器中包括编钟36件，皆为甬钟。其中大型编钟5件，形制相同，大小递减。小型编钟28件，形制、花纹均相同，大小不一。在几件大型编钟上首次发现有浮雕神人双手操蛇图象。此外还出有青铜编钟、鼓座、石编磬等。青铜礼器和杂器共计70件。礼器有鼎、鬲、甗、簋、豆、簠、壶、缶、盘、匜等。包括镬鼎1件，升鼎9件，盖鼎6件，小口提链鼎1件，鬲10件，簋8件，簠4件，其他器各1件。杂器有炭盆、箕、漏斗、匕。所出车马器有车軎、马衔、马镳、马饰共155件。此墓出有陶器9件，均为陶豆。其他随葬物有玉石器、料珠等。

擂鼓墩二号墓所出青铜器，具有战国中期特征，其中又有一些器物与曾侯乙墓同类器近似。因此，此墓的年代应稍晚于曾侯乙墓，可定为战国中期的前段。

此墓的器类组合和器物风格都与曾侯乙墓相似，而与楚墓有一定的区别，例如墓中未见战国楚墓中常见的楚式敦，这是曾国墓葬的一个特点。此墓距曾侯乙墓不远，随葬了九鼎八簋，为诸侯一级的葬制。但墓中未见兵器，据此可推测墓主人可能是曾国国君的夫人。

（四）湖北各地出土的漆木器

战国时期，楚国的漆器生产进入鼎盛期，因为漆器的发展既要有用于锯、削、刻的锐利的铁制工具，同时又要有漆的较大量的生产与髹漆工艺的提高。考古发掘出土的楚国铁器数量众多，楚国有可能是古代中国最早冶炼钢铁和使用铁器的一个诸侯国。楚境内气候温和，雨量充足，湿度较大，适宜漆树、油桐和其他树木的生长。这些为楚国发展髹漆工艺提供了物质基础。

在湖北考古发现的战国时期漆器，其品种与数量都首屈一指。如在湖北江陵发现的战国时期楚墓群有数十处，已发掘的楚墓近4000座，出土漆器则数以千计。出土漆器较重要的墓葬有：湖北随州曾侯乙墓、江陵望山沙冢楚墓、天星观1号墓、2号墓、雨台山楚墓、马山1号墓、九店东周墓、纪城楚墓、荆门包山楚墓等。这个时期的各类墓葬，都随葬数量不等的漆器。例如江陵的小型墓，一般随葬数件至十余件漆器；中型墓，随葬数十件至百余件漆器；大型墓，随葬的漆器品种与数量就更多，而且制作更精良。当时这个地区漆器的品种繁多，其用途之广远远超过前代，工艺水平也有明显提高，在社会经济中已成为一个独立的手工业部门。

《韩非子·外储说左上》记载的"买椟还珠"的故事发生在郑、楚人之间，"楚人有卖其珠于郑者，为木兰之柜，薰以桂椒，缀以珠玉，饰以玫瑰，辑以羽翠，郑人买其椟而还其珠。此可谓善买椟矣，未可谓善鬻珠也。"装珍珠之柜当如出土的圆奁之类的漆器，制作精致的器物配上彩绘精美的画面，美轮美奂，吸引住郑人是不足为怪的。珠是自然产品，总能买到，而像装珠的柜子这样美丽的艺术品却不是随处可以碰到买到的，所以，郑人也就要"买其椟而还其珠"了。这则故事充分说明了战国时期，楚国髹漆工艺的高超。

湖北各地楚墓出土的战国时期大量精美漆器已充分证实了这则故事的真实性。所出土的各类漆器从工艺上看已有较大进步，胎骨仍以木胎为主，但已变得较薄，并出现了陶胎、铜胎、夹纻胎、骨角胎等，望山1号墓出土的漆削鞘是所见到的第一件夹纻胎漆器。

胎骨的制法有多种：竹胎漆器中的彩绘竹笥、扇、席等，为编织而成；竹弓等以砍制为主制成；竹筒等以锯制为主制成。木胎的制法主要有斫制、挖制和雕刻三种。有些漆器分别制作构件，然后用榫卯接合，或粘合而成。有些漆器则与金工结合，即在木胎上配以铜环、足、铺首等构件，如曾侯乙墓外棺就是在铜框架里嵌原木板而构成，成为迄今所见年代最早、结构最复杂、器形最大、体量最重，并与金工结合的一件特大型漆器。在战国晚期的楚漆器中，还出现了铜扣器的新工艺。

由于髹漆工艺的提高，漆器的产量倍增，因此战国楚墓随葬漆器相当流行，大、中、小型墓一般都随葬数量不等的漆器。曾侯乙墓随葬漆器220多件，器类多，品种全，是迄今已知最典型、最有代表性的漆器群。尽管曾侯乙墓非楚墓，但曾国成为楚国附庸后，曾国文化受楚文化影响甚深，通常以楚系视之。所发现的漆器品种已由春秋时期少数的几种增至80多种，造型各异的各类楚漆器主要有：

1.家具:有床、几、禁、案、俎等。

(1)案。江陵望山1号墓出土的一件漆案,案面微凹,四边凸起,以红漆为地色,上面以黑漆绘排列整齐的圆涡纹,四角镶铜,长边的两端各有铜足和铜铺首衔环一个。

(2)几。出土于曾侯乙墓的一件漆几由面板与两块竖立的主板以榫卯相接而成,通体髹黑漆,并用红漆绘云纹、几何纹等纹样。

2.生活用具:有笥、箱、盒、奁、匣、豆、樽、壶、钫、耳杯、卮等容器,枕、席等卧具,梳、笄、簪等妆具。

(1)耳杯。耳杯或称羽觞,主要用于盛酒。楚墓出土耳杯的数量最多,约占出土漆器的三分之一。耳杯的杯口呈椭圆形,弧壁圜底,有双耳,给人以异常轻巧灵便的感觉。楚式的耳杯大致有高足耳杯、方耳杯、圆耳杯三种形式。方耳杯有两角挑起如翼形的双耳,杯耳与杯口的椭圆形成对比关系,形制特别,为楚国所独有,有的方耳如蝶,或称之为蝶状耳杯。望山1号墓出土的蝶形耳杯,器内髹红漆,器表及两耳髹黑漆,并在两耳及口沿外部用红、黄、蓝色彩绘变形蝶纹、圆点纹等图案,十分精美。

圆耳杯有新月形的斜圆双耳,耳面或与口沿相平,或上翘,杯耳与杯口形状和谐统一,形态秀美轻盈。如江陵望山1号墓出土的一件,新月形耳微上翘,浅腹,小平底。器表和口沿内髹黑漆,杯内髹暗红漆,并以朱红、黄、浅黄色与银粉绘花纹:耳上与口沿内外为卷云纹、几何纹等图案,杯内底正中为金黄色花瓣纹,周围以银粉绘首尾相连的双凤。

(2)豆。漆豆出土的数量在楚漆器中仅次于耳杯。形似高足盘,盘上有的带盖,有的无盖,以无盖豆居多。多数盘为圆形,少量作方盒形,更有做成仿生的动物形状,如江陵雨台山427号墓出土的鸳鸯形漆豆,盖与盘合成一只盘颈侧视、双翅收合、蜷爪、尾略翘的鸳鸯,其头、身、翅、脚、尾等均系浅浮雕,雕工精细,形象逼真,周身各个部位用朱、金、黄等色分别加以描绘,栩栩如生。其下部由一线型挺拔秀美的圆形底座承托,既具实用功能,又是一件很有欣赏价值的工艺品。曾侯乙墓出土的木雕漆盖豆,其盖与器身的盘、耳、柄、座分别为一整木雕成,口椭圆形,盖隆起,盘较深。豆盘两侧附加两方形大耳,豆柄上粗下细,座大底平,盖顶及耳上的仿铜浮雕蟠龙纹雕刻细致,龙身互相蟠错掩映,龙首的耳、目、嘴、角均刻划入微。豆身以黑漆为地绘变形凤纹、菱形纹、网络纹等，少数地方加描黄金色。就其胎骨雕刻的精细与造型的大方合度而言，不失为战国早期漆器艺术的佳作(图 2-27)。

图 2-27 随州曾侯乙墓出土盖豆

(3)盒。漆盒是战国时期楚地日用漆器的一个重要品种，迄今出土的数量仅次于耳杯和漆豆。漆盒形制多样，有圆盒、方盒、长方形盒、椭圆形盒、罐形盒、船形盒、曲尺形盒、鸳鸯形盒、矩形盒、椭圆形长方盒、龟形盒等，反映了楚人逐新好奇的特点。

漆盒用途多样，或装酒、食具，或盛食物，或装衣衾，有的还可能是放置香料的。

楚式漆盒造型新奇、装饰华美。曾侯乙墓出土的鸳鸯形盒，全器雕成一只鸳鸯，鸳鸯作昂首曲足静卧伏，较之上述雨台山鸳鸯豆更加贴近自然。器身全部雕空，背上有一长方形孔口，上置一浮雕夔龙纹方盖，应为实用器。其造型生动灵巧，模拟自然物象而又不囿于自然物象的艺术构思，鸳鸯颈下有圆形榫插入器身，头可转动的巧妙设计，在腹部两侧的方寸之地所绘的“撞钟击磬图”和“击鼓舞蹈图”造型奇诡，线条流畅，抽象意味甚浓，代表着楚绘画的风格特色，因此，这又是一件兼具玩赏性和高品位艺术欣赏价值的漆器工艺品。

(4)杯。荆门包山 2 号墓出土的凤鸟双联杯，整器为一凤负双杯状，一凤鸟展翅，双翅负双杯，二杯有孔相通，以凤尾作柄，以两只小凤为足。杯内髹红漆，其余部分髹黑漆，并用红、黄、金三色绘勾连云纹、凤鸟的羽毛纹、波浪纹、蟠龙纹、变形卷云纹、圆圈纹等图案。全器的设计以突出趣味和表现技艺为主，是战国中晚期楚日用漆器的造型设计有着奇巧繁缛倾向的典型例子(图 2-28)。

图 2-28 荆门包山 2 号墓出土凤鸟双联杯

(5)奁。置放化妆品的奁有圆形奁、方形奁两种，以圆形奁为主。著名的彩绘车马出行图圆奁出土于荆门包山 2 号墓，器为夹纻胎，由盖、器身相套合而成。奁里髹红漆，奁外髹黑漆，并在黑漆地上以深红、棕红、土黄、棕褐、青等颜色彩绘花纹。在盖外壁绘车马出行图，这是迄今发现的中国最早的风俗画杰作。漆画展开长 37.2 厘米，宽 5.2 厘米，在黑漆地上用各种颜色，运用平涂、线描与勾、点结合的技法，描绘了一组包括二十六个人物、九只雁、四辆车、两条狗、一头猪和五棵柳树在内的楚贵族现实生活画卷。出土时，奁内有花椒、铜镜、搽粉饰、骨笄、木片饰、蛤蜊壳等物品(图 2-29)。

图 2-29 荆门包山 2 号墓出土车马出行图漆奁

(6)卮。酒器卮也出土数件，江陵雨台山 471 号墓出土的彩绘蟠蛇卮，由木胎雕刻、挖制而成。整器呈圆筒状，盖上雕八条相蟠的蛇，四条红头蛇，头向盖顶正中；四条黄头蛇，头向盖沿四周。卮身四周雕十二条蟠蛇，用红、黄漆彩绘蛇头、身和鳞片。木胎的造型出人意表，其雕刻及装饰技艺均令人惊叹(图 2-30)。

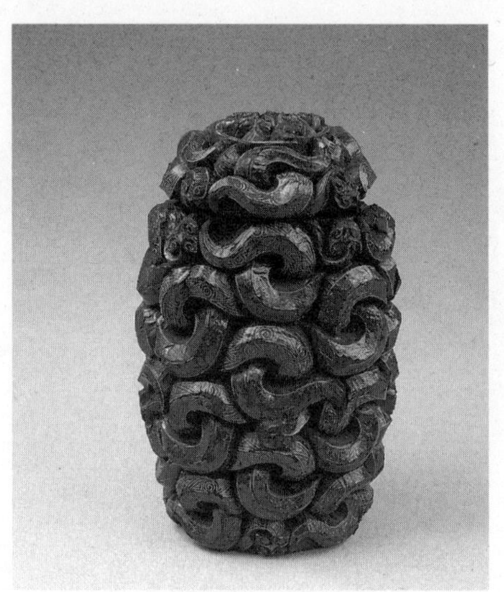

图 2-30　江陵雨台山出土蟠蛇卮

(7)衣箱。衣箱在曾侯乙墓出土 5 件，形制基本相同，分别以天象和神话传说为题材进行装饰。表现天象的是在圆拱形的盖面上，画有一巨大北斗及环绕北斗的廿八宿，两旁绘中国古代方位神青龙、白虎。这是考古所发现的中国最早的天象图(图 2-31)。

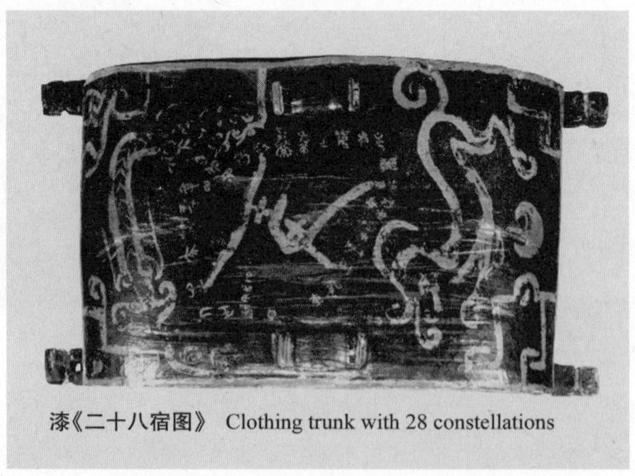

漆《二十八宿图》 Clothing trunk with 28 constellations

图 2-31　随州曾侯乙墓出土衣箱

3. 工艺品及玩物：主要有座屏、木鹿、辟邪、博具等。

（1）座屏。彩绘木雕座屏在江陵战国楚墓出土数件，其中天星观 1 号墓出土 5 件，均为木胎，由凸形座和长方形屏两部分组成，屏中间用立木分隔。四龙屏左右各透雕两条相背的龙，龙身屈曲，瞪目吐舌。其雕刻手法粗犷有力，有着强烈的艺术感染力。

江陵望山 1 号墓出土的彩绘木雕小座屏，屏面由可以分拆的透雕动物形部件组成，屏内共有凤鸟、鹿、蛙、蛇、蟒等动物五十五个，表现出蛇吞蛙、鹿，而凤鸟攫取蛇除害的形象。制作者对自然对象生命形态的体察入微，加上巧夺天工的透雕与浮雕技法，使得各种动物形态自然逼真。它们之间相互制约的关系又给整个作品笼罩了一层神秘的气氛，从而超越出一般自然主义的单纯模式。座屏本是一件带装饰风格的实用工艺品，因其精工巧丽，让人叹为观止，更因其整体意象构成的不可捉摸的神秘意蕴，而具有更大的魅力（图 2-32）。

图 2-32　江陵望山 1 号墓出土漆雕小座屏

（2）根雕辟邪（神兽）。出土 2 件，分别出土于江陵马山 1 号墓、九连敦 1 号墓。江陵马山 1 号墓出土的一件全器用一棵树根雕成，虎头，龙身，四足，卷尾。头部的眼、耳、鼻、口、须俱全。口微张，齿稍露，似有所见而欲噬。四脚皆长，雕为竹节状。右侧前腿上雕一蛇蜿蜒而行，右侧后腿上雕一蛇方噬一蛙，左侧前腿上雕一蜥蜴方噬一雀，左侧后腿上雕一蝉。利用树根天然的弯曲形状和四个分枝天然的伸向，显示游走之状。右侧两足俱在前而左侧两足俱在后，当因受分枝朝向的限制，不得不然，但增添了怪异感。这是我国已知年代最早的一件根雕作品，匠心独运，有化腐朽为神奇的效果（图 2-33）。

图 2-33　江陵马山 1 号墓出土根雕辟邪

4.乐器:有瑟、琴、笙、篪、排箫、鼓、鼓槌、钟架等。

这些乐器较集中地出土于曾侯乙墓。

(1)均钟(五弦琴)。形状窄长,全长 115 厘米,全器有一半剜成空腔,形成音箱。其为迄今所发现的惟一一件五弦琴,是均钟,作定调之用。器身以黑漆为地,侧板,底板以红、黄两色描绘精细繁缛的漆画,其中一幅可能是《山海经・大荒西经》所记载的夏后启上天得乐的故事(图 2-34)。

图 2-34　随州曾侯乙墓出土五弦琴

(2)瑟。共 12 件,大小略有区别,形制基本相同,均为二十五弦。通体髹黑漆,并以黑、黄、银色彩绘图案。面板和侧板绘有繁缛致密的凤鸟纹、菱纹、云纹、变形龙纹,瑟尾则在浮雕的主体饕餮之上,大小龙蛇杂绕,并加彩绘,绚丽动人(图 2-35)。

图 2-35　随州曾侯乙墓出土瑟

沙市喻家台41号墓出土的一件瑟，长为88.7厘米，仅及曾侯乙墓瑟的一半。瑟面及首尾两端档板系整木雕成。瑟面微拱，有一条首岳，三条尾岳，岳山前有二十三个弦孔，并有四个系弦的木枘。瑟体两端髹黑漆，首尾岳及档板、内外侧板的两侧均以红、黄色彩绘精美的龙、孔雀等图案。

（3）鼓。鼓在中国古代乐舞活动中占有突出的地位。楚墓出土的鼓数量多，种类亦多，有漆木鼓、鹿架鼓、虎座凤架鼓、大鼓、带柄小鼓和建鼓等。其中虎座凤架鼓颇具特色，迄今已在各地楚墓出土20多件。它是以对称的格局布置双凤、双虎作为鼓架，鼓悬于两凤鸟之间，处于全器偏上中心位置，鸟架置于相背伏卧的两只虎座之上。凤鸟与伏虎的形象基本写实，以榫卯结构而成的全器则又极富抽象形式意味。凤鸟翘首张喙，体态呈流畅的"S"形曲线，寓动于静，虎头造型则给人以平稳安定的感觉。楚人崇凤，以凤鸟的形象为鼓架设计的主题，在体现楚人对凤鸟崇敬与喜爱的同时，还可能体现了设计者注重器物的艺术形象与器物的功能相统一的思想（图2-36）。

图2-36　虎座凤架鼓

5. 兵器：主要有甲、盾、弓、弩、剑鞘、剑匣、矢箙、箭杆、柲等。

上述兵器胎体各异，反映了楚国髹漆工艺的多方面成就。

（1）甲胄。如曾侯乙墓出土的甲胄，多由皮胎模压成型，在其正面彩绘图案。一件马胄残片通体髹黑漆为地，并用红、黄色绘四龙、一兽、一凤。形态各异，龙首或作有冠的凤喙，或作兽首插两支鹿角，或作兽首吐舌状，腿有鹿脚、兽脚之别；凤骑于中间首作凤喙的龙身上，长喙长冠；右下角有一兽。龙、凤、兽身上都饰以云纹、圆圈纹，图案十分精美。

（2）矢箙面板。江陵沙冢1号墓出土的一件矢箙面板，由木胎雕制而成，上面透雕鸟一只，凤和豹各两只，形象逼真，这是楚透雕漆器的代表作之一，对于透雕成形的喜爱及熟练运用，是战国楚漆器造型意识的显著特色（图2-37）。

图 2-37　江陵沙冢出土矢箙面板

6. 丧葬用品：主要有镇墓兽、虎座飞鸟、木俑、笭床、棺等。

（1）镇墓兽。镇墓兽是楚墓特有的随葬品，战国早期已出现，战国中期时运用得较为普遍。其用途或谓避邪驱鬼，或谓引魂升天。其形制有单头、双头、变形龙面式、变形人面式等，是楚文化中最富有神秘意味的雕刻作品。

江陵天星观1号墓出土的一件双头镇墓兽，头部浮雕变形龙面，巨眼圆睁，吐长舌，双头背向，曲颈相连，头上插一对真鹿角，身插入方形木座中，通体髹黑漆，以红、黄、金三色绘兽面纹，颈部饰夔纹、勾连云纹，方座绘菱形纹、云纹、兽面纹等。江陵雨台山355号墓出土的一件面似人形（图2-38）。

（2）虎座飞鸟。虎座飞鸟主要发现于江陵、荆门的楚墓之中，由虎、凤、鹿角三部分构成。江陵李家台4号墓出土的一件虎座飞鸟，虎为底座，背立一飞鸟，昂首张嘴，展翘欲飞，鸟背上插一对鹿角。通体髹黑漆为地，用红、黄、赭、银等色分别绘鸟羽纹和虎纹，造型十分奇特(图 2-39)。

镇墓兽的形象，神秘而凶险；虎座飞鸟的形象，神秘而壮美。楚国的木雕漆器作品，就壮美而言，莫过于虎座飞鸟了。

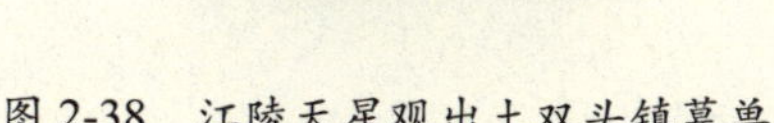

图 2-38　江陵天星观出土双头镇墓兽

图 2-39　江陵李家台出土虎座飞鸟

(3)木俑。楚墓出土多件彩绘木俑，江陵纪城 1 号墓出土的一件颇具代表性。木俑高 66.7 厘米，由整木圆雕而成，仅双足凿出榫头与裙下卯眼接合。俑作侍立状，双手屈肘交握于胸前，神态温顺。头部的耳、鼻、嘴为雕刻，头发、眉毛、眼睛则为墨描。身上用墨和红彩绘出右衽长袖袍裙及服饰，脚上则用墨绘出鞋子。尤为珍贵的是此俑在束带以下用墨描出由璧、璜、珠玑组成的串饰，分左右两列，为研究当时的玉佩饰提供了重要资料。

(4)棺。楚系墓葬出土的漆棺，一般内髹生漆，外髹黑漆。几座大墓所出土的彩漆棺制作精美。曾侯乙墓出土的主棺内外棺，为迄今出土的中国古代形体最大的漆器。器身满饰彩绘，绘画内容诡秘，具有浓厚的巫术思想，是以《山海经》为代表的南方神话传说的视觉方式体现。

包山 2 号墓出土的彩绘内棺则展示出一派祥龙盘绕、瑞凤飞翔、金碧辉煌的优美景象。龙凤是彩绘的主题，画面中凤纹显然居于主导地位，龙纹则交叠于凤纹之下,楚人崇凤于此也可略见一斑。全图色彩以黑、红、黄色为主,辅以赭、褐、白、灰等色,并施用大量金粉,以大面积的黑色衬托黄色和金色闪耀的龙凤,效果极其绚丽。其用笔洒脱细腻,对漆画工具、材料性能的掌握娴熟,显示了漆绘技艺的长足进步(图 2-40)。

图 2-40　荆门包山 2 号墓内棺

总之,楚漆器千姿百态,五彩缤纷,是楚文化百花园中的一朵奇葩,也是我国古代艺术宝库中的一批艺术珍品。

(五)湖北各地出土的丝织品与刺绣品

通过考古发掘所发现的先秦丝织品与刺绣品实物大多数是楚国的。这些实物表明,战国时期处于鼎盛阶段的楚国丝织与刺绣工艺技术已位居列国之首,是当时最高水平的代表。

楚国的丝织品与刺绣品实物,在湖北绝大多数出土于江陵地区的楚墓:

1965 年江陵望山 1、2 号墓出土了文绮、绢底刺绣;

1975 年江陵雨台山约 10 座楚墓出土平纹绢;

1981 年江陵九店楚墓出土丝织品、刺绣品。

最主要的发现是 1982 年在江陵马山 1 号墓出土的一大批织造精良、色彩鲜艳、花纹瑰丽、保存完好的丝织品。该墓是战国中期的一座小型墓,墓主为女性,遗骸被严严实实地卷在衣衾包裹中,衣衾包裹由层层相包的十三件衣衾包裹而成。其外由九道锦带横扎。尸体仅存骨架,从外到里,身穿锦面绵袍 1 件、绢面绵袍1件、绢面夹衣1件、绢裙1件、绢面绵裤1件,足着绨面麻鞋。

此墓出土衣物共35件,另在四只竹笥中盛有丝绸碎片452片。完整衣物计有服饰20件、锦袍8件、单衣3件、夹衣1件、单裙2件、锦绔1件、帽子1件、麻鞋3双、緥衣1件;以及衾3件、约1件、握1对、幎目1件、质1件、镜衣1件、囊5件、枕套1件。墓虽小,实可谓一座"丝绸宝库"。此墓的发掘,对丝织史和刺绣史来说,都具有划时代的意义。

在湖北宜昌、荆门的楚墓中有较多的纺织品,如:1975年在宜昌当阳赵家湖金家山9号墓出土麻鞋1双,麻布1块,麻布方包12件,长条麻绳4根。金家山9号墓为一座春秋中期的中小型楚墓,上述麻鞋、麻布为现已发现的楚国最早的麻织品。在金家山11号墓还出土有丝织品,出土时,其附挂在两根长45厘米的竹棍上,置于棺盖板面上。

1986年在荆门包山2号墓,出土有丝、麻织物77件(含形制不清的残布14件。残存丝织物按织造方法与组织结构,可以分为绢、纱、绮、锦、组、绦等六个品种。可以看出形制的丝、麻织物有衾、网、器封、系带、纱罩、扇形绢、麻鞋等七种。

此外,1978年在随州曾侯乙墓出土了丝织品217块(团),品种有纱、绢、绣、锦等几种,其中的丝麻交织纱与单层几何锦是首次发现,在纺织技术发展史上有重要价值。

1.丝织品

马山1号墓出土丝织品的纤维,经鉴定,其原料为桑蚕丝。有典故"卑梁之衅",是说楚国的边邑钟离(今安徽凤阳县东北)与吴国的边邑卑梁(今安徽天长县西北)毗连,双方的边民因"小童争桑"而"交怒相攻",竟至于演成了楚灭卑梁,吴灭钟离的激烈冲突。如此小题大做,固然与两国的夙怨积忿有关,但透露了楚人、吴人都重视种桑养蚕以缫丝织帛的信息。吴越人缫丝织帛的历史非常悠久,楚人在缫丝织帛方面与吴越相比,显然是后来居上。《管子·小匡篇》记楚国"贡丝于周室",说明楚国产丝。战国时期,楚国奄有江东、江南之地后,种桑养蚕的规模和缫丝织帛的水平就跃居列国前茅了。

马山1号墓出土的丝织品,按其织造方法和组织结构不同,可以分为绢、锦、罗、纱、绨、组、绦、绮等八大类。

丝织物分作熟丝织物和生丝织物两大类。熟丝织物一般称作练。它可以是先练丝而后织,也可以是以生丝织造,而后练煮,成为熟丝织物。《礼记·玉藻》:“士练带”,正义:“士用熟帛练为带。”《说文》:“练,帛也。”从现存的丝织品文物观察,许多类组织结构不同的丝织品都是经过练煮的熟丝织物,而古籍中有关“练”的记载却没有涉及织物的结构特点,由此可以推知,练并非某种织物的专称,而是熟丝织物的通称。

生丝织物在古籍中有不同的名称,如素、缟、绡、绢等。尽管有以上不同的名称,综合它们的含义,有一点却是共同的,生丝织物是素色的。这是因为生丝外面裹有一层丝胶,不易着色的缘故。《礼记·杂记》记:“纯以素。”注:“素,生帛也。”素的本义是白色的丝织物,表面有光泽,这也正是生丝织物的外观特征。因此把生丝织物统称为“素”是比较有概括性的。从楚国的丝织品实物观察可以知道,几乎所有的生丝织物都是平纹组织。那么,也可以认为,素是平纹生织物的总称。

(1)绢。绢是较为细薄的平纹织物。在出土的衣物中,绢的用量最大,多用作衣、衾、帽和绣地。用作衣衾里和绣地的绢较为稀疏,用作衣衾面和绣地的绢较为紧密,条分大体均匀。绢色以深黄色为最多见,此外还有灰白色、浅黄色、土黄色、深棕色等。出土的绢可分为经过煮练的熟绢(多数)与未经煮练的生绢(少数)。

在纸张出现以前,绢是一种重要的书写和绘画材料,长沙子弹库出土的楚帛书和长沙陈家大山出土的楚帛画都是绢质的。

(2)绨。绨的组织结构与绢一致,但比绢厚实。仅见于麻鞋面。土黄色,有光泽。

(3)纱。纱是方孔纱,平纹。多为深褐色,也有土黄色和素色。在出土的衣物中,用纱的六件,多数是杂品。其中有两片被称之为“漆纚”,它是将漆涂在方孔纱上制成的。髹漆的作用是使丝织品具有某些挺括性,作锦绔表里之用时能够起到“衬”的作用。

(4)罗。罗仅见一件,是用作绣地的素罗,绞经网孔状织物。

绮仅见于一件面衾的上缘和一件单衣的袖缘,两件的色彩和组织结构相同。绮是利用组织变化,在平纹上起斜纹花的织物,商代即已出现。绮通常为素色,马山1号墓所出的绮却有三彩。

(5)锦。锦是平纹地经线提花织物,用量仅次于绢,多用作衣物的面和缘。我国境内考古发现年代最早的锦是在辽宁省朝阳西周早期墓中出土的。在战国早期的湖北随县曾侯乙墓中也曾发现了十几块几何纹锦的残片,这是在楚地所发现的年代较早的锦。这种锦"经线只有一种颜色,纬线的颜色与经线相同"。纬线也分作交织纬和夹纬,交织纬与经线成平纹关系。"起花部位夹纬沉于经线之下,其余部分,夹纬均浮于经线之上,几何花纹由浮于夹纬之上的经浮点组成,这种组织结构的夹上,几何花纹由浮于夹纬之上的经浮点组成,这种组织结构的夹纬与经线的交织点少,夹纬的浮长很长,横跨经线最多的达五十三根。

湖北各地的战国楚墓出土的一些锦,使人们对楚国丝织生产水平获得了崭新的认识。在楚国的竹简中,把锦字写作绘,绞丝旁是表意,指丝,"金"是声符,锦字亦从金得声。目前所见战国时期楚国的锦大多是彩色的纹织物,按经线配色的不同,可分为二色锦和三色锦。二色锦结构较简单,三色锦结构较为紧密。有些锦面的花纹图案贯穿全幅,说明楚人已有较先进的提花织机和熟练的织造技术。

两色锦有马山1号墓出土的塔形纹锦、凤鸟凫几何纹锦、凤鸟菱形纹锦、石字纹锦、小菱形纹锦、十字菱形纹锦、条纹锦等,有长沙左家塘楚墓出土的褐地矩形纹锦、朱条暗地对龙对凤纹锦等。

三色锦有马山1号墓出土的舞人动物纹锦,其纹样横向布置,即完整的花纹循环是由纬向排列的上下七组不同的小图案组成,横贯全幅。各单元图案以斜向宽条相隔。斜向宽条中填充龙纹和几何纹。完整的花纹由以下单元图案从右至左排列组成:第一组,对龙,长卷尾,作转身爬行状。第二组,一对舞人,戴冠,冠尾后垂,着长袍,系深黄色腰带,佩有饰物,双脚外露。舞人作边歌边舞状。双袖上扬过头。舞人周旁填S形纹和菱形纹。第三组,对凤,作站立状,高冠、展翅、长卷尾。凤的上方饰有杯状菱形纹。第四组,对龙,共两对,作爬行状。中间两条大龙直行,两旁两条小龙横行。第五组,一对麒麟,张嘴吐舌,作行走状。头上空间填曲折的八字形纹。第六组,一对凤鸟,作仰首鸣叫状,展翅,尾后垂。第七组,一对龙,长卷尾,作横行状。此组左侧的斜向宽条错综,有十组经线的组织点错位。第八组与第四组相同。经线有深黄、深红、棕三色。纬线为棕色。经线均加S向弱捻。花纹经向长5.5厘米,纬向宽49.1厘米。经密为156根/厘米,纬密为52根/厘米。幅边里侧为深红色,外侧为深黄色。幅边宽0.7厘米。幅宽 50.5 厘米。

大菱形纹锦是三色锦中数量最多，花纹富于变化的一种。单元图案多是菱形或近似菱形，菱形内填充各不相同的小几何形，由单元图案构成连续纹样，据花纹的不同，还可以细分为几种，如以大菱形为基调，大菱形内填充中菱形纹、小菱形纹、杯形菱纹、“工”字形纹、曲折纹等；或以大菱形纹为基调，其内所填几何形大致与之相仿；或以大菱形纹为基调，其内填以涤红、土黄色小三角形，或对角、或对底；或以大菱形纹为基调，其内填充小菱形；或者纹样基调为连贯的大菱形或者连贯的大菱形纹，上述除后者见于长河左家塘楚墓外，余者见于马山 1 号墓。

在马山 1 号墓则还出土有几何纹锦。

(6)绦。绦是丝织的窄带，用以装饰衣物。按组织结构的不同可分为纬线起花绦、经线起花绦和针织绦三类。纬线起花绦在马山 1 号墓共出土 7 件，都用作袍领。纬线起花绦与经线起花绦采用的是完全不同的显花方式，其采用两色或多色丝线作纬线，其中有一色用作地纬，其他各色用作花纬。由于织入花纬的方法有两种，花纹效果也不尽相同。第一类绦是采用抛梭法织入花纬，这是将花纬在显花部位织入梭口，在不起花部位则不把它织入梭口，沉悬于织物的背面，形成浮纬。采用这种织法的绦在马山 1 号墓仅出土 1 件。

第二类绦是采用穿绕法织入花纬。这类绦因花纹不同，可分作以下几种：

田猎纹绦　地组织经纬线为深棕色，花纬可见土黄、钴兰、深棕三色。花纹由四个菱形组成，排列成上下两行。上行两个菱形内的构图是相互联系的。右上方菱形内是二人乘一辆田车在向前追逐猎物的侧视图。田车有椅、箱、轮，轮作六边形，八幅，有毂。车上二人，外侧后部为御者，跽坐，着钴兰色衣，系红棕色腰带，头部似戴兜鍪，手前伸，作驾马状。里侧的一人位于前部，似为射猎的贵族，立乘，着土黄色衣，似戴兜鍪，右手持弓，左手作放箭状。车后立有旗杆，上挂向后飘动的旌旗。左上方的菱形中部有象征山丘的重迭小菱形。山前有一只奔鹿仓皇逃命，箭矢从身旁掠过；奔鹿后面的一兽已被射中，倒卧在地，下行两个菱形中是武士搏兽图。右下方是武士搏虎图。武士头戴长尾兜鍪，一手执盾，一手执长剑，正与一只斑斓猛虎博斗。左下方是武士搏豹图，手执长剑的武士正与豹拼搏。各个菱形之间多填以 S 形等几何形纹。上下两行图画相互呼应，组成一幅气氛热烈紧张、场面广阔的古代田猎图。

田猎是古代贵族举行的活动,《诗·车攻》记"田车既好,四牡孔阜。东有甫草,驾言行狩。子之于苗,选徒嚣嚣,建旐设旄,搏兽于敖",应是田猎图所描绘场面的真实写照。这种写实的花纹用于织物构图,具有鲜明的时代特点。花纹循环经向长 17.5 厘米、纬向宽 6.8 厘米。地组织经纬密度 36 根×22 根/平方厘米。丝线投影宽度:经线 0.25 毫米,地纬 0.2 毫米,花纬 0.3~0.4 毫米。

此外,还有龙凤纹绦、六边形绦等。

经线起花绦见于江陵望山一号楚墓。它是用经线提花的织造方法在整幅织物上织出若干顺经线方向排列的条带,各条带间有较大的间隙,条带与间隙分属不同的组织。

同于这种织物的特殊组织,条带间的空隙部分十分稀疏,而且没有比较稳定的形状,所以不能用作衣物,只能是作绦带或用覆盖、包裹的巾。类似的织物也见于信阳楚墓,原报告称作"提花织物残片"。从照片看与望山楚墓出土的绦锦十分相似,这种织物是过去所未发现的新品种。

针织绦也出土 7 件,用作领缘、袖缘和衣衾的拼缝。马山 1 号墓所出土的针织绦是首次所发现的先秦针织绦,把我国针织技术起源的历史提前到了公元前 3 世纪。根据针织绦带组织结构的不同,可分作横向连接组织绦和复合组织绦两大类。所发现的复合组织绦有三种,即动物纹绦、十字形纹绦、星点纹绦。

(7)组。组是只用经线交叉编织的带状织物,用作带饰或衣衾的领和缘。出土 10 件,都是双层的,但不能分开成筒状。其中用作帽子的一对有花纹,是用紫色和土黄色两种丝线编织出三角纹、横带纹和雷纹。

此外,在曾侯乙墓还出土缟、纨等丝织品。缟是强密素白的生丝平织物,其特征是经纬密度相差不大。纨是质地细腻有光泽的素白丝织品,曾侯乙墓出土的纨织造精致细密。

上述丝织品,几乎囊括了先秦丝织品的所有类别。

在马山 1 号墓出土的丝织品中,在一件锦面衾的灰白绢里有墨书"门庯"二字,在另一件锦面锦袍的深黄绢里有墨书"朿"字,另盖有朱方印,印文已无法辨识。在一件绢面锦袍的灰白绢里上,盖有一方朱印,印文为"朿"。在一件塔形纹锦带上多处盖有相同的朱印,印文为"卂"。这些印文或墨书应为织绢工匠或作坊的印记。长沙楚墓曾出土一方"中织室鉨"铜印,"中织室"应是楚国宫廷专管织造的官署。可见,马山1号墓出土的丝织品,可能是官办或民办的纺织工场的产品。

马山1号墓出土的丝织品,不仅织造精良,而且色彩鲜艳,纹饰繁缛。出土的丝织品实物,除少数绢、纨为素白织物外,其他都是经过练染的、有色彩美感的织物。丝织品的色彩,以红色、棕色为主。从色谱上进行分析,有黄、红、紫、蓝、绿、褐、黑等色,可见其色谱已相当完整。

在所出土的楚国丝织品中,诸如锦、绦等代表着当时丝织技术水平的织物有着题材十分丰富的纹饰,经统计,纹饰有几十种之多。根据纹饰的内容,可分为三类:几何形纹、动物纹、人物纹等。

楚国丝织品纹饰的形式构成特征,是以不同色彩的经纬线编织出的几何图形图案,构图紧凑,线条规整,色彩对比强烈,层次分明,有立体感,纹饰的排列组合显得灵活多变,富丽多姿。如马山1号墓出土的大菱形纹,在同一纹样中表现出多种构成变化,派生变异出五型以至六型纹样。在各种几何图案中,充填着自然物体和人类生活题材的形象,使得呆板的几何纹样显得生动自然。

所谓几何纹,实为经过抽象处理或变形处理的自然物纹。在马山1号墓出土的丝织品中,主要有菱形纹、十字形纹、六边纹、塔形纹等,其中以菱形纹占优势地位。这些菱形纹变化多端,或有曲折,或有断续,或相套,或相错,或呈杯形,或与三角形纹、塔形纹等相配,虽奇诡如迷宫,而由菱形统摄,似乎楚人有意要把折线之类表现到无以复加的地步。

动物类是楚国丝织品最具特征的纹饰,所占比例较大。马山1号墓的丝织品有凤鸟凫几何纹、舞人动物纹、龙凤纹等。一般都可以辨别动物形象,有凤鸟、龙蛇、麒麟、虎、兔等。在内容组合上,包含着浓厚的神话色彩。

人物纹已见有三幅,其一是舞人动物纹锦上的一对舞人,长冠垂缨,长袍露足,长袖高拂,作载歌载舞状。其二为田猎纹绦上的两个猎者,一个御马驱车,一个张弓射鹿,两人正在与巨兽恶斗。其三是另外一件田猎纹绦上的一个御者,曲肘持缰,背负弓矢,马作奔驰状。这些人物纺都是图案化的,手法洗炼,情趣横溢。它们尽管简单,却为纹样设计开辟了一条崭新的途径,把乐舞、狩猎这类令人沉湎留连的生活场景引进了造型艺术的领域。

2. 刺绣品

陕西宝鸡茹家庄出土有西周时期的刺绣品遗痕，表明早在西周时期我国的刺绣工艺已粗具规模。战国时期，楚国的刺绣工艺已发展到相当成熟的阶段，刺绣手法、技艺和纹样都具特异的风格。

楚国的刺绣品在长沙楚墓、江陵望山、九店楚墓都有发现，但以马山 1 号墓出土的保存完好的刺绣品实物最具代表性。

先秦时期“绣”的概念与现今不完全相同。今天，人们以刺绣、绣花简称为绣，古人称谓的绣却包含了绘画。《周礼・考工记》：“画缋之事……五采备谓之绣。”《说文》记：“绣，五采备也。”这里的“画”是指初画，最后画成纹样称作“缋”，五彩具备称作“绣”。后来，大约在西汉时期，“绣”逐渐才有了刺绣的含义，如《汉书・贾谊传》：“美者黼绣。”注：“谓刺为众文是也。”这里仍然沿用今人的刺绣概念，画缋之事不归入其中。

刺绣之前的准备工作主要包括绣地的选择、画稿的临摹。用作绣地的材料主要是丝织品。从楚墓中发现的绣品来看，绝大部分刺绣是以平纹的绢作为绣地。这些绢事先都经过练染处理，而且结构一般较为紧密，条分也都比较均匀。第二种绣地是锦，在锦上绣花就是我们常说的“锦绣”、“锦上添花”。可惜的是，目前只见到这种锦绣的残片，如江陵望山 1 号楚墓的石字纹锦绣、马山 1 号楚墓的舞人动物纹锦绣。第三种绣地是罗，它不同于绢和锦，组织稀疏，刺绣时须十分小心，以避免因罗的张力不匀而导致纹样变形，绣地起皱。第四种绣地是外包绢的皮革，见于江陵天星观 1 号楚墓。

根据衣物上的刺绣花纹和用料分析，相当多的绣纹是绣在很大的绣地上，最长的绣品达 181 厘米。由此可以推知，当时已经有了很大的绣架，否则不能生产如此巨大的绣品。有些绣品是刺绣花纹之后，再根据实际使用的需要加以裁剪。

刺绣前，一般须将画稿临摹在绣地上。马山 1 号楚墓的部分衣衾所用绣品尚保存了原来描绘的图稿。大多数的图稿是用淡墨绘出，只有少数图稿是用朱红色绘的。图稿的线条一般都较细，每种图稿只用一种颜色描绘。有些绣品绣线与图稿和线条不完全重合，绣工在刺绣时往往对图稿作局部的修改，使构图更臻完美。

刺绣所用针法有锁绣和钉线绣两种。锁绣有很长的历史，从殷周时直至西汉，其间 1000 多年，一直是一种占统治地位的针法。

钉线绣是用丝线把较粗的单线、双线按预先的布置钉固在绣地上的一种针法。使用这种针法的绣品一直发现很少,仅见于江陵望山1号楚墓出土的石字纹锦绣。在石字纹锦的表面上,用投影宽度为1毫米双股深棕色绣线,顺菱形的边布置成波浪形,然后再用深棕色绣线骑马钉在锦上。过去,一般认为钉线绣的针法始于五代末年(公元960年左右),望山1号楚墓的这一发现把钉线绣的产生提早到公元前3世纪左右。

马山1号墓出土的刺绣品共有21件,除一件绣地为罗外,其余都是选用织造精致、质地轻薄、平面整洁的绢为绣地。绣品多用作衣、袍、衾的面料,也有用于竹席缘和镜衣等物品。刺绣的绣线一般用双股合线,投影宽度在0.1~0.5毫米之间。颜色有棕、红棕、深棕、深红、朱红、橘红、浅黄、金黄、土黄、黄绿、绿黄、钴蓝等十二种。花纹的主体部分通常用多行锁线将绣地完全覆盖,有些部位则只用单行或数行锁绣排成的稀疏线条。

有些较大的花纹,不同的部位显示出不同的用针风格,应是多人绣成的。二十一件刺绣品,图案主题相似,花纹却无一雷同,可见这些刺绣品也是专门的工场里有计划、有组织地生产出来的。

马山1号墓刺绣品的图案母题全为龙和凤,仅有一幅上绘有虎纹。纹饰图案主要有:蟠龙飞凤纹绣、舞凤舞龙纹绣、花卉蟠龙纹绣、一凤二龙相蟠纹绣、一凤三龙相蟠纹绣、凤鸟纹绣、凤鸟践蛇纹绣、舞凤飞龙纹绣、花卉飞凤纹绣、凤龙虎纹绣、三首凤鸟花卉纹绣、花冠舞凤纹绣、衔花凤鸟纹绣、凤鸟花卉纹绣等。

蟠龙飞凤纹绣　绣地是浅黄绢,绘墨稿。绣线有棕、深红、土黄、浅黄色。原无完整纹样,经拼合复原,纹样长72厘米、宽44厘米。纹样上部是一条作反S形盘旋状的大龙,口衔一条小龙的尾部。小龙作S形,与大龙回首相顾。纹样的下部是一只高冠、展翅而飞的凤鸟,嘴部与图案上部大龙的尾部相衔。凤鸟下部是一条蜷曲的小龙。中间有花枝和十字形作为对称轴。凤鸟的头、翅表现充分、完整,其他部位省略或不予表现。除凤鸟的冠、翅用稀疏的单行锁绣线填充外,其他部位均为满绣。纹样构图紧凑、充实,左右对称。绣线颜色配置和谐,浅黄的底色把图案衬托得十分鲜明,给人以华丽之感。

对凤对龙纹绣　浅黄绢绣地,绘墨稿。绣线有棕、黄绿、金黄、红棕、浅灰等色。纹样长181厘米、宽22厘米,由八个单独纹样组成,左右对称。第一个单独纹样是一对身体蜷曲的虬(有角的龙),一脚站立,一脚平伸,作舞蹈状。龙身简省,而龙爪则作夸张表现。这个单独纹样与上一花纹循环不相连接,与下一个单独纹样相连,应是纹样的起始。第二个单独纹样是一个磬形,下悬十字形饰物。第三个单独纹样是一对相向起舞的凤鸟,无冠,仰首,细长颈,尾部上卷与上中的磬形相连接。一脚站立,一脚后翘。第四个单独纹样是一对头上有双角、身体蜷曲的龙,张牙舞爪,头部作夸张表现,省去尾部。第五个单独纹样是一对曲颈的凤鸟,展翅,尾高卷。头、身均为变形。第六个单独纹样似为一对龙,头部隐入身中。第七个单独纹样是一对展翅作舞的凤鸟,相对而立,三角形花冠。第八个单独纹样是一对相背而立的凤鸟,形态与第三个单独纹样相似,展翅,尾高卷。纹样构图简练,线条流畅,造型富于变化。针法熟练,色彩典雅,是楚国绣品的上乘之作(图 2-41)。

图 2-41　江陵马山出土对凤对龙纹绣

龙凤相蟠纹绣　这种纹样的显著特点是龙凤共身相蟠,形象奇特。它们有两种不同的构图:

一凤一龙相蟠纹绣,紫红绢绣地,绣线有土黄、红棕色。纹样主题是一龙与一凤相蟠成“8”字形。龙头在一侧,长嘴,细长身。在“8”字形的一端正中是凤鸟的头,与龙共身。“8”字形的另一端既作龙尾,又有凤翅状的纹饰,象征着凤鸟的翅和尾。纹样长 29 厘米、宽 22.5 厘米。

一凤二龙相蟠纹绣,浅黄绢绣地,绘朱稿。绣线有红棕、土黄、浅黄色。纹样主题是置于菱形内的一凤二龙共身相蟠纹,凤鸟居中,两侧各有一龙,头部均朝向前方,外侧是展开的凤翅。菱形的四边饰有连续的几何形云纹,四角各有一个圆环。单独纹样长宽均为28厘米。花纹由单独纹样作四方连续组合。

一凤三蛇相蟠纹绣,红棕绢绣地,绣线有金黄、绿黄、红棕、浅灰色。纹样主题是置于菱形内的一凤三蛇相蟠纹,凤居中,三条蛇盘绕于凤身。菱形的四边饰简化的凤鸟纹。四角各有一个圆环。

龙凤相搏纹绣　这种纹样是以龙凤相搏斗作为主题,有三个不同的纹样。

其一,用浅黄绢绣地,绣线有深红、深黄、黑色。纹样由两部分组成,每一部分的中部是一只展翅、长尾的凤鸟,作顾首奔走状,下部则是两条追逐的龙。左右两部分中的凤鸟相互倒置。整个构图似为凤鸟与龙争斗的场面。纹样长58厘米、宽22.5厘米。

其二,用紫红绢绣地,绣纹有土黄、红棕色。纹样是一只凤鸟大步向前追啄一龙,龙作反身躲避状。纹样残长40厘米、宽9厘米。

其三,以紫红绢为绣地。绣线有红棕、土黄、黑色。纹样是一对龙与前方的两只凤鸟博斗。纹样残长40厘米、宽9厘米。

舞凤飞龙纹绣　土黄绢绣地,绘朱色稿。绣线有红棕、深棕、土黄色。纹样左右对称,纵向排列,每组由飞龙舞凤组成,并间以草叶纹。龙、凤有的相向,有的相背,姿态各异。线条纤细、流畅。纹样长86厘米、宽46厘米。

飞凤纹绣　浅黄绢地,绘墨稿。绣线有棕、黄绿、淡黄色。纹样是一只展翅而飞的凤鸟的俯视图。凤鸟的头上有一对长长的花冠向两侧弯曲。双翅向左右展开,双脚外张。凤鸟尾部是张开的花羽,并与下排凤鸟的花冠相连。纹样长64厘米、宽31厘米。

凤鸟花卉纹绣　这类纹样的主题都是由凤鸟和花卉组成。

其一,浅黄绢绣地,绣线有红棕、土黄、黄绿色。纹样左右作错位排列(图2-42)。凤鸟作行走状,头、翅上连有弯曲的花枝。纹样长34.5厘米、宽32.8厘米。

其二,红棕绢绣地,绣线有土黄、红棕色。纹样主题是一只行走状的凤鸟,头上有十字形花冠,双翅展开下垂,卷尾。各个凤鸟间以花枝相连接。花纹长39厘米、宽29厘米。

其三，土黄绢绣地，绘朱稿。绣线有红棕、深黄、深棕色。纹样主题是一只作行走状的凤鸟，昂首、卷尾。头尾均连有花草纹。纹样由凤鸟作对角配置而成。纹样长 49 厘米、宽 22.5 厘米。

图 2-42 江陵马山出土凤鸟花卉纹绣浅黄绢面绵袍

其四，浅黄绢绣地，绘墨稿。绣线有深红、土黄、深棕、黄绿、深蓝色。纹样的主题是一只张翅、引颈站立的鸟的仰视图，鸟的头上有两重花冠，双翅上各有一只鸟头，纹样的一侧是三行悬垂的花枝。这种三头鸟的构图十分怪异。纹样长 57 厘米、宽 49 厘米。

其五，红棕绢绣地，绣线有金黄、黄绿、深红、深蓝色，绘墨稿。凤鸟作行走状，卷尾，双翅省略，另侧是一朵展开的花，可见花蕊。纹样长 39 厘米、宽 29 厘米。

凤鸟践蛇纹绣　红棕绢绣地，绣线有红棕、金黄、黄绿、深棕、朱红色。纹样主题布置在一个菱形内，凤鸟张翅，尾上卷，正在啄食一条蛇，脚下践一条蛇。菱形周边绣三角形云纹，四角各有一个七角形，外环七个小圆。纹样长 30 厘米、宽 26 厘米。

龙凤虎纹绣　灰白色罗绣地，绣线有红棕、棕、黄绿、土黄、朱红、黑、灰色。

纹样的中部和下部是一只凤鸟，头上有华丽的花冠，双翅张开，作跳跃状，脚下践一蛇；纹样的上部是一只满身布红黑(或灰)条纹的猛虎，张牙舞爪朝前方的龙奔去，龙反身成S状。纹样长29.5厘米、宽21厘米。由于绣地轻薄，刺绣的锁扣较长，以减少针脚，保持绣品平整。

在马山1号墓出土刺绣品的纹饰图案中，凤与龙俱出的十幅，有凤无龙的七幅，有龙无凤的一幅。在凤与龙俱出的十幅刺绣纹样中，凤与龙互斗的八幅，凤与龙相安的两幅。在凤与龙互斗的八幅刺绣纹样中，凤进龙退、凤胜龙败的五幅，势均力敌的三幅。在楚人的艺术作品中，不见龙虎斗，龙凤斗却是屡见不鲜的题材。

楚人崇凤，于是楚人把一切美好的特性和特征都赋予凤了。在刺绣纹样中，凤成为了无可争议的主角。其造型多姿多彩，十七幅刺绣上的凤鸟无一雷同。有正面、侧面和四分之三侧面等不同角度的凤；有飞翔的、奔跑的、追逐嬉戏的凤；有的凤昂首鸣叫，意气风发；有的凤回首张望顾盼有情；有的凤践蛇而舞，有的凤与龙相蟠或相斗，显示出凤鸟的神异力量。更有与龙纹、花卉纹合为一体的凤。

对于龙，楚人是又爱又恨，在刺绣纹样中，龙也是壮美的，但只能担当陪衬甚至是反衬的角色。虎在楚人的心目中的地位比龙更低，因此在艺术作品中，楚人虽给虎以一席之地，但总是让他们受压挨打。

楚人尊凤、贬龙、贱虎的心态在马山1号墓的刺绣品中得到了淋漓尽致的表现，尤其是飞凤和蟠龙应当说是楚人所创造的各种自由生命形象的美好象征。

总之，马山1号墓刺绣品上的各种凤鸟形象似乎被赋予了格外的灵性，被表现得异常生动和美妙。楚人对凤鸟的形象情有独钟，于此也可见一斑。

这些刺绣品的色彩，既艳丽缤纷又和谐统一，显示出制作者有很高的色彩修养。虽然绣线的颜色达十二种之多，但一般每一种纹样只配三到五种颜色。多以暖色为基调，以缓和的对比色或相邻的调和色彩在明度上拉开层次，配置协调，华丽典雅。

不同的绣品随构图布局的不同，色彩的构成上亦有相应的变化，如蟠龙飞凤纹绣，图案丰满充实，用棕、深红、土黄、浅黄色绣线绣在浅黄绢地上，除凤冠、凤翅用稀疏的单行锁绣绣出外，其他部位均为满绣填充。刺绣工巧妙地运用强调色彩明度对比的手法，以小面积的涂色满绣使画面醒目，各种形状的跳跃的深色块，大大加强了画面热烈欢快的气氛。

马山刺绣富于想象力的大胆色彩配置既凸现出楚人艺术的浪漫气质，也使马山丝织品上的自由生命形象更加神采奕奕，飞舞灵动。

号称“丝绸宝库”的马山1号墓出土的丝织品和刺绣品，充分展示了中国丝织刺绣工艺在先秦时期所达到的高超水平，同时也为我们打开了一个前所未有的窥视楚国贵族生活世界的窗口。

在江陵天星观1号墓出土一条长带，长40厘米、宽7厘米，在皮革的表面蒙有一层青色的绢，然后用棕、深黄色丝线绣蟠螭纹，上下边绣横向S形纹。这是一种不同于其他绣品的新品种。根据楚墓出土的竹简多见“绛”字，有专家考证，这种绣品即“绛”，用这种材料做成的带子叫“绛带”。

对于楚国刺绣何以大量出现的原因，有学者进行了总结，认为刺绣品具有彩锦无可比拟的特点。首先，刺绣图案的构图设计比较自由，可大可小，线条也易于变化。而织锦一般要受到织机结构和提花技术的限制，不能织制更大的花纹。其次，刺绣可以根据设计的需要配置各种色彩的丝线，更具表现力。织锦只能在较小的范围内调整经纬线的颜色，以两色和三色为多，最多的也只有四、五种色彩，与刺绣品的色彩相比则要逊色。这就是刺绣逐渐兴盛的技术上的原因。刺绣迅速发展的另一个十分重要的原因是贵族们竞相追求华贵的服饰。由于刺绣品制作不易，费工费时，一件精美的绣品往往价值连城。它不仅用作服饰，也用于贵族间交往馈赠的礼品。总之，它已成为上层社会必不可少的奢侈品。这种需求的扩大，无疑促进了刺绣生产的发展。

不仅如此，楚国精美的丝织品、刺绣品还是内地与边远地区进行贸易的重要物品。在前苏联乌拉干河流域的巴泽雷克曾发掘出一些石顶巨墓，出土有中国的丝织品和其他物品：

“某些巨墓中出土的中国织物，有用大量的撚股细丝线织成（每平方厘米为34支×50支）的普通平纹织物。这类织物，有小块的，也有整幅的（铺盖在皮衣服的上面）。

“其中图案和制作技术最为特出的，是巴泽雷克第3号墓出土的一块有花纹的丝织物。这块丝织物一平方厘米为18支×24支纱，由一经两纬织成。纱织纹为 1/3 和 3/1 斜纹(即三下一上和三上一下的斜纹——译者)。红色纬纱和经纱以 1/3 斜纹交织,而反面则以 3/1 斜纹交织。绿色纬纱的织纹,正与上面相反。组织变换是按照纹布和底布的交替而变换的。

"巴泽雷克第 5 号墓出土的茧绸,特别精致。这是一块鞍褥面,制作技术为平纹的,一平方厘米为 40 支×50 支纱,宽约 43 厘米。上面的刺绣是用彩色丝线以链环状的线脚绣成。刺绣主题——凤栖息于树上,凰飞翔于树间的素底间——的形象是极其多样化的。"

巴泽雷克 5 号墓出土的刺绣品的纹样构图与马山 1 号墓出土的舞龙飞凤纹绣相同。与此同时,在巴泽雷克 6 号墓还出土一面"四山镜",而四山镜正是典型的楚式镜。可见,这里出土的刺绣品应是出自楚国,这也是目前已知的中国丝绸外传的最早实例。

(六)湖北各地出土的金器、玉器和料器

1.金器

黄金制品在商代墓葬中就已出现,如郑州二里冈商代中期墓葬中曾出土金叶制作的夔龙纹装饰品,河北藁城台西村商代墓葬出土的漆器上贴有金箔,河南安阳殷墟的商墓中出土有金叶等,表明我国至迟在商代已能用黄金制作装饰品。

楚国在春秋中晚期开始用黄金制作装饰品。湖北当阳曹家岗 5 号墓出土金箔 27 片,有蝌蚪形、圆盘形、环形、长三角形等,多饰绹纹,少量饰蟠虺纹。

春秋战国时期,黄金多用于错嵌或制作成装饰品,以示珍贵。曾侯乙墓却出土了大量的黄金制品,殊为罕见。

曾侯乙墓出土的黄金制品有器皿,共四种 5 件,即盏(带盖)1 件、勺 1 件、杯(带盖)1 件、器盖(或金镇)2 件;有服饰用品,共两种 5 件,即金带钩 4 件,金镂玉璜 1 件;用途不明的金弹簧 462 段;装饰用的金箔 940 片;青铜器上的错金,一为铭文错金,一为纹饰错金。以上除错金难以估算外,共重 8430 余克。

这批金器制作精美,其制作和加工已采用了模铸、锤鍱、拉拔、镶嵌、粘贴等多种工艺,且达到了相当成熟的水平。其中金盏高 10.7 厘米,口径 15.1 厘米,重 2150 千克,是迄今所发现的我国先秦时期最重的金器。金盏的制作与青铜盏铸

造方法相似，先分铸器身和足、钮、盖等局部，然后合范浇铸或焊接成器。其造型和纹饰与当时楚青铜盏风格一致，盏身为直口、浅腹、圜底，腹外有两个对称的环状耳，底部有三个倒置状的凤形足。盏盖为方唇、折沿，圆顶上面附有环状提手。盖及盏腹均铸有精细的蟠螭纹和云纹(图 2-43)。

图 2-43 随州曾侯乙墓出土金盏

出土的金箔大部分已从所贴的器物上脱落下来，少数仍附在原器上，这些金箔的形状有圆形、半圆形、方形、长方形、三角形、多边形、S 形等。有的金箔体薄只有 0.003 毫米，而且还保持了一定的韧性，其上所压印的花纹也极为精细繁缛。这是利用黄金所特具的良好延展性和韧性锤锻而成的。同样，金弹簧和金镂玉璜上的金丝，也是利用了黄金延展性强的特性，采用拉拔工艺制成的，有的金丝直径仅 0.2 毫米，也有一定韧性，说明其技艺达到了较高水平。

错金铭文共 2637 字，六十五件编钟里五十六件有错金铭文，共 2621 字，其余为兵器上的错金铭文。纹饰错金共两件，一为鹿角立鹤，鹤颈和鹿角上皆有错金；一为编磬架，错金纹饰的线条十分纤细，用金量难以估算。历 2000 多年，且长期浸泡水中，错金铭文少有笔划脱落，仍金光闪闪，可见当时错金技艺的精湛。

这批金器的含金量高低不等，四件金带钩的含金量都在 90%以上，其中一件达到 93.6%；两件金镇的含金量则都低于 90%，分别为 85.66%、88.09%。所含其他元素除个别器物含有极微量的铜外，主要是含银。说明春秋战国时期人们对黄金还没有十分明确的成色（含金量）概念，他们还没有掌握黄金的提纯技术，特别是从黄金中去除银的技术。这也说明当时开采的是自然金，使用的也是自然金，采用的方法是淘洗法。

楚地拥有丰富的黄金资源，古文献中多有记载。现代地质勘察结果表明，今武陵山脉和雪峰山脉存在着产金带，因风化作用而裸露出来的金沙，由于洪水冲刷而被带入湘西、鄂西以及下游一带的江河中，积存丰富，成为产金的富矿区。在汉江中游发现的金矿区，矿内沙金富集带的厚度、宽度、品位都达到了工业开采的要求。在上述地区，至今仍有人在淘取沙金。这些地区都曾是楚国的疆土，都有可能曾是楚国的产金区。

由于楚国能大量淘取沙金，故成为当时唯一以贵金属黄金铸币的国家。以曾楚关系之密切，曾国拥有一定量的黄金，并以之铸器当在情理之中。

2. 玉器

“和氏璧”的故事发生在楚国，说明楚地产玉，楚人琢玉，更说明楚人中有慧眼识宝者。

在长江中游地区发现的玉器，最早的有大溪文化时期的，玉器的种类有璜、玦、坠、环、管等，数量较少。

石家河文化时期，治玉业得到迅速发展，并成为一种专业性的生产。石家河的玉器已发现五批，总数近 300 件，绝大多数出土于晚期的瓮棺葬中。在湖北天门肖家屋脊，共发现玉器 157 件，其中 109 件出于瓮棺葬。

肖家屋脊出土的玉器一般保存较好。绝大部分玉料为青白玉，呈黄绿色，深浅不同，由于色泽相似，这些玉料可能是同一地方所出。玉器中有一些半成品，并同出一定数量的边角废料，说明玉料有可能为本地所产。

所出玉器绝大部分为装饰品，品种包括人头像、虎头像、蝉、盘龙、飞鹰。以及璜、坠、珠、笄、管、柄形饰、牌形饰等，此外还有锛、纺轮、刀等生产工具。玉器成型主要采用了锯割、制坯、雕琢、钻孔、抛光等工序，有些玉器制作得十分精美。如一件玉人头像，构思巧妙，人面五官清晰、匀称，头像内空，管径较大，可能为装柄之用，应用于祭祀等宗教活动之中。

另一件人头像浮雕于一块弧形玉片上，雕者以璜形器的外缘为对称轴，将一完整的人面一分为二,分雕于玉片的两面,两面人像相同。人像头戴尖冠,冠有抓钉状纹饰,冠后有披,直拖后颈下。眼如果核,外眼角上挑,内眼角略向下勾,眼眶和眼珠凸出。鼻较短,下端稍尖。大口微开,厚唇,耳略小,耳下戴环。下颌和口角饰有卷云纹。面部表情庄重威严。

玉蝉是肖家屋脊出土玉器数量最多的一种,共33件,有的雕琢得相当精致,形态逼真。古人视蝉为神虫,其作用也可能是用于祭祀等宗教活动。

玉虎头像共9件,件件神似。飞鹰1件,正面浮雕,反面光素。鹰作飞翔状,扁钩形喙,小圆眼。背较宽,尾较圆,浮雕羽毛纹。双翅略向上抬举,并向后斜展,翅肩突出,翅近尖处分叉,每翅上有四道平行带钩的羽翎。其形象显得矫健有力。

至于羊头像、鹿角像等无不惟妙惟肖。

商代的玉器主要出土于黄陂盘龙城,一件大玉戈,长94厘米,援宽13.5厘米,十分少见。此外还有玉雕刀、素面直援玉戈等一批玉器。

春秋时期,长江中游地区的治玉工艺有了长足的进步,河南淅川下寺楚墓出土的大量春秋中晚期玉器,反映了当时楚国玉器生产的水平。

战国时期是长江中游地区玉器制作的鼎盛期,楚墓、曾侯乙墓都出土了大量的精美玉器。

曾侯乙墓出土玉器多达300余件,品种包括璧、环、玦、璜、琮、佩、挂饰、剑、带钩以及双面人、牛、羊、猪、狗等小型圆雕玉制品。其数量之多,制作之精美均反映当时楚地琢玉工艺的高度发展水平。所有玉器都经打磨抛光,有良好的光泽,玉色以青白、青黄、灰白、黄白、黄褐、青蓝色为主,也有少量为深绿、浅绿和白色。据鉴定,这批玉器属新疆和田的软玉。纹饰以谷纹、云纹、双龙纹为主。技法相当丰富,有浮雕、镂空(透雕)、阴刻、圆雕、单面雕、双面雕等多种。

玉璧是其中最多的一种,达67件,可分为谷纹、云纹、素面、双龙、异形等五种。玉璜也较多,达49件。璜的大小不一,可分为谷纹、云纹、金镂、透雕、素面等几种。金镂玉璜呈半璧形,由三道金丝连接大小两件玉璜组成。玉琮仅2件,兽面纹和素面各1件。

玉佩共24件,是其中最具特色的一部分玉器。这些玉佩分别雕琢成龙、双龙、龙凤、虎、鸟首、鱼等形状,饰以谷纹、云纹等。单龙玉佩往往成对出现,龙的形态多种多样，或蜷曲，或蟠踞，或圆雕成龙形。有的翻转腾挪富于动感，如谷纹卷云玉佩之龙作回首张口状，曲身卷尾，形态极其生动流畅。玉佩中又以四节龙凤玉佩、十六节龙凤玉佩结构新颖，设计周密，其雕琢之玲珑剔透、精美绝伦堪称战国玉器之冠。

四节龙凤玉佩由四节玉佩和三个椭圆形环组成，中间一环可以活动，上下两环固定，共雕琢七条卷龙、四只凤鸟和四条蛇，布局巧妙，纹饰线条细如发丝，全器是由一块玉料透雕而成，为战国玉器中罕见的精品。

十六节玉佩由五块青白色玉石雕成，三个椭圆形活环将十六节分别雕琢成龙、凤或璧环形状的玉佩连成一串，活环以榫头或销钉套接，可以拆卸，全器可卷折，平展开来可长达 48 厘米。十六节玉饰共雕琢有三十七条龙、七只凤及十条蛇，形态生动。此器玲珑剔透，集分雕连接、透雕、平雕、阴刻等玉雕技艺于一器，全器一龙，龙上又刻龙蛇，实为古代玉雕精品中之绝妙品（图 2-44）。

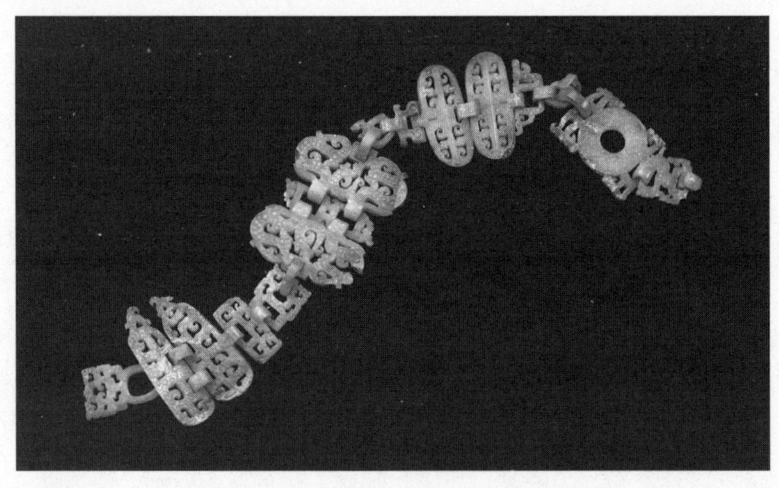

图 2-44 随州曾侯乙墓出土十六节玉佩

曾侯乙墓出土的玉佩除两件鱼形佩饰外，均置于内棺，遍布墓主人全身，为我们了解这些玉饰的用途或使用方式提供了参考的依据。

曾侯乙墓内棺出土葬玉 64 件，有琀、塞、握、片、半琮、残器、璞玉等。其中玉琀有牛、羊、猪、狗、鸭、鱼等，器小如豆，圆雕而成。

曾侯乙墓出土的众多玉器，反映了当时长江中游地区玉器工艺的高度水平。

在湖北江陵一带的大、中型楚墓中，也有精美玉器出土。江陵望山沙冢楚墓出土玉器45件，有璧、璜、佩、环等。江陵雨台山楚墓群中有47座墓出土玉璧、玉环、玉璜、玉佩等80余件。江陵九店楚墓群出土玉器近30件，有玉璧、玉环、玉佩等。

湖北当阳赵家湖楚墓群出土玉器16件，有玉璧、玉璜、玉佩、玉带钩、玉环。

湖北荆门包山2号墓出土玉器10件，有玉璧、玉璜、玉条饰、玉玦等。

根据上面所述的楚墓出土的玉器来看，在战国时期，楚人基本上是基于遵照中原"君子佩玉"的习俗，按贵族等级佩玉，大夫以上有组佩，士则佩一至两件，而平民不佩玉。江陵雨台山、九店1000多座墓葬仅47座墓出土玉器，就颇能说明问题。

楚墓出土的战国玉器，其富有新意的器形纹饰以及全新的系列化设计，体现了一种追求精巧、繁丽、新颖与多样化的时代风尚。形形色色的玉器以其质地、形、色方面的美感受到上层社会的普遍喜爱，正是这一风气刺激了玉器的生产，促使玉器工艺在工具改革、技术与材料更新方面均出现崭新面貌。

江陵望山2号墓出土有玉璧及玉珑。玉珑即龙形佩，龙形佩平面略呈三角形，头、足、尾分别为三角之顶点，龙腹正中有一穿孔，饰阴刻涡纹及平行曲线纹。拼作上珑下璧时，玉质相同，珑的下缘和璧缘的弧度完全吻合，可知是由同一块玉料切割而成。玉珑及玉璧，二者有作为一组佩饰使用的可能。九店44号墓出土的双龙玉佩，双龙反身相背，尾部雕有玉璧，工艺虽简单，布局却开后世同类器的先河。

1965年在湖北江陵望山3号墓出土的龙形玉佩，通长13.2厘米、宽6厘米。通体镂空成龙形，龙曲颈屈身回卷尾，张嘴、翻鼻，有足无爪，腹中部有一对钻小孔。龙身满饰浮雕卷云纹和谷纹，边缘阴刻弦纹。头尾较厚，腹部钻孔处较薄，玉色碧绿，晶莹润泽，堪称楚国玉佩中的精品。

3. 料器

玻璃器通称"料器"，是一种半透明的玻璃。中国最早的玻璃器出现于西周前期，至春秋战国时期中国的玻璃工艺才逐渐进入成熟阶段，并开始呈现异彩纷呈的局面。此时的玻璃器出土得较为广泛，在湖南、湖北、河南、安徽、四川、山东、山西、陕西、河北等地均有出土,但以湖南的战国楚墓出土最多,其次为湖北的曾侯乙墓和一些战国楚墓。

在湖北江陵地区的楚墓中,出土的玻璃器也超过百件,以料珠为主。出土情况见下表:

江陵地区出土玻璃器一览表

出土地点	时代	名称	数量	外 观	有关情况	资料来源
马山1号楚墓	战国中期	琉璃管	1	圆筒状深灰色	同出有玉管	《江陵马山1号楚墓》
		琉璃珠	2	“蜻蜓眼”式		
马山10、12号楚墓	战国中期	料管	1	蓝色半透明	同出有玉璧	《江汉考古》1988年第3期
		料珠	1	“蜻蜓眼”式		
拍马山楚墓	战国	料珠	9	珠状、柱状部分为“蜻蜓眼”式		《考古》1973年第3期
秦家嘴楚墓	战国	料珠		部分为“蜻蜓眼”式	同出有玉珠、玉管等	《江汉考古》1988年第2期
雨台山楚墓	战国中期	料珠	近百件	部分为“蜻蜓眼”式	同出有玉环等	《江陵雨台山楚墓》
		料管		绿色黄色		

从湖南、湖北战国楚墓出土玻璃器的情况来看,可发现:

其一,玻璃器不仅出土于大、中型楚墓中,还较多地出土于小型墓中。有学者曾指出:“湖南所出的战国玻璃璧,绝大多数出现在小型的‘士’和‘平民’墓中”。“据长沙等地56座出土玻璃的战国墓葬中的统计,出现四鼎的墓有6座,二鼎的墓有32座,一鼎的墓有18座,然而在七鼎的诸侯墓和五鼎的大夫墓中,均未见玻璃璧出土。可以认为,四鼎以下的墓可能属于‘士’和‘平民’的,这也说明,在战国时期楚地区的湖南使用玻璃璧是相当普遍的,连平民阶层也能较多地使用它,当然不难看出当时玻璃器的生产也达到了一定的水平,产区基本上是在本地和附近的地方。”

其二,各地楚墓出土的玻璃器都有一些小型的器物,如管、球、璧等。例如,玻璃璧是出土玻璃品中形态较大的一种,据湖南长沙战国楚墓出土97件玻璃璧统计,璧直径最小的为5.6厘米,最大者达14.1厘米,大多数在7.9~9.4厘米之间;璧的厚度最薄的为0.2厘米,最厚的0.45厘米,一般在0.25~0.35厘米之间。

其重量最轻的是 28 克，最重的 225 克，一般重为 40~60 克。

其三，楚墓中出土的玻璃品常常是与同类型的玉石质地的器物一起出土。此外，出土的玻璃品以不透明和半透明者占绝大多数，完全透明的器物很少见。说明了玻璃品的作用类似于同时出土的玉石质地的器物。

在所出土的玻璃器中，以玻璃珠最具特色，尤其是“蜻蜓眼式”玻璃球。曾侯乙墓出土有 100 多颗“蜻蜓眼”式玻璃珠，其中两件浅蓝色，一件黄褐色，一件浅绿色最为精美。四件皆为圆球形，有串孔，均粘附有白色、蓝色或褐色的套环，形成近于缠丝玛瑙花纹的一个圆圈纹。所谓“蜻蜓眼式”，即玻璃珠上蓝色和白色的圆圈，或大小套合，或大小邻接。这样的纹饰风格，与中国的纹饰风格全不相类，而与西亚、南亚的玻璃珠纹饰风格异常相像。楚国腹地江陵一带，发现过“蜻蜓眼式”的玻璃珠；在湖南战国楚墓所出的玻璃管上，也有这样的花纹。或认为西方的玻璃珠曾几经转手传到中国南部来，恰好遇上喜爱新奇的楚人，楚人就利用自己原有的技术来仿造西方玻璃珠了。

“蜻蜓眼”式的玻璃珠给人以斑驳陆离之感，无怪乎有的学者认为“陆离”就是玻璃。“陆离”一词起于楚国，“琉璃”一词则在楚辞、楚竹简、楚帛书以及先秦文献中一无所见，“陆离”与“琉璃”于声至近，表明它们确实可能同为一物。

各地楚墓出土的玻璃器应是楚人自己生产的，特别是湖南楚墓出土有大量的玻璃器，湖南理所当然地是当时玻璃器的一个生产点。或认为：璧、瑗、环、剑首、剑珥都是我国传统的器形，这些琉璃上的云纹、谷粒纹、龙纹是我国传统的纹饰，琉璃印上的文字是我国特有的文字，这些琉璃含铅钡甚多又与西方的琉璃不同，“由此四点均可以肯定这些琉璃是我国自己制造的”。此论是可以令人信服的。

长沙地区成为楚国玻璃制造业最发达的地区并非偶然。其一，社会的需求。战国时期，玉器主要成为佩饰后，社会的需求量明显增大。尤其是战国中期以后，随着平民和士的地位提高，他们也以佩玉成为时尚，竟相使用玉器。一旦连平民都需要用玉，其需要量就会大大增加。当玉器的生产无法满足需要时，替代品就应运而生了，仿玉的玻璃器于是乎成为了首选。湖南出土的乳白色玻璃璧似羊脂玉，深绿色玻璃璧则像碧玉。经检测证明，湖南出土的玻璃器中含有大量的钡，而“钡在玻璃中还能产生一定乳浊度”，使生产出来的玻璃有似玉的效果。

其二，根据《湖南省志 · 地理志》介绍，可知湖南地区有着丰富的制造玻璃的原料，如株洲、湘潭等县均有含铁量低储量大的二氧化硅，临湘、桂阳等20余县都有铅锌矿，衡南、衡阳等县有重晶石，湖南的铅矿蕴藏丰富等。充足的原料能满足制造似玉玻璃器的需要。

其三，楚人至迟在春秋中期就已掌握了早期玻璃制造技术，这是战国时期楚国的玻璃制造兴起的主要原因之一。

其四，西方玻璃品的传入。西亚是生产料器最早的地区，经有关专家研究，西方的料器是钠钡玻璃，中国的料器是铅钡玻璃。玻璃珠在楚地的大量出现，有可能是西方的玻璃珠几经转手传到中国南部来，为追新逐奇的楚人所喜爱，楚人就利用自己原有的技术来仿造西方的玻璃珠了。

总之，在战国时期楚地广为流传的这类"蜻蜓眼式"玻璃珠，是中西艺术交流的早期实物例证。

（七）湖北各地出土的简牍

在中国先秦时期，当时主要的书写材料是竹、木简牍和丝帛。在汉武帝时期，就在孔子宅壁中发现用古文书写的战国时期的竹简。西晋太康二年（281年），又在汲郡（今河南省汲县）发现"汲冢书"，其中楚简的文字最为工整秀丽。这些竹简的发现，对中国古代经学和古史的研究起了重要的推动作用。近半个世纪以来，各地在考古发掘中不断发现各个时期的简牍，目前已成为许多学者专门研究的重要课题，它极大地丰富了中国古代史的内容，拓宽了中国历史研究的领域。

战国时期的简牍，目前仅在楚地发现。这些内容丰富的竹简、牍，是研究当时楚国历史文化的重要文献资料。

1.发现概况

战国时期的楚国竹简，主要发现于湖南、河南和湖北等三个地区。

湖北发现战国时期的楚简，是从上世纪六十年代开始的。1965年12月，第一次在江陵望山1号墓首次发现一组简文内容为卜筮祭祷的竹简；第二次是1966年元月，望山2号墓又出土一组简文内容为遣策的楚简。这两组简的数量较多，但保存较差。

1973年，在江陵藤店1号墓发现一组内容为遣策的楚简。

1978年，在随州曾侯乙墓出土一组内容为遣策的竹简，共240枚，计6696字。

1981 年 5 月，在江陵九店砖瓦厂 56 号楚墓出土一组简文内容类似秦简《日书》的楚简；尔后，又在 411 号墓和 621 号墓各发现一批竹简，因残缺太甚，内容不详。

1987 年，在荆门包山 2 号墓发现简文内容分别为文书、卜筮祭祷和遣策的三类楚简，共 448 枚，计 12472 字，保存基本完好，这是迄今发现楚简数量较多，内容也较丰富的一批。

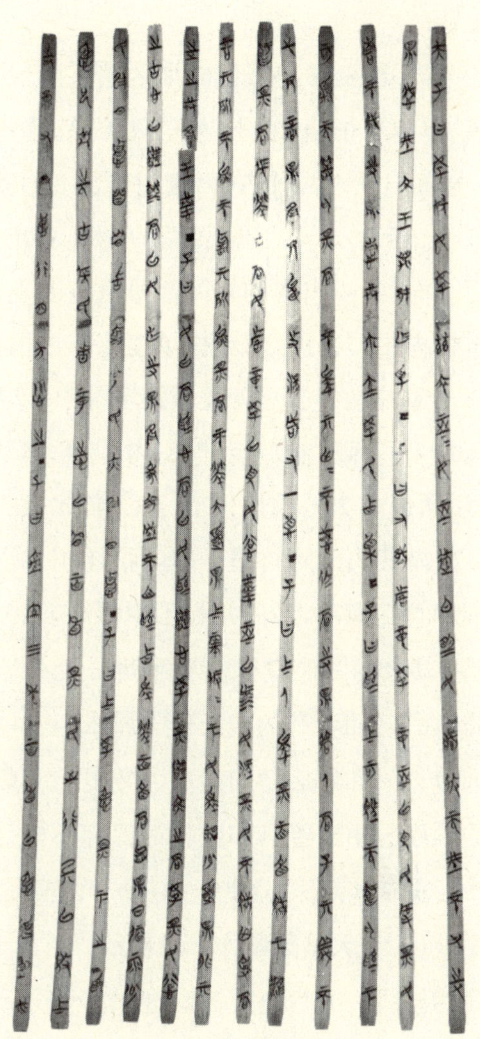
图 2-45 荆门郭店出土竹简

1986 年 5 月至 1987 年 6 月，江陵秦家嘴发掘 49 座楚墓，有 3 座墓出土楚简。1 号墓出土有残简 7 枚（段），内容为“祈福于王父”之类的卜筮祭祷之辞。13 号墓出土残简 18 枚（段），简文内容是“占之曰吉”等卜筮祭祷之辞。99 号墓发现 16 枚（段）竹简，简文内容分为两类：一是“贞之吉，无咎”的卜筮祭祷之辞；二是少量遣策。

1991 年，在江陵鸡公山 48 号墓接近椁盖板的填土中，出土一组简文内容为遣策的楚简。

1992 年，在江陵砖瓦厂 370 号战国墓出土 6 枚残简，内容为卜筮祭祷记录。

1993 年，在湖北黄州市发现一组内容系遣策的楚简。

1993 年，在荆门郭店 1 号楚墓出土大批竹简，共 804 枚，计有墨书 13000 余字，保存完好，内容非常丰富，包括有道家与儒家的著作十八种，是我国考古史上楚简的一次重大发现（图 2-45）。

1993 年，在江陵范家坡 27 号战国楚墓出土 1 枚竹简，因资料未发表而内容不详。

湖北有17座战国时期的楚墓发现了楚简，其中多重棺椁的大、中型墓各3座，单椁单棺墓10座，单棺墓1座。这些墓出土竹简的组数不尽相同，荆门郭店1号墓出土十八种古书，荆门包山2号墓发现三大类6组竹简，江陵天星观1号墓、九店56号墓与秦家嘴99号墓各出土2组竹简，其余的12座墓都只出土1组竹简。各墓出土的竹简数量也有差别，其中以多重棺椁大型墓的数量最多，多重棺椁中型墓次之，单椁单棺墓与单棺墓的数量较少。这些竹简，除江陵鸡公山48号墓是放置于近椁盖板的填土中，以及九店楚墓是置放于墓坑的壁龛里之外，其余15座墓均放置于椁室内，一般都放置于边箱，少数置于头箱，未见放于棺里，而包山2号墓是分东、南、西、北等四室放置的。

湖北出土的竹简，只有荆门包山2号墓、荆门郭店1号墓与随州曾侯乙墓发现的竹简保存较好，并有不少整简。鸡公山48号墓的竹简因在填土中而保存较差，其余均因椁室里积水浮动与漆木器等器物的叠压而残缺较甚，仅有少数整简，大多残断，有的残长仅1厘米。这些竹简的编绳均已腐朽，除包山2号墓的部分竹简和郭店楚简尚可大致复原其顺序之外，其余的竹简已不清楚原来编联的顺序。由于绝大多数竹简保存不好，出土时大多呈深褐色。

据初步观察，这些竹简从成竹劈破成条以后，还经过去节杀青，刮削整治等工序处理，绝大多数制作都较精致。竹简上均有三角形的小契口，用以固定编联竹简的丝线。虽然绝大多数的竹简已残断，但从整简或简上残存的痕迹判断，每枚竹简上的小契口有上、中、下三个或上、下二个等两种；而且上、下契口距头端与尾端都有一定的距离，几组竹简出土时，小契口上还残存有丝线，从丝线上下两字的间距较大分析，当时编联成册应是在简文书写之后完成的。这些竹简上的文字，只有包山2号墓的文书类竹简与曾侯乙墓1号简系墨书于篾青上的，其余均墨书于篾黄上，而且，在竹简的头、尾端一般都不书写文字。由于各墓出土竹简的情况与各类简文内容的不同，每枚竹简的字数多寡有异，而且同一组竹简或同一枚竹简上字距疏密也并不完全一致。还有一些大、中型墓中出土的竹简，简文的书法也不甚一致，系出自多人之手；当然，有些小型墓的竹简，简文却是一人书写的。

2. 简文内容

战国时期长江中游地区24座墓出土的竹简，主要内容可归纳为卜筮祭祷、文书、日书、记事、古籍和遣策等六类。其中以发现遣策的数量最多，有17座墓，共计19组竹简；其次是卜筮祭祷的竹简，有7座墓，共7组；文书、日书、记事等三类内容的竹简，都是各有1座墓出土1组楚简；古籍内容的竹简，有3座墓出土多组楚简。现按各类竹简的内容分别概述如下。

(1)遣策

内容为遣策的楚简，首见于江陵望山2号墓。虽然大部分墓因竹简残缺太甚而无法复原，但从保存较好的几批楚简分析，简文所记器物的先后次序及其与墓中随葬品的关系，大致可分为三种：

第一种，分室放置，并与所记的随葬品放在一起。这类遣策的竹简，可以荆门包山2号墓的竹简为例。这座墓出土遣策的竹简27枚，分四组放置于东、南、西三室，并明确记有年、月、日。其中第一组简共8枚，置于东室随葬品之中，主要记载各种食品与食器，而且简文称东室为"饮室"，称食品为"饮室之饮"，称铜器为"室之金器"。第二组简共2枚，放置于南室随葬品之下，主要记载青铜礼器与漆木礼器，而且遣策称青铜器为"大兆之金器"，称漆木礼器为"大兆之木器"。第三组简共15枚(仅11枚有字)，置于南室随葬品之上，首简记有"大司马𢾈𢧐救郙之岁，亯月丁亥之日，左尹𩁹甬车一乘"，可作为考证此墓的绝对年代，这组简文主要记载车马器和兵器。第四组简共6枚，放于西室随葬品之下，主要记载墓主人的衣物与床上生活用品等，简文称西室为"相(箱)尾"，称所记之物为"相(箱)尾之器所以行"。关于"尾"字，林沄先生释读为"徙"字。这四组竹简分别放置，除第四组简所记的部分器物放置于北室之外，绝大多数简文所记与该室的随葬品基本相符；而且简文还详记各种食品的名称、数量及盛放器皿的名称，各种车辆的饰件名称、质地及马胄、马甲、马饰的名称，并记载车上的旌旗与所用的各种兵器的名称。

第二种，不分室放置，竹简先记年月日及这批竹简的性质，简文只记部分随葬品。这类遣策，可以随州曾侯乙墓出土的竹简为例。这座墓共出土竹简420枚，放置于北室兵器、皮甲等随葬品中。一号简记有"大莫敖𦺵喙适豧之春，八月庚申，□□执事人书八车"，指出这组简的确切年月及其性质是用于葬仪的车辆登记簿。这组简只记载用于葬仪的车马兵甲,而其他随葬品均未记。简文关于车马兵甲的记载十分详细,例如某御者驾御某人之车,车上有哪些车马器与兵器装备,有的简还对某车上所配备的人甲与马胄也作了详尽的记载,还有些简对驾车的马是谁赠送及马匹数也作了记载。

第三种,不分室放置,有纪年简,简文分别记载各类器物。这类简可以望山2号墓为例。这座墓的1号简为"曰周之岁肙(八月),卒□□□车舆器之舆",而后几枚简系记载车舆名称、数量及车马器等,其后各简是分别记铜、陶、漆、木、竹和丝织物等的器名与数量,其中又以记衣衾等丝织物名称的竹简数量最多,而且都是先记各种质地的器物,再记具体器物名称与数量。例如46号简:"金器:六鑴二,又(有)盍(盖)。屮登(盌),又(有)盍(盖)。二卵缶,又(有)盍(盖)。二盘。二钍(匜)。卵盏三□"。这座墓早年被盗,因而简文所记与出土物相对照,有些相符,也有些不符;不符的又有数量不符、实物未见与简文未记等三种情况。

(2)卜筮祭祷

这类楚简是为墓主卜筮祭祷的记录,首次发现于江陵望山1号墓。目前出土的七组简中,江陵秦家嘴的三组残缺太甚,天星观1号墓和葛陵楚墓各一组资料尚未全部发表,无法进行分析。因此,这里以荆门包山2号墓与望山1号墓的资料,对这类楚简作简略的概述。

望山1号墓的竹简,系为墓主悊固卜筮祭祷的多次记录。这组简的卜筮祭祷程序,是先记卜筮时间,后记卜筮的工具,再记所问事项与卜筮的结果,最后还记录所采取的许多祭祷的措施为悊固驱邪赶鬼。

这组简的卜筮祭祷的时间,分属于两年三个月的不同日名与时辰,其中只有少数简文将年、月、日全部记录;而大多数简文未记年名,只记月名与日名,或只记日名与时辰。贞人有轭膢志、苛孃、鼌、豹、登(邓)道、苛怆、鄦(许)佗、痼、黿貘、𫚔等人,并以鼌豹卜筮的次数最多。卜筮的用具,有怆彖、少(小)篙(筹)、軖惻、黄靁等等,以蓍草最为常见。

简文关于卜筮的内容,主要有三个方面:一是"出内(入)寺(侍)王曰";二是能否获得爵位;三是关于疾病吉凶,并以第三方面的简文数量最多。祭祀的简文,主要是为墓主悊固治病驱祟。祭祷的物品,主要有佩玉、酒食、白犬、牛、马、猪、羊等。祭祀的方式,有遡祷、赛祷、食祭、月食、内斋和野斋等多种形式。

包山2号墓有54枚简，是为墓主左尹邵尨卜筮祭祷的记录。其程序与望山1号墓大同小异。这组简保存较好，许多记录也更为全面。卜筮的时间，一般都记有年、月、日。贞人有苛光、髾吉、陞（陈）乙、观绷、五生、观义等十一人，这些贞人为邵尨卜筮祭祷的次数不尽相同。卜筮的用具，有长灵、騄灵、保豙、珎豙、央箬、共命、丞惪、长恻等等。卜筮的内容，也是出入侍王、可否获得爵位和关于疾病的吉凶等三个方面。祭祷的对象，有楚国的远祖老僮、祝融、蚩酓、熊绎、武王等，近祖以邵（昭）王列于首位，以及其先君；还有后土、司命、大水、宫、社、行、高丘、下丘等各种神氏、山川、星辰等。祭祷的物品，有牛、白犬、猪、酒食等等。祭祷的方法，有罷祷、舉祷、赛祷等。

包山2号墓的这类简文中，祭祀楚国远祖老僮、祝融、熊绎、武王等人，可与《史记・楚世家》相互印证，对于研究楚史具有十分重要的学术价值。

卜筮祭祷，与楚国巫风盛行有着密切关系。王逸在《楚辞章句》中说："昔楚南郢之邑，沅湘之间，其俗信鬼而好祠，其祀必作歌乐鼓舞，以乐诸神。"屈原的十一篇《九歌》，前十篇每篇祭一个神，末篇《礼魂》是礼成送神之辞。楚国重大的政治与战争决策，也要根据占卜的结果来决定。《左传》"昭公十七年"记载了楚吴水师在今安徽博望坡进行大战之前，楚军主帅司马子鱼就是依据占卜的吉凶来决定是否开战的。《史记・楚世家》记载了楚昭王二十七年，昭王率军救陈病于军中，也是多次占卜以定其吉凶。

（3）文书

这类竹简仅在荆门包山2号墓发现，放置于北室器物中。它是各地官员向楚国中央政府呈报的文件，系若干独立事件或案件的记录。其中的102枚简，有《集箸》、《集箸言》、《受期》、《疋狱》等四个篇名，分别是有关验查名籍的案件记录、名籍纠纷的起诉及呈送主管官员的记录、受理各种诉讼案件与审理的时期及初步结论的摘要记录、关于起诉的简要记录。还有94枚简没有篇名，主要内容有关于贷黄金或砂金以糴种的记录；一些案件的案情与审理情况的详细记录，并呈送给左尹的情况准报；各级司法官员经手审理或复查过的诉讼案件的归档登记。而且还有不少地名和官职名称，其中，关于楚郢都就有五个。这些有关楚国司法的新资料，对于研究当时楚国的司法制度和社会状况，都具有重要的学术价值。

(4)日书

这类简迄今在楚简中也只有一组,出于江陵九店56号墓的墓坑壁龛里。这批楚简自13号简至124号简的简文内容,主要记数术方面的内容,有记楚建除家言;还有记每季三个月中,哪些天干日是不吉日,那些天干日是吉日;也有记对某某神之子的一种巫术活动;并有记建筑住宅等的方位对人产生的吉凶事宜,属于相宅之书。其主要内容类似云梦睡虎地11号秦墓出土的《日书》秦简,可与文献所记的楚人信巫好祀相印证。它还说明,此类书籍早在战国时期的楚国已经流行。简文中还有反映奴隶买卖与奴隶逃亡的词句,对研究当时楚国的社会情况与性质,都是十分难得的重要文献资料。

(5)记事

这类竹简仅在湖南常德市德山的一座楚墓中发现,共2枚。大小相同,均长67.6厘米、宽1.05厘米、厚0.3厘米。其中1枚有墨书文字32字,另1枚上有墨书文字22字,共54字。简文的主要内容,是记叙楚王对墓主的一次赏赐。这类简文内容,尚属首次发现。

(6)古籍

这类内容的楚简,以湖北荆门郭店1号墓出土的竹简最具代表性。

荆门郭店1号墓出土了包括十八种古籍的楚简。《老子》甲、乙、丙三本简本,是迄今为止所见年代最早的《老子》传抄本。它的绝大部分文句与今本《老子》相近或相同,但不分德经和道经,而且章次也与今本不相对应。《太一生水》是篇佚文。文中的"太一"就是先秦时期所称的"道"。该文主要论述"太一"与天、地、四时、阴阳等的关系,是一篇十分重要的道家著作。《缁衣》的内容与今本《礼记·缁衣》大体相合,但两者的分章及章次却差别较大,文字也有差别。两相校勘,可以发现今本的若干错误。《五行》曾见于长沙马王堆西汉墓的帛书,简本与之有一定相异之处。此次这两篇简文同出一墓,或许暗示当时思孟学派在楚地流传甚广。《鲁穆公问子思》一文,尚未见流传。《穷达以时》的大部分内容,见于今本《韩诗外传》卷七、《说苑·杂言》等书。《性自命出》、《成之闻之》、《尊德义》和《六德》等四篇,抄于形制相同的竹简上,字体也相近。《唐虞之道》、《忠信之道》两篇,也墨书于形制基本相同的竹简上。《语丛》一、二、三、四等四篇抄在长度最短的竹简上,内容都由类似格言的文句组成,其体例与《说苑·谈丛》、《淮南子·说林》相似。这批楚简的丰富内容,弥补了先秦文献之不足,对于研究中国先秦时期的思想史、学术史都具有重要的学术价值。

在东周列国中,迄今以楚国出土的简牍资料最为丰富。这些楚简的内容涉及面相当广泛,主要有关于楚国当时的社会状况、官职名称、司法制度、土地制度、户籍管理、埋葬制度、生活习俗,以及考定各种器物的名称、用途和制作工艺等方面,尤其是关于楚国远祖的记载,对深入研究楚国历史,无疑是十分重要的。还有大批先秦古籍的重要发现,对于中国先秦史的研究具有非常重要的意义。

这些楚简的发现,可以看出楚国的简牍制度已经形成,而且对秦汉的简牍制度也有一定的影响。不仅江陵九店出土的楚简在云梦睡虎地秦简《日书》中仍然沿袭下来,而且在遣策的简文所记的随葬品排列有序的情况,在云梦大坟头1号汉墓出土的木牍和江陵凤凰山168号西汉墓出土的竹简,仍可见到。

第三章　秦汉时期文物

一、秦时期文物

(一)云梦睡虎地出土文物

云梦位于湖北中部偏北位置。地处江汉平原的东北边缘,汉水支流涢水由北至南纵贯流经县境。县名因云梦泽而得名。云梦远古时属荆州之域。商周为云梦荆州泽,春秋时属郧国,战国时属楚国。自秦至魏、晋、南北朝,一直属安陆县。

云梦县县城城关的西边有一条南北走向的岗地,汉丹铁路就从岗地的东北贯穿而过。在岗地之上分布有相当密集的东周至秦汉时期的古墓葬。岗地北端被当地人称之为木匠坟,此处曾发掘有东周时期的楚墓和秦汉墓葬,岗地南端高地被称之为大坟头,此处也常有重要的秦汉墓葬出土。岗地中部高地被称之为睡虎地。

1975 年 11 月初,原云梦县城关公社肖李大队的农民,为了兴建农田水利基础设施,就在睡虎地岗地上修建水利渠道,当挖掘土方到一定深度时,见到了填在古墓中的青膏泥。青膏泥是填在古代墓葬木椁外的一种特殊的墓葬填土,当地农民曾经在大坟头和木匠坟的古墓发掘时见过。他们推测可能是遇到了古代墓葬。他们即刻停工加以保护,并将发现古墓的消息向县文化部门进行了报告。湖北省博物馆组织力量,于 1975 年 12 月至 1976 年 1 月,对发现的墓葬进行了发掘和清理。共发掘了 12 座秦墓,主要分布在睡虎地西部,东南距大坟头 1 号汉墓约 400 米。

发掘的12座秦墓都是小型的土坑木椁墓，棺椁都保存较好，这批墓葬的时代大致是在战国末年至秦代。墓葬中出土了一批保存近乎完好的漆器、铜器、陶器等文物，特别重要的是在11号墓中，出土了1100多枚保存比较完整，字迹清晰的秦代竹简。这些竹简大部分是法律和文书，其内容主要是秦朝时的法律制度、行政文书、医学著作以及关于吉凶时日的占书，是研究秦国政治、经济、文化、法律以及医学、书法等历史的珍贵资料，具有十分重要的学术价值。

云梦睡虎地11号墓，是一座小型长方形土坑竖穴墓，残存墓口长4.16米、宽3.0米，葬具为一棺一椁。椁室长3.52米、宽1.72米。椁室由横梁隔开，分为头箱和棺室。横梁下有双扇板门。棺室长2.26米、宽1.0米。木棺长2.0米、宽0.74米、高0.72米。随葬器物中除了竹简之外，还有漆器、铜器、陶器等。漆器有盂、圆盒、樽、耳杯、奁、卮、匕、笥和六博棋盘等。铜器有鼎、钫、鍪、剑和削刀等。陶器有罐、小罐、甑、瓮、小壶等。棺木中的尸骨保存完好，经测定判断为男性，年龄40多岁。从竹简资料判读研究后，可以确定该墓墓主应当就是《编年纪》中提到的喜。喜生于秦昭王四十五年（公元前262年），在始皇帝时历任安陆御史、安陆令史、鄢令史及鄢的狱吏等与司法有关的职务。喜大抵死于始皇帝三十年（公元前217年），年龄为46岁。

在云梦睡虎地4号墓中还发现有家信性质的木牍，以及文书工具等。这些珍贵的历史文物，为研究战国晚期至秦代时期社会生活中的政治、经济和文化状况，提供了十分重要的实物资料。

1.竹简、木牍

(1)竹简

出土于11号墓，发现时是埋藏在棺内。经整理拼复，总计有1155多枚。其内容有《编年纪》、《语书》、《秦律十八种》、《效律》、《秦律杂抄》、《律说》、《封诊式》、《为吏之道》、《日书》甲种、《日书》乙种。其《语书》、《效律》、《封诊式》、《日书》乙种四种简在简上有原文书题，其他几种书题是经整理研究后拟定的。竹简长23.1~27.8厘米，宽0.5~0.8厘米，简文为墨书秦篆。

《编年纪》，简文书写在53枚简上，出土时是位于墓主头下位置。简长23.2厘米、宽0.6厘米、厚0.1厘米。简文内容是以记录墓主人“喜”的人生经历之中的重要大事为主体。简文中记录的时间是从秦昭王元年开始，至秦始皇三十年结束。这期间正是秦统一六国的时期，简文中的内容有许多关于秦统一六国战争的史实，可以说是一部较为完整的个人事迹的真实记录，同时也是秦灭六国历史的真实写照。

《语书》，共14枚简。出土时是位于墓主腹下部。简长27.8厘米，宽0.6厘米。简上有书题，简文的内容是秦南郡郡守腾为“矫端民心，去其邪避，除其恶俗”而颁布的政府文告，简文还明确要将文告依次传递，发给了郡属各县、道，并另抄送江陵的。

《秦律十八种》，共202枚简。出土时位于墓主身体右侧。简长27.5厘米，宽0.6厘米。简文内容涉及秦国的经济制度如货币、农业、粮食、贸易徭役、军爵以及手工业生产等。包括有《田律》，是关于农田水利、山林保护方面的法律。《厩苑律》是有关畜牧饲养牛马、禁苑林囿的法律。《仓律》是国家粮食仓储、保管、发放的法律。《金布律》是货币流通、市场交易的法律。《关市律》是管理关和市的法律。《工律》是手工业生产管理的法律。《工人程》是手工业生产定额的法律。《均工》是手工业生产管理的法律。《徭律》是徭役征发的法律。《司空》是规定司空职务的法律。《置吏律》是设置任用官吏的法律。《效》是核验官府物资财产及度量衡管理的法律。《军爵律》是有关军功爵的法律。《传食律》是驿站传饭食供给的法律。《行书》是公文传递的法律。《内史杂》是内吏为掌治京城及畿辅地区官员的法律。《尉杂》是廷尉职责的法律。《属邦》是管理所属少数民族及邦国职务的法律。

《效律》，共61枚简。出土在墓主腹部，简长27厘米，宽0.6厘米。自有书题。是关于核验县和都官物资账目的相关规定，律中对兵器及装备等军备物资的管理规定非常细致明确，对度量衡的制式标准规定得十分严格。

《秦律杂抄》，共41枚简。出土于墓主腹部，简长27.5厘米，宽0.6厘米。包括有《除吏律》、《游士律》、《除弟子律》、《中劳律》、《藏律》、《公车司马猎律》、《牛羊课》、《傅律》、《屯表律》、《捕盗律》、《戍律》等十一种律文，应是墓主人生前抄录的秦国律文，其中大多是一些与军事事务相关的律文。

《律说》，是关于秦国律法方面的法律解答。共201枚简，位于墓主颈部右侧，简长25.5厘米，宽0.6厘米。以问答形式对秦律的条文、术语及律文的意图所作解释，相当于现时的法律解释。

《封诊式》,共98枚简。出土于墓主头部右侧,简长25.4厘米,宽0.5厘米。有自书书题。简文有二十五段不同的内容,每段的简首均自书有书题,包括有《治狱》、《讯狱》、《封守》、《有鞫》、《覆》、《盗自告》、《□捕》、《盗马》、《争牛》、《群盗》、《夺首》、《告臣》、《黥妾》、《迁子》、《告子》、《疠》、《贼死》、《经死》、《穴盗》、《出子》、《毒言》、《奸》、《亡自出》等。封诊式是关于审判原则及对案件进行调查、勘验、审讯、查封等方面的规定和案例。

《为吏之道》,共51枚简,出土于墓主腹下,简长27.5厘米,宽0.6厘米。其内容主要是一些处世为人及为官的行为规范,如"正行修身","为人臣则忠,为人父则慈,为人子则孝"等。

《日书》甲种,共166枚简。位于墓主头部的右侧,简长25厘米,宽0.5厘米,两面书字。日书是带有巫术性质的书,而在简文中最重要的是有秦、楚纪月关系的明确对应。

《日书》乙种,共257枚简。位于墓主的足部,简长23厘米,宽0.6厘米。是选吉凶类的巫术书,在简上有"日书"书题。

(2)木牍

出土于4号墓中,发现2片。一件保存完整,长23.4厘米、宽3.7厘米、厚0.25厘米。一件略残。两件木牍上正反面皆以墨书写有文字,字为隶体,共527字。其文字内容为家书性质。分属于名叫黑夫和惊的二人,他们在给家人的书信中,既向家人问安,也报平安,同时还向家里要衣服、布和钱。信中还有一些关于战事的内容,具有较高的历史价值。

2.漆木器

云梦睡虎地出土漆器的主要器形有圆盒、盂、双耳长盒、长方盒、奁、凤形勺、匕、扁壶、卮、樽、耳杯等。其中的立鹤双鱼纹漆盂、几何云鸟纹双耳长盒、双凤纹漆扁壶、凤鸟形漆杯都是秦代漆器中的珍品。

凤鸟形漆杯造型极为精巧,器形为一只昂首伸颈宽腹展尾翼的凤鸟。鸟首为凸圆喙,圆眼双耳,圆长颈,略微弯曲,颈下端处逐渐变为圆扁形与腹相联,鸟腹即为器腹,腹体为扁圆形,弧底平口,杯腹较深,鸟尾翼则做成了杯的把手。鸟首、颈及尾翼上彩绘有不同的羽毛形纹饰。在尾翼的下方,烙印有"咸□"二字,应该是该器产地的名称,器物通高13.3厘米。

3.青铜器

出土的青铜器主要器形有鼎、盒、壶、钫、盘、匜、鍪、舟、勺、剑、带钩、镜等。其中最具时代特征和秦文化特点的是蒜头壶、鍪,而最具特色者则是勇士持剑搏击虎豹纹的铜镜。

该镜出土于9号墓,直径10.4厘米,缘厚0.2厘米。镜背上铸有细密的勾连云雷纹为底,而主体纹饰是二组勇士博虎击豹的形象写照。一组为猛虎后脚着地,前身跃起,长尾翘起成弓形,前脚前伸,正扑向勇士,而勇士则右手持盾,左手持长剑,脚作弓步,面向猛虎冲击,其形态生动有力,表现出无惧无畏的气魄和勇气。另一组描绘的豹作回收立状,正张牙舞爪地向击杀它的勇士作怒吼状,其形态有似拟人化的效果,而一手持盾一手持剑的勇士正奋力冲向凶狠的豹,欲上前去刺杀猎物。这种以表现狩猎场景题材的纹饰图案,在先秦时期较多地出现在漆器、铜器和纺织品中,而在秦代的青铜器中则较少见,这件狩猎搏击虎豹纹的铜镜就显得十分珍贵。

4.陶器

云梦睡虎地墓地出土的陶器器形有瓮、罐、壶、盂、甑、釜、鍪、盒、量、钵等。其质地多为泥质灰色,有的在器表施黑衣,多素面,少数器物有绳纹,弦纹等。个别器物还有施彩绘的三角纹、点纹和圆圈纹。在一些器物的肩上有戳印纹和刻划纹。戳印印文为"安陆市亭",表明这些陶器就是安陆某作坊所制作。

在云梦睡虎地众多的出土的陶器之中,有一种造型很特别的器物,考古学上称之茧形壶。顾名思义,其造型的特征是其器腹就好似一个横卧的蚕茧形,圜底,矮圈足。这个器形是从关中秦地传入,是秦墓中最具有时代特征和族属特征的典型器物。

二、两汉时期文物

(一)荆州(江陵)凤凰山汉墓出土文物

荆州(江陵)凤凰山位于湖北荆州城北五公里处的楚故都纪南城东南一隅。

是一处略高于四周的一片岗地。公元前 278 年，秦将白起拔郢，率兵攻占了楚郢都。此后，楚郢都便成为了一片废墟。秦汉时期，在江陵设置南郡，郡治就设在纪南城东南方向 3 千米处的郢城，而楚故都纪南城城南地势较高的凤凰山，则成为了秦汉时期的一处墓地。经勘探发现，凤凰山是一条南北走向的高岗地，当地人称之为“山”，且以“凤凰”而命名，凤凰山岗地南北长约 1200 米，东西宽约 300 米，最高处较周边的低洼处高出约 10 米。岗地中间被襄沙公路由南至北贯穿而过，岗地上大多植种有树木。考古钻探发现，在凤凰山岗地分布有秦汉时期的墓葬 180 余座。有些墓葬的规模较大，保存状况相当完好。1973 年，长江流域第二期考古培训班实习，在凤凰山发掘了 9 座秦汉时期的墓葬，出土了一些非常重要的文物。1974 年，湖北省考古部门会同北京大学、四川大学、吉林大学、南京大学、厦门大学等考古专业的师生，组织了“纪南城考古会战”，对纪南城凤凰山古墓地进行考古发掘。1975 年，为了配合纪南城的文物保护工作，考古工作者对凤凰山古墓葬进行了选择性的发掘，发掘秦汉时期的墓葬 24 座。其中在 168 号汉墓中发现了一具保存完整的西汉男性尸体，当年引起了极大轰动。凤凰山汉墓中还发现有大批保存完好的随葬器物，分别有青铜器、陶器、漆木器、玉石器和丝麻织品，更为重要的是还出土有相当数量的竹简、竹牍、木简、木牍和书写文字的天平横杆等资料，这些简牍文字资料对于研究秦汉时期历史文化、社会经济状况都具有极为珍贵且十分重要作用。

1. 竹、木简牍文字及文书工具

荆州（江陵）凤凰山出土简牍文字的墓葬有 6 座。全部竹简 548 枚，木简 74 枚，木牍 9 方，竹牍 1 方，书写文字的天平衡杆 1 件。都属西汉文景时期。只有 M167 出土的是木简，出于椁顶上的专灰泥中，保存较好。基本上保持了原来的卷放位置，并可复原编联次序。其他墓葬所出土的简牍都在椁室的头箱和边箱中，因椁内积水或泥，均已散乱，难以复原。大部分简比较完整，字迹清晰。竹简长 23~25 厘米、宽 0.7~0.9 厘米、厚 0.1~0.5 厘米；M9 出 3 方木牍，被改做为木车零件，长 16.5 厘米、宽 3.8~4.9 厘米、厚 0.25~0.4 厘米。竹牍出土于 M168，长 23.2 厘米、宽 4.1~4.4 厘米、厚 0.3 厘米。全部简牍共 4378 字，为墨书隶体，有的略带篆意，竹简书于篾黄，木简仅书一面，木牍有的两面书写。简牍的内容有遣策、田租、赋税、刍稿、贷种、徭役、乡杂、书札、商贩契约等。

M167为汉文帝至景帝时期的墓葬，规模较大，墓口长5.7米、宽3.8米，一棺一椁。椁长4.52米、宽2.76米、高2.15米，分头厢、边厢、棺室，棺室与头厢、边厢之间有门窗相通。棺长2.2米、宽0.8米、高0.8米，外髹黑漆。随葬品的种类有漆木器、竹器、陶器、铜器等。漆器90余件，有壶、盒、匜、盛、盘、盂、奁、卮、耳杯等。木器20余件，有木轺车、木俑、木猪、木狗等。竹器10余件，有竹笥、竹简、竹扇、筷筒等。陶器10余件，有盘、瓮、罐、仓、灶、釜、甑等。另外，还有铜镜1面、铜钱10枚，也有缝衣针、毛笔和许多丝织品。出土了木简74枚，内容为遣册。M167的木简长23厘米、宽1~2.5厘米、厚0.2~0.34厘米。在距简首7厘米处用一道麻线编连。出土时木简保存完好，颜色如新，麻质编绳尚存，保持了简册原来的顺序，文字清晰，内容是记录随葬品器物的遣册。所载物品的类别、排列次序、数量等，与随葬品实际情况大体相符。

M168出土竹简66枚，竹牍1片，天平衡杆1件。M168位于M167之南，M169之北，三墓并列。M168墓口长6.2米、宽4.8米，一椁二棺。椁长4.29米、宽3.14米，分为头厢、边厢和棺室三个部分。棺室与头厢、边厢之间有门窗相通。棺室内有外棺、内棺各一具。外棺长2.66米、宽1.02米、高0.97米，内棺长2.23米、宽0.71、高0.76米。棺内的一具男尸浸泡在绛红色的棺液中，保存基本完好。男尸经检测，身长1.657米，体重52.5千克，死亡时约55岁。随葬品有漆器、竹器、木器、铜器、陶器、玉石器等500余件。漆器160多件，有耳杯、盘、盂、壶、樽、卮、案、勺、匕、匜、扁壶等。木器120余件，有木俑、木马、木船、木车等。竹器50余件，有竹笥、扇等。陶器18件，有瓮、罐、壶、盘、釜、甑、仓、灶等。铜器有镜、钼、带钩等。还有笔、墨、砚、削刀等书写工具及一枚阴刻一“遂”字玉石印。竹牍、竹简、均出土于边厢中。

竹牍，长23.2厘米、宽4.1~4.4厘米。墨书隶体，文字清楚，内容为“告地书”，牍文曰：“十三年五月庚辰，江陵丞敢告地下丞：市阳五大夫隧自言与大奴良等廿八人、大婢益等十八人、轺车二乘、牛车一两、驷马四匹、骊马二匹，骑马四匹。可令吏以从事。敢告主。”该墓的下葬时间、墓主的姓名、籍贯、身份以及随葬品的有关情况在牍文中记录非常明确。

竹简，共66枚，长24.2~24.7厘米、宽0.7~0.9厘米、厚0.1厘米。从简上残存的编绳残痕推断，竹简应先书写，后编连。编绳有上下两道，出土时编绳已朽，简册顺序已乱。简文为墨书隶体,字迹清晰。文字内容为随葬器物的遣册。所记器物与出土实物基本相符。

天平衡杆,为一长条形竹片,长 29.2 厘米,宽 1 厘米,厚 0.3 厘米。衡杆正中上侧有一小铜环。衡杆正、反、侧三面有墨书隶体文字。正、反文字为:“正为市阳户人婴家称钱衡,以钱为累,劾(刻)曰四铢,两端□十。敢择轻重衡及弗用劾,论罚繇里家十日。”侧面书有“□黄(衡)律”三字。正反面文字,说明这件衡器是经过核正而批准使用的,其下似乎引用了一条汉律,侧面的《□衡律》当为律名。律文的内容是,敢于挑选衡器及拒绝使用者,都要受到惩处,反映出汉代对度量衡制度的管理是十分严格的。

在凤凰山汉墓所有的出土简牍之中,遣策的数量较多,分别出于 6 座墓中,其中,M167 的遣策为木简编连;M10 的遣策记于一方牍上,其他各墓遣策均为竹简,根据M167 遣策所记随葬品的顺序是:车马、随从、女婢、食器、陶器、食品、丝麻织品、杂物等。这个顺序与随葬品大体位置相同。M8 的简数最多;共 178 简。各墓所记与随葬品情况大体相符。遣策中记有盛粮食的陶仓即“囷”和土地的象征“薄土”。还记载有大量车马、随从和漆器、丝麻织品。遣策中还记有一定数量的奴婢,他们或从事农业生产,如“牞(耕)大奴四人”,“田者男女各四人,大奴大婢各四人”,或从事家务劳动。M8 的遣策记载了死者使用的衣物名称和数量,具有很重要的学术价值。

田租、赋税、刍稿、徭役、乡杂、商贩契约等内容的简牍都出自 M10,是西汉考古中的一次非常重要的发现,对于研究西汉时期税赋制度具有重要的研究价值。

田租简一件,记有市阳里田租五十三石三斗六升半,其中有十一石八斗三升是用尊物(禾)、麦、荅(小豆)、秏、黄白稷(粟)折禾谷交纳的。这应是市阳里交纳土地税的总数。

刍稿,记载了平里和稿上里交纳刍稿的具体情况。刍稿是牲口的饲料,刍稿税是政府征收的一种赋税。根据此牍可知汉初的刍稿税分成每户一石的户刍,每亩一升的田刍和每亩半升的田稿三种。平里有二十七户应交刍二十七石,有田四百三十七亩,应交田刍四石三十七升,交田稿二石一斗八升。应当指出,刍稿税是按户征收的户刍,每户皆交一石。

贷种，记载了郑里贷种二十五户每户的户主，所种田的人数、全家人数，田亩数和贷种的数量。如“户人野能田四人口八人田十五亩十贷一石五斗”，郑里共有土地六百一十七亩，劳动力六十九人，人口百余人。贷种实际上是为了征赋税而采取的一项措施。

关于赋税的记载都见于木牍。赋税都是以“示”为单位计算，每笔账的格式大体相同，为某里，某月，若干示，每示应纳的钱数、总钱数、付方和收方署名，如“市阳四月百九示：八钱、八百七十二□正偃付西乡偃佐赐”。示钱是按月征收的，有的一个月收一次，有的一个月收几次。岁利里的示钱还有转费、缮兵等项。示赋并不是定期征收的，而是根据需要来决定的，且名目繁多。

有关徭役的记载共 19 简，其中一简记“市阳□户遣□人繇仓书”，即摊派农民输送粮食的记录。简文的基本格式是：某里二户，某行有的简末还注明缺勤的情况。如“敦已二户□噡行□少一日”。

木牍中还有一件自题为“中贩共侍约”，是贩长张伯等七人合伙经商所订的契约书。大意是：七人共同经商，每人出贩钱二百，如不交贩钱则不得参加同贩，因病不能外出经商的每日罚三十钱，本人不能去要雇人代替，器物不全的，每件罚十钱，合伙贩卖时器物如有损毁，则大家分担，如擅自拿别人的器物罚百钱。如不能按照贩吏规定的日期到达，罚五十钱，虽按期到达而贩目不完备的，罚同不到一样的钱。贩吏有权调动一切器物和共贩人员，它反映了汉代商贩活动的情况。

与简牍文字相关的文物是文书工具，一般谈及古代的文书工具，人们都很自然地想到了传统文化之中的“文房四宝”，是笔、墨、纸、砚，而在纸张发现之前，古人是将文字书写在竹木质的简牍之上以纪事。而这个时期的文书工具与汉代纸张发明之后又有哪些不同呢？考古发现的资料很好地解决了这个问题。在江陵凤凰 167 号汉墓之中，就出土了一套完整齐全的文书工具，其类别有笔、墨、牍、砚、削刀等五件。出土时这些文书工具是盛放在同一个竹笥之内，表明它们是一套用于书写为目的的工具。

毛笔形状是塔形笔毛，细长木杆，笔毛与笔杆是用丝线捆扎为一体，笔杆为圆形，尾端是尖状。笔毛长 2.8 厘米、粗径 0.6 厘米，出土时还可以见到笔毛之上沾满墨迹。笔长 24.9 厘米、杆径 0.3 厘米。毛笔置于笔筒之中，笔筒圆形，中空，筒中部两侧有镂孔，笔筒长 24 厘米、径 1.3 厘米。这种毛笔的构造是沿袭了战国时期毛笔的制作方式，为实杆捆扎形，笔毛用丝线扎在实杆上，显得比较原始。在同一墓地的 168 号汉墓中，也出土有毛笔，而制作方法就先进多了，几乎与现代毛笔的构造完全相同。笔毛是装插在竹质的圆孔之中。笔杆就是一支竹。长 29.7 厘米。

墨，形状为不规整的小块，形似爪子，色质纯黑。

牍，为宽长片状，有木质和竹质。

砚，取天然的柄状鹅卵石为砚盘，为细砂质，花绿色，面径 9.5 厘米、底径 9.8 厘米、厚 1.6 厘米。研磨石亦为鹅卵石，石英质。

2. 漆器

西汉时期规模较大的墓葬一般都随葬有漆器。江陵凤凰山汉墓出土的漆器，数量大且种类多，器形规整，髹漆光亮，纹饰流畅，绚丽多彩。有些器物在下葬时是捆绑成扎的。如耳杯一般是十个一扎，漆盘是两两扣合，再加以捆扎，椭圆奁也将盖底扎在一起。有些漆器还以方巾复口再加盖，如漆壶。据遣策中对漆器名称、数量、大小的记载，经与实物对照，大体相符。

这批漆器的胎质有木胎和夹纻胎。主要是木胎。从器壁留下的痕迹，可以观察到加工木胎的方法有三种，即砧、旋、卷。砧木胎数量最大，就是把木料挖成一定的形状，再进行第二步加工。形状比较简单的器物如扁壶、耳杯、耳杯盒、方平盘、盘、案、匕、几等都来用这种方法制。旋的方法用于一些圆形器物的外部加工，而圆壶、圆盒、盂等器内仍用砧制。卷的方法见于卮、樽、奁、粉盒等直壁器物的盖沿和器壁用薄木生卷合粘接成形，然后再嵌在盖和底上。有些口小腹大的器物，如扁壶、圆壶都是两半拼合而成的。夹纻胎数量很少，夹纻胎漆器仅出于 167 号墓。仅有盘和卮，用麻布脱胎成形。

在器胎制作后，再经反复髹漆、打磨，再绘画各种图案。漆器的表面极为光亮，坚硬，虽然在地下埋藏了 2000 余年，大多数仍保存如新。漆器外表底色绝大部分是黑色、器内部分表面为红色，如圆奁、椭圆奁、耳杯盒、扁壶、圆壶、卮、樽、圆盒等，而纹饰就绘在黑地上。有的器物在内口沿和内底上绘有纹饰，如有的耳杯内口沿，盘、平盘、方平盘、盂等口沿和内底。大多数漆器上都用漆绘有各种纹饰，主要有朱红、金黄、暗灰等色，它们大致可归纳为云气纹、几何纹和动物纹。

云气纹见于盘的内底、圆盒的盖顶和肩部、圆壶的颈和腹部；几何纹包括菱形纹、变形三角纹、波折纹等纹饰。菱形纹一般与云气纹、草叶纹相间使用，见于盂的腹部和圆壶的腹部。变形三角纹见于耳杯、盂、卮、圆壶的口沿或圈足、盘的内底。波折纹多见于耳杯的耳部。草叶纹多见于圆壶、扁壶和盂及卮、樽的外壁。动物纹数量较少，主要有凤、鹤、鱼、豹等飞禽走兽。凤纹是见于耳杯内底和盂的盖顶，鹤见于 M167 的漆匜，豹见于 M168 的大漆扁壶，鱼见于有的耳杯内底。这些动物在画工的笔下十分生动。如 M168 的三鱼耳杯中，鱼就像在水中游动一样，栩栩如生。以上几种纹饰一般都不单独使用；往往几种同时出现在一个器物上，常因器物的不同的形状而有新变化，使它们构成一个整体，如 M168 的大漆壶就是这样的一种杰作，全器遍绘纹样，两面布满了缭绕卷曲的草叶纹，六只各具形状的豹，出没在其间，六豹成昂首，或奔走，或捕猎，变化多样，给人以真实感（图 3-1）。M8 所出龟盾正面的神人神兽，不仅再现了人物的神情，也表现了人们丰富的想象力，给人以腾云驾雾的感觉，背面的神人比例准确，操手侍立，似忠于职守之态。这都反映了画工们在布局、用笔上的高度技巧和对实际生活的深刻了解及精心构思。除漆绘纹饰外，还有少数的针刻板纹。M168 出土的针刻纹奁上的纹饰极细，线条流畅，显示出技巧的刻画艺术。就漆绘艺术而言，漆器的漆绘既有装饰性抽象化的动植物纹样，也有写实性的情景绘画。漆绘内容多与器物造型紧密配合。漆器的彩绘风格主要是线条画与平涂画相结合，这种画法可能是从青铜器上冶铸的平块花纹和线条纹饰发展而来的。由于当时彩绘的工具是毛笔，因此漆器上的彩绘线条显得比较流畅。

图 3-1 江陵凤凰山汉墓出土云豹纹大扁壶

有的漆器还有文字、印记。针刻纹文字主要见于耳杯的耳下侧或底部，盘的底部，字多为“里”，M8一耳杯底部有“千金里”三字。漆书文字较少，仅见于M168一盘中写“里”字和M10一耳杯中写“万”字。漆器上的印记都是烙印在木胎上，然后再上漆的，因此不易辨认。只见于M8、M167、M168部分漆器的外表。印文有：“草”、“早”、“饱”、“咸市”、“市府”、“咸市早”、“咸市草”、“咸市饱”、“市府早”、“”北市桼”等。有的一器上有几处印文，有的几个烙印互相叠压。这些印文是制造漆的手工作坊的名称。据研究，“草”即“造”，“早”与“草”通，“咸市早”、“咸市草”即为“咸市造”，“市府造”，“饱”，指多次反复上漆。“咸市”为咸都市府的省称。把这些文字联系起来看，这批漆器应当是蜀郡咸都市府所辖漆器作坊的产品。

凤凰山墓葬中出土的漆器主要有耳杯、圆盆、盂、扁壶、圆奁、圆壶、平盘、匜等。凤凰山秦汉墓的漆器与战国楚墓漆器风格相去较远，如楚墓中的镇墓兽、虎座鸟架鼓等不见踪影，可以认为，西汉文景时期漆器的形制纹饰继承秦的风格而不同于楚器的风格。

（1）匜，盥洗器，木胎。高11.3厘米，口径23.3~33.3厘米。长方形圆角，敞口，折腹，平底。长流上翘。外壁与口沿内涂褐漆，并用朱漆绘变形鸟云纹、点纹等图案。内壁与内底涂朱漆，用黑漆勾勒与金色填实相结合的方法描绘花纹；内底同心长方形圈内为两组背向卷云纹，空间布满点纹，内壁为四只衔草顾首鹤。漆色艳丽，纹饰多姿，生趣盎然（图3-2）。

图3-2 江陵凤凰山汉墓出土漆匜

(2)漆龟盾

凤凰山 M8 出土有一件漆龟盾，正面画一神人和一神兽(图 3-3)。神人作人首，人身。禽足、眼、口、鼻均很清楚，身着十字花纹的宽袖上衣和长裤。怪兽昂首曲身，伸开两足，与神人同一方向，奔走欲飞。龟盾背面，画两个相向而立的人物，亦身穿十字花纹的宽袖上衣和长裤，腰束带，足穿鞋。右一人身佩长剑，是现实生活中的人物。

图 3-3 江陵凤凰山汉墓出漆龟盾

(3)吉祥语莲鱼纹耳杯

耳杯是流行于战国至汉代的一种饮酒器。漆耳杯多饰有精美的纹饰。凤凰山 M168 出土的漆耳杯杯腹中绘有三条鱼围绕着莲花作逆时针方向游动(图 3-4)。该图案所表达的寓意是“年年有余”，属于吉祥图案。

图 3-4 江陵凤凰山汉墓出土吉祥语莲鱼纹耳杯

3.木器

出土木器的种类有木俑、车、船、马、牛及梳、篦等。

(1)木俑

据遣策记载，这些木俑都是大奴、大俾，具体的有谒者、田者、御、从、侍。制作形态、衣着均各不相同，有的还持戟操锄。可分成室内侍女、随从奴仆、生产奴婢。

室内侍女，作袖手站立状。高 37.2~45 厘米，这类俑制作、形态基本相同。头发下垂至背挽髻，为女俑。少数面部雕刻，衣领描绘，均全身彩绘衣裙，但部分已脱落不清。雕绘逼真、细致，肉体感强，面部清秀，雕刻出鼻、口、眼，墨绘眉、目，朱绘两唇，头发刻画后上墨，顶部对分，后半部下垂至背挽髻。内层与中层领、袖均雕出，内朱缘，中黄缘，外层以褐色为地，从前到后，从上到下，满身描绘朱、金色云纹，领缘、袖缘为黑色，上饰朱点。下部雕成缠绕四周长裙。裙上彩绘同上衣，裙下露出红色方履上翘。是贴近墓主的室内佣人，与遣策对照，为“侍女子绣衣大婢”、“美人女子大婢”等。

随从奴仆，这类俑中有谒者、御者和骑马者。

谒者，这类俑的形态特征或持戟，或执盾，或佩剑，高在 45.5~55 厘米之间，均作站立状。用整木雕成人形与衣着轮廓，面部雕刻出眼、鼻、口、耳和头发，以酱肉色为地，墨绘眉、目、胡、发，朱绘两髻。雕刻细致，立体感强。头发从额对分，向后垂至颈反折，头顶后部斜冠一竹板将发挽住，竹板作长方形，板面呈瓦楞形，板长 6.7 厘米、宽 1.8 厘米。两侧有墨绘冠带直达下颌，与钉于下颌上的小竹条相联结。衣着长裙，交领广袖，雕出衣领三层，全部右椎式，袍缘内层朱绘，中间褐绘，外层褐黑衣，朱锦袍缘与袖缘。两手垂拱于腰前袖中，并雕出折袖纹，袍裙下雕出双覆尖，半圆形，黑色。保存较好。右腰佩剑，剑为竹片制成。

据遣策记载，“大奴□谒者操戟”；“谒者一人，大奴”；“谒者二人”。谒者，是指一般守卫奴仆，这些持戟、佩剑、执盾俑，均算作谒者一类。他们的身份都是奴，制作较细致，衣着华丽，多戴冠，应该身份较高，可能是贴近墓主身边的仆人。

御者俑，置于轺车、安车上，故均作半身坐立状，一般高为 19.5~33 厘米。作坐立持勒缰绳状，头顶后端戴冠，两颊有墨绘冠带，雕出鼻、口、耳，墨纹眉、目、颌、发，彩绘出衣领二层，内衣朱缘，外衣朱锦缘，腰束一黑带，出土时侧立于轺车旁。

骑马俑，头戴屋形冠。这类俑由上身和下肢两腿分别雕成，然后胶合成整体跨于马上。木俑鼻、口雕刻，墨绘眉、目，双手执于胸前，右手作勒缰绳之状，左手持马鞭俑双腿内侧作弧形凹入与木马腰部相吻合。描绘衣领二层，领缘内层红色，外层黑色，外层上衣以朱红为地。在黑色的领缘和袖缘上，又绘朱红小花点。简文中有“奴□骑”，“从马男子四人，大奴”，当指此类俑。

生产奴婢俑，据简文记载，除了直接从事农业劳动外，还有从事其他部门劳动的奴婢。

农耕俑，即遣册中的“田者”。体形较小，制作较为粗糙，均作持物站立状，手中所持物多为农具如锄、耙等。头部雕出面部轮廓，墨绘口、眉、眼和发，发披至颈，左手下垂，右手持二齿耙，上衣有交领三层，领缘内红中黄、外黑饰红点，腰系一带，袍至腰下，双腿分开，着翘头鞋，可看出为男俑。

（2）木车、船

轺车，出土轺车共 8 乘。其中 M167 轺车（6 号）保存较好，纹饰可辨，胶合痕迹明显。车为双辕，竹质。前端作蛇首状，成弧形上翘，辕连舆底，末端有两小眼，钉入竹钉与舆相合。在辕前端上置车衡。车舆置于辕上，平面呈矩形，前高后低。前半部两角切去，中间钉一桩作插伞之用。舆底有贯前后的两条痕迹，每条痕迹与辕同宽。在两条痕上分别有两小眼，与辕的小眼相对。舆的前面，前半部两边分别以朱、金黄色彩绘，每一面的边缘朱绘点纹。外侧和顶端的长形木片上分别以黑底朱、金黄色彩绘草叶纹。车栏由两段粘合而成，两端为圆形。车舆架在伏兔上，伏兔架在车轴上，轴为圆木条，外套竹筒，轴中间呈圆柱形。车辐为竹质，轮内沿有插入辐条的圆孔。

轺车，根据轭的数量和木马的多少与出土的简文相对照，M167、168、169 轺车用马二匹，M8、9 轺车用马一匹。“律……一马二马尾轺传”，这一说法与出土情况是相符的。轺车，当为墓主所乘之车。

安车，竹质单辕，辕后端连车舆底，与车舆相合。车辕前端置木衡，辕与衡呈“T”字形，衡二端分别有二个小眼，中间六个等距离的小眼。车舆置于辕上，舆底中间有贯前后的一条痕迹与辕同宽，舆上置犄。犄由一长形木片粘合，犄外侧墨地朱绘草叶纹。

安车配四轭，为四马所牵引。据出土的简文记：“案车一乘，马四匹……”，“案车”即安车，与实物对照相符。安车当为墓主所乘。

牛车，木质双辕，前端微向上翘，并向外稍张，上有小眼，钉入竹钉，挡住车衡。后端有四个距离不等的长方形眼。钉入长方形木条，连接两辕，上铺六件长度大体相等的木条。辕上置架，车架比车辕后端的第一至第三眼的距离稍长，宽度与两辕距离相等。车架正视呈“方”形。侧视呈“网”形。辕下置车轴，设有伏兔，车轴圆形，中间稍粗，两端稍细，分别插入毂中。毂为圆筒形，两端边缘弧形，毂中间有扁形眼插入辐条。辐条一端较扁，插入毂内，一端圆形插入轮内。轮辋四块，有轭一件。牛车出土时载薪柴三束。

木船，船身为整木雕凿而成。全长 71 厘米，头端宽 8 厘米，尾端 9 厘米，中部最宽 11 厘米，通高 17.5 厘米。底部两端上翘呈流线形，以减少流水的阻力，是符合力学原理的。船面首尾两端呈平面，中部雕空留出旁板结构底舱。船舱两侧墙板由二块长 18.5 厘米、高 7 厘米的木板组成，前后山墙均呈"口"字形，木板分别置于前后两端的凹槽中，舱顶由两块长 26 厘米、宽 6 厘米的木板分别嵌于山墙上拼合成"人"字形。船身两侧有弧板，弧板两端有三个小洞，但不见桨架。有木桨五件，为划船俑使用，桨为小木条削成，长 23 厘米、宽 1.5 厘米。

(3)梳、篦

梳、篦为梳妆用器，梳、篦大小形制基本相同，只是齿的疏密不等。重要的是在这一对梳篦的柄部双面都绘有图画。梳、篦的柄部为半圆形，梳长 7.5 厘米、宽 5.5 厘米、厚 1 厘米，齿数 13 根；篦长 7 厘米、宽 5.6 厘米、厚 1.1 厘米，齿数 80 根。

在木梳的一面画有四人，中间者头上戴冠，身着长袍，脚穿翘头鞋，正弓身缓行，身份似为主人。身后有侍从捧豆随行，侍者身后还有一男子袒肩露背跪地，面前放一豆。另一男子双手捧物跪迎。

梳的另一面画有舞蹈场面，画上三人，中间是一身着长袖衣，腰系红带的妇女，挥袖起舞，前后各立一男子，前者面对舞者，身向后倾，一手持一长柄圆盘，一手上扬，后者跪地望着舞者。

木篦的一面为"相扑"场景(图 3-5)。画面上三个人上身赤裸，下着短裤，腰系绿带。其中右边的二人正在进行激烈的扑斗，左面一人伸双手似作评判，整个画面的上端还画一束丝织品呈弧形。另一面为敬酒的场面，画面上四人，其中间一

图 3-5　江陵凤凰山汉墓出相扑篦

男似为贵族，腰间佩剑，一手拉着对面一女子的长袖。女子头挽椎髻，右手持牛角形酒杯向男贵族敬酒。男贵族和女子的后边各画有一个身穿长袍的男子，女子身后者席地而坐。男贵族后边的一人，昂首立身，双手向上扬，随男贵族而行。

4.纺织品

凤凰山汉墓中有两座墓出土丝麻织品，即 M167 和 M168，由于保存条件不同，M167 主要出土丝织品，M168 则只出土麻织品。

(1)丝织品

根据织造方法的不同，可以区分为绢、纱、罗、绮、锦等，品类有近二十种。这些织品大部分染有颜色，甚至还发现有印花织物。

绢，经纬丝均未加捻的平纹织物称为绢。绢在出土织物中使用很普遍。其中一件绣绢，是从整幅织物上撕下的小片。经纬密度 40 根×26 根/平方厘米至 106 根×52 根/平方厘米。以经密每平方厘米 60~90 根的为最多，厚度 0.007~0.02 厘米。一般厚约 0.01 厘米。刺绣多用绢质为地。在墓中出土的香囊和绵衣残片中使用绣绢的现象较普遍。用作绣品的绢较细密，经密在每平方厘米 70 根上下。刺绣的纹样有方棋纹绣、梅花绣、乘云绣、长寿绣等。大部分采用锁绣的方法。

纱，把经纬丝都加弱捻的方孔平纹织物称作纱。共 4 件。这几件纱的幅面有皱缩，应属皱纱。经纬密度 18 根×17 根/平方厘米至 54 根×42 根/平方厘米。皱纱在出土织物中仅用于标筹袋的底部和带子。

罗与绮，单经单纬、经线起花的纠经织物称为罗，罗的经纬密度相近，有菱形纹样。单经单纬经线起花的织物称为绮，绮纹样有对鸟菱纹和菱纹。

锦，经线提花的重经双面织物称为锦。出土的锦有多种纹样，都是多重经线的提花织物，织造工艺复杂，需要复杂的提花织机和熟练的技巧，充分反映着西汉初期工匠的高度智慧和技能。其中的孔雀锦，经纬密度 66 根×54 根/平方厘米，黑地，金线起托。纹样为上下两行，孔雀四只之间夹一八角形图案。锦衣的残片中还有五色锦。发现的织锦中兽纹有三种：龙头方矩纹锦、龙纹锦、兽头纹锦。

(2)麻织品

均出土于 M168。

麻衣，呈大字形。用十二块麻布缝合，宽袖大口，前片由四块缝合，两侧呈八字形、三角领、无衽，衣长 1.67 米、胸围 1.32 米、麻布经纬密度 28 根×24 根/平方厘米。

麻裙，由四幅麻布缝合，呈扇形，上有麻带，长40厘米、腰宽64厘米、下摆管88厘米，麻布经纬密度23根×16根/平方厘米、34根×24根/平方厘米。

麻鞋，形状为双尖翘头方覆，面、帮用麻布制，帮和内底双层，用麻线编织而成。保存完好，头宽8.8厘米、长30厘米、后跟深5厘米。

5.陶器

凤凰山汉墓随葬器物中的陶器造型有仓、灶、釜、盂、甑、罐、壶、瓮、熏炉、盘。其中，仓、灶、釜、甑是最能代表这个时代特点的器物。

仓，《论文》云："仓，谷藏也，仓廪取而藏之，故谓之仓。"汉代贾谊《论积贮疏》文中有"仓禀实而知礼节。"汉代时十分流行仓贮粮食，陶仓在墓葬之中的大量出现应当反映了这个时期的一个重要的经济现象。陶仓最早出现在关中的秦汉文化之中，随着秦汉一统天下，陶仓也随之成为秦汉时期墓葬之中的主要随葬品，寓仓满富裕之义。凤凰山167号汉墓中的陶仓，出土时保存完好。泥质灰陶，火候较高，质地坚硬。造型为圆筒形，平口平底，口略大，底内收，置放在仓座之上，仓座为圆形。仓座平口浅盘形似圈足，有矩形门洞。仓体上有堆塑的凸钩纹，仓口上置有覆荷叶状的盖，盖面有凹凸状的条脊，盖顶有一展翅立足的鸟。陶仓由仓体、仓盖和仓座三部分组合而成。

出土时仓体装盛有金灿灿的稻穗，满满一仓，稻穗的谷粒却保存得十分清晰。然而，在氧化作用下，稻穗迅速变灰变黑。尽管如此，这些汉代的稻谷在埋葬2000多年后重见天日，是弥足珍贵的。在江陵凤凰山西汉墓中，出土了许多农作物果实及家畜家禽骨骼，最为主要的还是陶仓中发现的成束稻穗，这是目前世界上发现的最古老的完整稻穗。出土时色泽鲜黄，穗形整齐，颗粒饱满，属粳稻。它为研究汉代的历史文化和农业经济技术诸方面都提供了很重要的资料。

陶灶，也是汉代墓葬中的重要随葬器物。灶在中国古代民间祭祀之中的地位相当高，是先秦的五祀之一。灶神是掌管祸福的神灵，无论是民间还是官府都不敢怠慢的。凤凰山168号汉墓中出土的一陶灶，造型为曲尺状方形，前有拱圆灶门，宽深的灶膛。灶台上有两个圆形的前后锅孔，放置有陶釜，在后孔上的釜上又置有陶甑。在灶台后端竖有灶墙，墙上饰带状点纹，墙顶有烟囱。

（二）荆州（江陵）张家山汉墓出土文物

张家山位于荆州古城西北约1.5千米处，楚故郢都纪南城在西北方向约3.5千米。所谓张家山，实际上是一条东西走向的高岗地，属于长江古道北岸的二级台地。这片岗地是江陵砖瓦厂的取土场。从20世纪60年代开始，湖北省博物馆和荆州博物馆的考古专业技术人员，为配合砖瓦厂取土工程，先后进行了较长时间的考古发掘工作，获得了许多重要的文物考古资料。而江陵张家山汉墓竹简的发现，应该说是一次非常重大的考古发现。

最先发现的竹简是张家山247号墓。

谈起张家山汉简的最初发现，也有一段值得记录的故事。1983年12月的一天下午，天气特别的寒冷。当时已经下班，荆州开元观(荆州博物馆旧址)那坚固厚实的大门被一阵急促的敲门声叩开，敲门的是两位手提化肥袋的中年人，称有很重要的事情要找滕馆长。他们说在江陵砖瓦厂取土工地发现了“大型”古墓，还有铜器。他们从袋中取出两件保存完好的青铜器，滕壬生馆长看到的是一件蒜头壶（图3-6）和一件铜鍪。滕馆长马上意识到事情的重要性，因为这两件铜器都是秦汉时期具有典型特征的器物，而且这两件铜器，比不久前发现大批秦简的云梦睡虎地M11出土的蒜头壶和铜鍪还精致。墓中会不会随葬有竹简？这是第一时间所要考虑的问题。滕馆长立即找来了已经下班的院文清、阎频、金陵和田司机，随即迅速赶到了发现现场。来到现场一看，墓葬的椁盖板已经被挖开，墓葬也不很大，葬具为一椁一棺，椁室内满是灰褐色的淤泥，头箱中上层器物有的已经被取出。在做好必要的资料提取和发掘清理的准备程序后，确定了墓葬的编号为江陵张家山M247，便开始了紧张而有

图3-6　江陵张家山汉墓出土蒜头壶

序的清理工作。

清理工作有条不紊的进行中，天也渐渐的暗了下来，气温也越来越低。这个时节正值寒冬，身处野外，大家都感到非常的寒冷。正在头箱认真而专心清理的阎频突然抬起头对大家说，有"面条"。"面条"是考古人员对竹简的戏称，他说有"面条"，大家还以为他是开玩笑。院文清问："真的假的？"阎频说他的手指触摸到有竹片整齐排列的感觉。大家都还是半信半疑。当他将覆盖在竹简上的稀泥轻轻抹去，竹简便清楚地显露出了 2000 多年前的真面目，而且数量还相当的多。大家一下子都兴奋了起来，身上的寒意顿时消失得无影无踪。而这时吴顺清、刘德银也正好来到了现场。张绪球骑着自行车也匆匆地赶来现场，由于砖瓦厂的地面坎坷不平，他还摔了一跤，弄得浑身是泥。经过仔细清理，发现在一个竹笥中满满装的全是竹简。正因有竹笥，这批竹简保存得相当完好，竹简的编连都还保持着成卷的状态。

江陵张家山汉代竹简的出土，引起了国家文物局的高度重视。国家文物局以荆州博物馆保存条件不够和研究能力有限为理由，将这批弥足珍贵的竹简调运到北京。这对于付出了辛勤劳动的竹简发现者而言，无疑会有一种难以言表的郁闷和失落感。刚从外地开完学术会议回馆的陈耀均劝慰道，不用气馁，这次的发现只是一个开端，重要的发现还在后面。好像一切都是上天安排好似的，果然不久，在张家山的汉墓中又陆陆续续出土了六七批竹简，这些竹简都留在了湖北荆州，成为了荆州博物馆的重要馆藏文物。

1985 年底和 1988 年初，在张家山又先后发掘清理了几座汉墓，再次出土了竹简 1130 多枚。墓葬形制均为一椁一棺，椁室内设有头箱、边箱和棺室。其中 M336 规模较大，墓底长 4.5 米、宽 2.2 米，随葬器物计 122 件。漆木器有耳杯、奁、案、俑、马，车、船模型；铜器有剑等；陶器有仓、灶、釜、盂、瓮、罐、壶、钫以及 2 件漆皮陶壶。竹简绝大部分放在头箱南端的长方形竹笥中，以麻织品包裹，保存基本完好，字迹清晰。内容有汉律、《功令》、《盗跖》、《遣册》。M327 规模略小，墓坑长 3 米、宽 2 米。出土随葬品 46 件，漆木器有耳杯、盂、奁、俑、牛、车等；铜器有鍪、勺；陶器有灶、罐、盂、甑、鼎、盒、杯、盘等。竹简保存情况较差。内容为《日书》。

张家山汉墓所出竹简多达 2360 多枚，内容极为丰富。除遣册外，还有历谱。

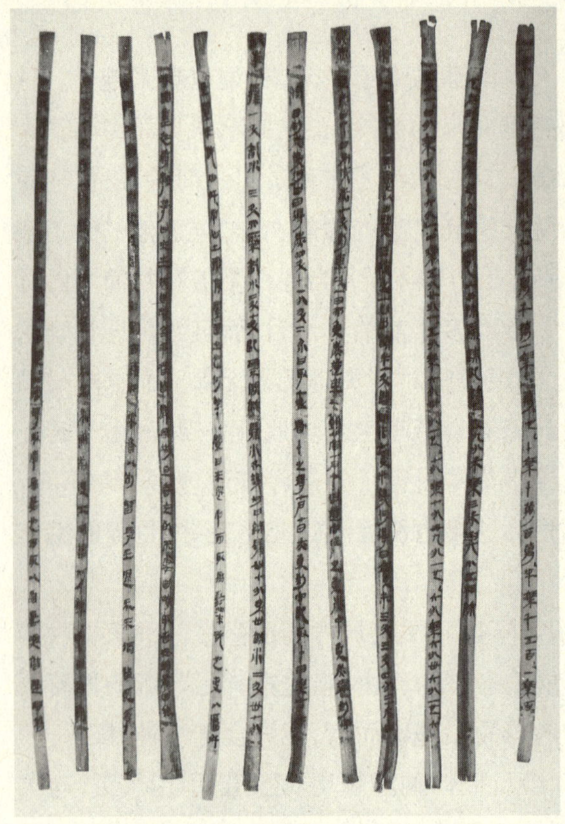
图 3-7　江陵张家山汉墓出土竹简

其中一部历谱详尽地记录了汉高祖五年（公元前 202 年）至吕后二年（公元前 186 年）九月这十七年当中的各月朔日干支，为研究汉初的历法提供了重要的资料（图 3-7）。

在张家山汉简中数量最多的是律、令。“律”是指汉代制订的律法，“令”是根据实际需要所作出的具体规定，其效力与律法相同。出土的《二年律令》，其律名就有二十八种：贼律、盗律、具律、告律、捕律、亡律、收律、钱律、杂律、置吏律、均输律、传食律、田律、□市律、行书律、复律、赐律、户律、效律、傅律、置后律、爵律、兴律、徭律、布金律、史律、秩律、津关律。这些都是汉律中的文本，对研究汉代法律具有极为重要的价值。出土的《津关令》，就是当时政府颁布的关塞管理制度，规定哪些物资不能出关，哪些不许入关，以及入关的审批权限等等。出土的《功令》，是对当时官吏考核、升迁的具体规定。

《秦谳书》是自题的篇名，是一部议罪案例汇编的古籍，其中春秋案例三件、秦代案例三件、汉高祖六年至十一年的案件十六件，共二十二件。汉代初年实行郡县制，凡县有疑而不能解决的案件，可呈报到郡，郡有疑而不能解决的案件，可呈报廷尉决断。这对于了解研究汉代的司法诉讼制度有重要价值。

《盖庐》有自题的篇名。盖庐即春秋时期的吴王阖闾，书中申胥就是当年楚国的伍子胥，后来被迫投奔吴国，受到吴国的重用，封于申，故名申胥。此书的内容主要是吴王盖庐对一些政治和军事问题向申胥进行提问求教，申胥逐一进行详尽回答，是以对话体裁而写成的。书中实际表现的是申胥的军事思想和政治思想。对研究申胥其人和楚吴历史都具有十分重要的参考价值。从内容上看，可以确定是一部兵家著作，它的成书年代应该是在东周时期，是一部十分珍贵的先秦时期的佚书。

《脉书》是247号墓出土汉简中自题的篇名。它记载了人体从头到脚的多种疾病的名称，以及人体的脉搏是多少、主多少病等，内容十分丰富，是汉代一部重要的医学著作，为研究祖国医学史提供了珍贵的资料。

《引书》自题有篇名。是一部把引导、养生、治病综合在一起的著作。

《算数书》是247号墓出土汉简中自题的书名，是一部数学问题集。其中有69个题名，完整的算题92个，单独成题的术文6个。按现代数学的分类，可分作算数和几何两大类。它的成书年代比《九章算术》要早，是迄今为止我国最早的数学著作，充分反映了我国远在秦汉时期数学方面的高度成就。

《日书》，所谓《日书》就是古人选择时日的书籍，为的是趋吉避凶。这种数术活动的《日书》，在荆州九店楚简、五家台、张家台、岳山等地出土的秦简中都有一定的数量，仅某些内容不尽相同而已。可见它源远流长，应用广泛。对探索当时社会的思想史，研究择日术的流传与演变，都具有重要意义。

张家山汉简的出土，在中国考古史上是一次重大发现。竹简的内容十分丰富，涉及西汉时期的律、令、司法诉讼以及医学、数学等方面，对于研究西汉社会政治、经济、思想状况和科学技术的发达等方面，都有非常重要的学术价值。出土的先秦佚书，无疑也是极其重要的历史文献。

（三）荆州高台汉墓出土文物

高台汉墓墓地位于楚故郢都纪南城城垣的东南隅外近百米处。墓地是一处略高于周边的土岗，当地农民称之为高台。墓地东面为长湖，北面为纪南城城垣，南面是平坦的农田，而西面则是襄沙公路。1992年，湖北省兴建宜黄高速公路，该处是工程建设的取土场，在取土工程之中发现有规模较大的古墓葬。考古工作者，对暴露的墓葬进行了发掘，共发掘秦汉时期的墓葬44座。墓葬主要分布在一处呈长方形的台地之上，面积约为4万平方米。44座墓葬均为土坑竖穴墓，木制棺椁，保存相当完好。其中2号墓规模较大，一棺重椁，椁室分为头箱、边箱、尾箱和棺室，棺室与边箱之间设有门窗结构。随葬器物也非常丰富，有铜器、陶器、漆木器、玉器,最重要的是出土有竹简及木牍。

高台汉墓出土的漆木器(图 3-8)有近 800 件,器类可分为生活用品,妆奁器具,娱乐器具等。生活用品的器形有耳杯、圆盒、盘、壶、盂、樽、卮、案、几、枕、匕、杖等。妆奁器具的器形有奁、粉盒、梳篦等,娱乐用品有瑟、六博器等。墓葬还出土有木俑、木马、木车等。在许多漆器之上有漆写、烙印和针刻的文字,其内容一是工匠和作坊的名称,二是器物主人的名字。

图 3-8　江陵高台汉墓出土漆木

高台汉墓出土的文字资料除有漆器上的文字外,还有木牍和竹简,木牍都出土于 18 号墓,木牍四片,分别编号为甲、乙、丙、丁。甲牍为窄长方形状,长 14.8 厘米,宽 3.15 厘米,厚 0.4 厘米。正面墨书有“安都”和“江陵丞印”。乙牍呈长方形,长 23.2 厘米,宽 4.5 厘米,厚 0.4 厘米。正面墨书有隶体文字:“七年十月丙子朔庚子中乡起敢言之新安大女燕自言与大奴甲乙大婢妨徙安都谒告安都受名数书到为报敢言之十月庚子江陵龙氏丞敢移安都丞亭手”,背面墨书有“产手”二字。丙牍亦长方形,长 23 厘米,宽 3.7 厘米,厚 0.4 厘米。其墨书有“新安户人大女燕关内候寡大奴甲、大奴乙、大婢婢,家优不算不颢”。丁牍长宽不一,长 23.1 厘米,宽 5.5~5.7 厘米,厚 0.4 厘米。其上墨书的文字内容为遣册。记录有随葬的器物名称,质地和数量。甲、乙、丙三牍的内容是汉代十分流行的“告地书”。竹简出土于 6 号墓中,共 53 枚,内容均为遣册。

高台汉墓的年代当为两汉早中期，应当是汉王朝由弱渐强的时期，其中出土大量的精美文物，反映出当时社会经济繁荣的状况。

鸠杖，是古代老人所常用的一种寿杖，先秦时期就已经很流行。汉代时，鸠杖更是地位和权力的象征。历史文献中多有记载皇帝赐给老者以鸠杖的记载。《后汉书·礼仪志》中有载："玉杖，长九尺，端以鸠鸟为饰。鸠者不噎之身也，欲老人不噎。"鸠杖，以杖首雕刻鸠鸟为饰而得名。在古代，执鸠杖者都是年寿且德高者，鸠杖是身份荣耀的象征。之所以用斑鸠来做杖首的装饰，在历史文献中也有较为明确的记载，而且有一个颇具传奇色彩的故事。汉代人应劭著《风俗通史》中有一段相关的记载，传说汉高祖刘邦与项羽争天下打仗时，一次刘邦败逃，项羽穷追不舍，刘邦藏在树丛之中，正巧有一只斑鸠落在树丛上，并且不断鸣叫，使得项羽未能发现树丛中藏有刘邦。刘邦借斑鸠的掩护躲过一劫。刘邦得天下后，便以斑鸠鸟雕作杖首赐给老人，以报答斑鸠鸟的救命之恩。这也只是一种传说，是否真实，尚无考证，实际上鸠杖早在汉刘邦之前就已经十分流行。考古发掘之中，就出土有东周时期和秦时期的鸠杖。迄今考古发现之中保存最好的一件鸠杖，是出土在湖北荆州高台 6 号汉墓中。该杖长柄圆柱状，尾端残断，杖首为一只圆雕状的斑鸠鸟，鸟为凸首光嘴，圆眼圆鼻，圆颈肩背，双翅收缩贴紧腹背，双脚内收，翘尾，尾翼平展，尾端是波形，鸟腹下与榫杆的子母榫相接。杖杆体髹黑漆，杖首斑鸠鸟以黑色为底，用朱红色彩绘出鸟的羽毛及眼、鼻、嘴、足等。其鸟首及颈部的斑点最具特征，杖残长 59.3 厘米，杖杆径 2.2 厘米，杖首鸠鸟长 14.9 厘米、宽 4.2 厘米。

秦汉时期的墓葬之中，常常出土有一种造型很特别的器物，其形为小圆口外有蒜头瓣形的凸出，细长颈，颈中部有箍，斜广肩，扁圆腹，平底，高圈足。考古学界将此器称之为蒜头壶，取其口部的形状而名。这种蒜头壶最初流行于关中的秦地，战国晚期随着秦文化的传播而流传到湖北地区，在云梦、襄樊、荆州、宜昌等地都有所发现，其造型和用途大致相同。蒜头壶似为酒器，盛酒器，是湖北秦汉墓中最为常见的标准器形，对于判断墓葬的年代和族属都有很重要的标志作用。大多胎质都较为单薄，为素面，有些在圈足的底部有一小圆球，极少有铭文者，而湖北荆州高台 5 号汉墓中出的一件蒜头壶，在器物的底部外有"孙是千金"的篆刻铭文。该器通高 36.6 厘米，口径 2.8 厘米，腹径 23.1 厘米。

（四）荆州谢家台汉墓出土文物

谢家台汉墓位于荆州市沙市区东北部的关沮乡清河村六组。西距郢城约2公里，西北距楚故郢都纪南城约5.5公里。墓葬位于一处低矮的岗地上，由当地农民取土时发现。荆州博物馆考古人员随即对墓葬进行了发掘。墓葬附近有石桥横跨太湖港，桥名谢家桥，该墓被命名为谢家桥1号墓。

图3-9 荆州谢家台汉墓出土陶熏

谢家桥1号墓是一座土坑竖穴木椁墓，椁室面积约为14.3平方米，椁分五室，是荆州西汉墓中分室最多的。墓中随葬品保存很好，器类有陶器（图3-9）、铜器、铁器、漆木器、竹器、竹简、竹牍、棕麻制品和丝织品。

墓中出土有一大批保存基本完好的丝织品。主要有丝织囊、镜衣、荒帏、绳套、幡、袍、丝线、丝织物残片等。其中的丝绵荒帏极其精美，是目前汉代文物中罕见的文物精品。墓中还出土有以丝织品封口绑扎的彩绘陶器，以丝带捆扎的成捆漆耳杯、盘和造型生动的各种木俑和车马。在内棺的两端发现有"壁纹翣"，即龙凤虎纹双联璧形的雕花板。在发现的陶仓中保存有稻谷，出土时的颜色还是金黄色，竹笥竹篓中装满食物和水果，水果的品种有枣、栗、梅、杏等。铜蒜头壶还保存着完好的棕绳和木塞。

墓中出土文字资料有竹简208枚，竹牍3枚。竹简的内容为遣策，即随葬器物的清单，记录有器物的名称、数量、质地及形态等。竹牍的内容是汉代常见的"告地下书"类。其中一件竹牍中有"五年十一月癸朔庚午，西乡……郎中五大夫昌自言，母大女子恚……"

据出土竹牍记载，该墓的下葬年代应是西汉吕后五年（公元前183年）十一月二十八日，墓主人为女性，名恚，有四子一女。其长子名昌，其爵位为五大夫，二子名贞，爵位为大夫，三子名竖，亦为大夫，四子名乙，其爵为不更。

第四章　三国至明清时期文物

一、三国、六朝时期文物

(一)鄂州地区出土文物

湖北三国、六朝时期的考古资料,主要的发现是在鄂东地区,而最集中的是在鄂州。

鄂州历史悠久,发现有新石器时代和夏商时代遗址多处。春秋战国时期,为楚国的重要封邑、军事重镇和经济中心。秦汉时为鄂县,属南郡。三国时期,鄂县属吴。孙权于曹魏黄初二年(221年)自公安迁来鄂州,取"以武而昌"之义,改名为武昌。孙吴黄龙元年(229年),孙权称帝于武昌,后迁都建业(南京)。武昌一度成为了孙吴的国都,也就成为了江南地区的政治中心。西晋时,是武昌郡郡治所在,先属荆州,后属江州。东晋时,为武昌府治所,王敦、陶侃、庾亮、庾翼等先后在此任府尹。东晋建武元年(317年),为江州治所。南朝宋、齐、梁,县域和郡、县治所未变,刘宋时,由原属江州改属郢州。仍为郡治。隋开皇九年(589年)改郢州为鄂州。唐元和元年(806年),鄂州设军事建制,称为武昌军。五代自后梁至后周(907—960年),先后隶属扬吴鄂州、南唐鄂州。南唐李煜七年(967年),割武昌县三乡之地设大冶县(含今黄石市),同属于鄂州。南宋宁宗嘉定十四年(1221)年,设武昌军,改武昌县为寿昌县。元世祖至元十四年(1277年),升军为散府,元成宗大德五年(1301年)废散府,寿昌县复名武昌县。民国二年(1913年),改县名为寿昌县,次年改称鄂城县。

鄂州地区在六朝时期是湖北东部的政治、经济、文化中心,保留有丰富的六朝时期的文化遗产。从20世纪50年代以来,文物考古工作者在鄂州地区进行了多次的考古发掘,获得了一些重要的文物资料。这些资料大多收录在南京大学历史系考古专业、湖北省文物考古研究所、鄂州市博物馆编著的《鄂城六朝墓》中。鄂州六朝墓葬之中所出土的文物类别非常的丰富,主要有陶瓷器、青铜器、金银器、漆木器和玻璃器等。

1.青瓷器

青瓷器是六朝时期最具代表性的文物。六朝时期青瓷器烧制的中心是在浙江上虞为中心的早期越窑。鄂州六朝墓出土的青瓷器大致可分为日常生活用具和模型明器两类,日常生活用具有:盘口壶、鸡首壶、盘、罐、碗、盏、杯、果盒、唾壶、熏、水盂、盆、酒樽、灯、虎子、插座、砚等,模型明器类有房屋、井、仓、灶、磨、碓、案、臼、鸡鸭等。其中典型器物有盘口壶、鸡首壶、罐、碗、盘、熏、果盒、唾壶等。

鄂州出土的青瓷器在器类、装饰花纹及造型上,同早期越窑的产品大部分都是基本类似的。在装饰工艺手法上,有刻划、模印、贴花、捏塑、镂孔等。其中刻划和模印的花纹最为多见,最突出的就是各种纹饰带大量用于青瓷器的装饰上,如菱形网格带中填以十字、井字、回字纹;菱形纹带中间填以花蕊纹;联珠纹夹以网格纹带。模印的蕉叶纹饰在器耳上,贴塑的花纹有兽形铺首、朱雀、辟邪、龙、仙人、骑兽及佛像等。部分附件捏塑成动物形象,如鸡首罐上的鸡头,砚上的蚌形纽,虎子上的虎头,熏上的鸟盖纽等,也有整件青瓷器雕塑成动物形象,如虎子、蚌形水盂、熊形灯、狮形水注等。

(1)唾壶,喇叭形口,束颈,鼓腹,矮圈足。在一些器物的器腹上拍印有纹带装饰,并模印有朱雀、神人骑瑞兽、铺兽和佛像等(图4-1)。

图4-1 鄂州六朝墓出土青瓷唾壶

(2)三足酒樽,釉色黄绿。造型为侈口,深腹,内凸底,下腹有三兽形矮足。腹上贴饰有堆塑模印的坐佛像、辟邪神兽和蟠龙。

(3)水盂,柱形小口凸起,扁圆

腹，平底。器身有蛙形装饰，蛙体造型精美，釉色光亮。

(4)狮形插座，造型为一雄狮，作昂首屈腿伏卧状，狮身毛纹清晰，双眼圆睁，口露獠牙，但形象并不凶恶而显得雄壮威武。狮背上有一小柱形凸口。该器应是文房用品。

2. 青铜器

鄂州六朝墓出土的青铜器器形有釜、洗、锅、鐎斗、熨斗、酒樽、勺、盒、耳杯、盘、灯、带钩、弩机、印章和铜镜等。其中的精品有釜、印章和铜镜。

(1)釜，形似深腹罐，大口稍侈，肩口上竖立有双耳，双耳是先模制成形，后经焊接在器的肩口上，耳上附有较粗糙的铁环。斜肩鼓腹，最大腹径在上部，平底。外底中部有一道模铸遗留的凸棱。通高 20.0 厘米，口径 13.1 厘米，最大腹径 18.0 厘米，底径 10.7 厘米，壁厚 0.3 厘米；重 1320 克。在肩部刻有铭文一行十二字："黄武元年作三千四百卌八枚"，字体为隶书，腹下方刻有"武昌"和"官"的隶体字样。表明该器是黄武元年(222 年)由武昌官府手工业作坊制作。器表锃亮，且留有细密镟纹。在腹部上有铜铆钉的补丁，近底部有用生铁铸补的补丁。外底上有经过火烧的痕迹，为实用器(图 4-2)。

图 4-2 鄂州六朝墓出土铜釜

(2)铜镜，是鄂州六朝墓出土随葬品中最重要的器物。无论是数量还是品类都是令人瞩目的。从铜镜的数量和类别上来看，神兽纹镜、夔凤纹镜和兽首纹镜，是鄂州六朝墓出土铜镜的主流，还有方格纹规矩纹镜、龙虎纹镜、禽兽纹镜、内向连弧纹镜、四乳四螭纹镜、兽带纹镜和"位至三公"铭镜。神兽纹镜占半数以上。在神兽纹镜中，又以重列神兽纹镜居首位。

鄂州吴墓中常见的铜镜类别是重列神兽纹镜、半圆方枚神兽纹镜、夔凤纹镜、画像纹缘神兽镜、兽首纹镜、方格规矩纹镜、内向连弧纹镜和兽带纹镜。西晋前后期和东晋前期墓葬中，半圆方枚神兽纹镜是最主要的类别，小型神兽纹镜、禽兽纹镜、四乳四螭纹镜和龙虎纹镜次之。东晋后期和南朝前期，铜镜的种类减少，仅有如简化四乳四螭镜、简化夔凤纹镜和"位至三公"铭镜等。铜镜纹饰均为柿蒂夔凤纹，出土于两晋墓葬和南朝墓。

特别值得注意的是在铜镜的纹饰中，出现有佛像、伎乐天、居士等与佛教艺术相关的图像。如孙吴时期的一枚铜镜，其纹饰为四叶纹座，形同柿蒂，叶面呈桃形，分饰龙、鹿、虎、马，叶外间为四组对凤衔节纹，饰勾连云纹，边缘有图案带，顺时针方向装饰有奔腾跳跃的飞禽瑞兽和两尊羽袖横飞的伎乐天。另有一枚铜镜的图案为线式四出四叶座，形同柿蒂，叶呈桃形，内皆饰佛像。一尊佛左向侧坐于莲花之上，一腿垂地，后面一位胁侍单手持宝盖，前有一人跪地作礼佛状；其他三尊佛像正面端坐于桃形叶中，上有"八"字形象佛龛，佛坐莲台上，莲台两侧各有一条中国式的护法神龙。佛像皆有头髻和佛光。叶外四组对凤衔节纹，外环以十六连弧，弧线内各饰一逆时针方向行走的飞禽瑞兽，图纹清晰，雕刻工整，画面生动写实。

有纪年铭文的铜镜有兽首纹镜、重列神兽纹镜和半圆方枚神兽纹镜三类。兽首纹镜的纪年有永康元年（167 年）和熹平二年（173 年）；重列神兽纹镜的纪年，在汉建安六年（201 年）至吴嘉禾五年（236 年）之间。半圆方枚神兽纹镜的纪年，在汉熹平七年（178 年）至吴宝鼎二年（267 年）之间，并以孙吴晚期的纪年铭文居多数，反映出兽首纹镜、重列神兽纹镜、半圆方枚神兽纹镜的年代差别。

在一些镜上有铸镜匠师的姓氏、籍贯及产地的镜铭。如"扬州会稽山阴师唐豫命作镜""鲍师扬名"神兽纹镜、"会稽山阴作师鲍唐……家在武昌"神兽纹镜、"大师鲍豫而作明镜""太师鲍豫造作五帝明镜""山阴中北阳里镜相任皇而作"神兽纹镜、"朱氏作镜"龙虎纹镜、"张氏作镜"盘龙纹镜、"李氏作镜"兽带纹镜、"会稽所作""吴造明镜"神兽纹镜、"吾造作尚方明镜"兽首纹镜、"上方作镜"神兽纹镜等。镜铭表明，鄂州出土的重列神兽纹镜、半圆方枚神兽纹镜、龙虎纹镜和兽带纹镜，是吴晋时期长江中下游地区的武昌、会稽、吴郡三地所铸。这些有铭文铜镜制作规整精致，应

图 4-3　鄂州六朝墓出土神兽纹铜镜

该是官府手工业作坊所铸(图 4-3)。

在一些铜镜的镜钮或镜缘上,还发现了表明持有者姓名和官职的阴刻文字,如刻在镜钮上的“上大将军校尉李周镜”、“陆凯士李□”的兽首纹镜、“□府吏李作镜”、“都尉蒋□吏张昭镜”等,刻铭的持镜者大多是孙吴时期的将军或都尉等下属吏士。其中陆凯是孙权时曾任偏将军、武昌右都督,孙皓时曾任镇西大将军。

3. 金银器

鄂州六朝墓出土金银器的数量较多,据不完全统计有近 500 件。器物的器形和种类有钗、簪、镯、指环、项圈、饰片、饰件、珠、唾盂、玲、链、刀等。其中的饰片、饰件造型十分精致。

(1)金银饰片,有桃形饰片、花瓣形饰片、圆形饰片、山形饰片、长形饰片等不同形状。这些片饰上有的压印“宜子孙”铭文和五铢钱文。有的片饰上装饰镂空的瑞兽纹,纹饰多为蟠龙纹、凤鸟纹、虎纹和龟蛇合体的玄武形象。还有的片饰上是经捶揲累铸工艺而镂空形成的神人瑞兽图案。

(2)金饰件,有圆壶形饰件、扁壶形饰件、鸳鸯形饰件和辟邪、蟾蜍及立俑等。造型都很精巧,其中的鸳鸯形饰件是模铸后经錾刻而形成,造型为一对鸳鸯双体相连,两首相对作交喙状,形象生动。辟邪造型似虎,昂首张嘴,口露獠牙,头上生有双角。屈腿凹腰,凸臀卷尾,作蹲伏欲跃状。

4. 玻璃器

鄂州六朝墓出土的玻璃器器形有碗、珠和虎形饰件几种。玻璃碗出土于西晋时期的墓葬,玻璃珠多出土于西晋墓,孙吴墓出土有极少的玻璃珠和玻璃虎形饰件。

(1)透明磨花玻璃碗,黄绿色,色泽浅淡,透明度好。宽沿敞口,深腹外鼓,圜底。腹及底装饰有圆形的磨花纹,由磨花圆形组合成连珠纹。器通高 9.4 厘米,口径 10.2 厘米,腹经 11 厘米。经检测证明,这件透明磨花玻璃碗,是伊朗萨珊王朝时代生产的钠钙玻璃器(图 4-4)。

图 4-4 鄂州六朝墓出土玻璃碗

(2)玻璃珠,器形较小,黄红色,半透明状。为圆形,器中有圆形穿孔,应为串饰。

(3)玻璃虎形饰件,器形较小,为半透明状的蓝色。造型为伏虎形,首尾及四肢雕出。在腰中横穿有孔。

(二)其他各地出土六朝文物

六朝时期文物在武汉、宜昌、荆州、黄石、黄冈等地也有一些重要的考古发现。其中有明确纪年的六朝时期墓葬,就有武汉武昌任家湾黄武六年(227年)道士郑丑墓、莲溪寺永安五年(262年)彭卢墓、水果湖刘宋元嘉二十七年(450年)墓、周家大湾刘宋孝建二年(455年)墓。另在武汉新洲三店红山嘴、旧街得胜山、黄陂蔡塘角、蔡甸熊家岭、玉贤山、玉笋山、江夏流芳砖瓦厂、武昌蛇山、关山、石牌岭等处都发现和发掘了六朝时期的墓葬,在这些墓中都出土了许多珍贵文物。青瓷俑和青瓷莲花尊就是其中最具代表性的器物。

1.青瓷俑

青瓷俑是六朝时期最常见的随葬器物,造型却并不单一,而是丰富多姿。有武士俑、歌乐舞俑、文案俑、劳作俑等。

(1)武士俑,武士俑中有跪膝执剑持盾武士俑,造型为头戴尖顶卷沿帽,身着盔甲,凸眼高鼻,短颈宽肩,一手握剑将剑扛在肩上,一手执盾放在胸前。

(2)劳作俑,有碓房劳作俑、舂米劳作俑、砍柴劳作俑、持箕劳作俑等。舂米劳作俑造型为双手握舂棒,在用力舂米。俑头戴平顶帽。宽额方脸,大眼高凸鼻,眉间有凸圆的白毫相,身穿长袍,腰中系带。

(3)歌乐舞俑,有击鼓、打板、弹琴、吹箫和舞蹈状的各种造型。形态生动活泼,栩栩如生。

(4)文案俑,或跪坐执笔,或双手端有文案。

在武士俑、乐舞俑、劳作俑的前额上多有白毫相。这种具有白毫相特征的俑,在武昌、黄陂、江夏等地出土的六朝时期的陶瓷俑中比较普遍。

2.浮雕青瓷莲花尊

佛教的莲花,随着佛教传入中国后,备受人们敬爱。南北朝时期,以莲为题材的艺术品便应运而生,莲花图案装饰艺术的含义,已有了不同于一般自然状态的莲花。而是以莲为佛的象征,佛即莲。南北朝时期盛行的莲花纹装饰也成了青瓷器的特点。六朝时期的墓葬中,出土有很多以莲花为装饰花纹的青瓷器,如碗、盏、盘、罐、壶、瓶等各类器皿。其中的浮雕青瓷莲花尊,造型为瓶口承盖,盖似僧帽,其上饰莲花。高颈斜肩,鼓垂腹,高圈足。颈部有贴塑的飞天、神兽、仙人掌等装饰。上腹部有浮雕重叠的覆莲花纹,下腹部饰浅浮雕的仰莲纹,圈足上贴塑有菩提纹。通体施青釉,略为泛绿。通高 43.7 厘米、口径 12 厘米、底径 15.2 厘米(图 4-5)。

图 4-5 武昌六朝墓出土青瓷莲花尊

二、隋唐时期文物

(一)武昌地区出土的隋唐时期文物

湖北地区的隋唐考古资料,主要是在武汉武昌地区发现的一大批隋唐墓葬。20 世纪 50 年代至 70 年代,在武昌地区就发现和发掘了隋唐时期墓葬 300 多座。20 世纪 80 年代以来,在武昌地区又有较多的发现,比较重要是武昌东湖岳家嘴、马房山、珞珈山、石牌岭、丁字桥等隋墓的发现。在武昌鲁巷、石牌岭、阅马场等处,发现有一些中小型唐墓。2006 年,在武昌起义门津水路发现有五代时期的墓葬,出土文物有釉陶罐、白瓷葵口碗、钵和铁器、漆木器。武昌地区隋唐五代墓葬材料特征明显、丰富多彩,具有很强的地方文化特征,反映出南方地区隋唐时期的文化面貌,为研究长江中游地区的隋唐历史提供了十分珍贵的资料。

隋唐时期的墓葬一般都选择在地势较高的丘陵山岗和坡地上。武昌地区的隋唐墓葬,都比较集中在周家大湾、何家垅、新村湾、石牌岭等处,正处在武昌城东的几条主要的高岗上。这种墓地的选择是和南方地区潮湿多雨的地理环境以及本地区六朝晚期所形成的传统的埋葬习俗密切相关的。谢灵运有“含悽泛广川,洒泪眺连冈”的词句,唐李善注引《青乌子相塚书》曰:“天子葬高山、诸侯葬连冈”,武昌隋唐墓葬所在的丘陵山岗正是所谓的“连冈”地貌。

湖北地区隋唐墓葬的建筑方式,有别于中原地区同时期的墓葬,基本上沿袭了本地区传统的风格,以竖穴土坑砖室为主,只有少量的竖穴土坑墓。土坑砖室墓用砖砌出墓室、甬道及其他附属结构。墓室内的附属结构有棺床、祭台、排水沟、灯龛、壁龛、耳室等。墓室的顶部,除有穹窿顶或四角攒尖顶外,主要还是用单或双层券顶。墓壁以平、竖砖相间叠砌较常见,墓底的铺地砖,多采用竖砖人字形拼砌,极少的墓是二横二竖平铺。

墓中多设壁龛,壁龛一般为长方形。其内主要放置各种俑类,其中以放置十二生肖俑为主。较大型的墓葬有耳室,一般位于甬道的两侧或设在墓室的左、右壁,极少的墓设在后壁。耳室内主要放置随葬的陶瓷器和陶瓷俑。大型的墓葬一般都装饰有壁画,还有一些墓中有画像砖。其中在马房山的一座隋墓中,发现有嵌在壁上的青龙、白虎、朱雀、玄武和羽人飞天画像砖。

图 4-6 武昌唐墓出土生肖俑

武昌隋唐墓中的随葬品丰富多彩,有陶瓷生活用器,铜器,金、银、玉制的装饰品,还出土有较多的陶瓷俑。

陶瓷生活用具的器形有壶、瓶、罐、碗、盘、碟、水盂等。陶瓷俑有十二生肖俑和各类人物如胡人俑、乐舞俑、男女侍佣。造型生动的马、牛和具有神话色彩的兽身人面俑及镇墓兽等也非常具有特点。

在唐代墓葬随葬品中有较多的青瓷十二生肖俑的发现,造型多以人身兽首为特征,一般都很精美。而在唐代的墓葬中,十二生肖俑是最具有时代特征的随葬品(图 4-6)。

(二)其他地区的唐代文物

湖北其他地区也都有一些重要的发现,如郧县李泰家族墓和安陆的唐吴妃墓,是属于南方地区迄今已发现的为数不多的大型墓葬。

1.郧县李泰家族墓地及出土文物

李泰家族墓地位于郧县城东1千米处的棒槌河西岸,古称为马檀山。当地民众称此地为大李王坟、小李王坟。现已经发现发掘了李泰墓、李泰妻阎婉墓、李泰长子李欣墓、李泰次子李徽墓。

(1)李泰墓及出土文物

李泰是唐太宗李世民第四子。武德二年(619年)生,封为魏王,次年六月,封为宜都王。贞观十七年(643年),因与皇太子承乾争夺皇位的继承权而被贬,后改封为顺阳郡王,徙往均州郧乡县(今郧县)。贞观二十一年(647年),进封濮王。永徽三年(652年),死后葬于郧乡县。

李泰墓墓葬形制为长斜坡墓道的砖室墓,全长36.3米。墓葬由长斜坡墓道,砖砌的甬道、墓室、耳室构成。墓门外上有阁楼。在甬道处设有四个耳室。墓室的平面为弧方形,穹窿顶,四壁绘有壁画,残损严重,仅能见到人物的头部和脚,顶上有天象图。墓室内置木棺。该墓历史上曾经被盗,出土的随葬品有陶器类的武士俑、小冠男俑、笼冠男俑、帷冠男俑、幞头男俑、男骑马俑(图4-7)、男骑马乐俑、镇墓兽、骆驼、羊、猪、狗、鸡等,和瓷器类的青瓷五系罐、白瓷四系罐、罐、钵等。

图4-7 郧县李泰墓出土骑马俑

(2)阎婉墓及出土文物

阎婉是李泰之妃。阎婉,墓志铭称:“妃讳婉字婉,河南人也。……父阎立德,即工部尚书大安公,妃即公之长女。”十一岁膺选入宫即跟随李泰,后几经辗转迁徙,随子“奄薨于邵州官舍,春秋六十有九”。由长子李欣妻周氏历险奉柩“权窆于洛州龙门之北”。开元十二年(724年)又由其嫡孙国子祭酒嗣濮王李峤迁葬于郧乡。

阎氏墓位于李泰墓西北隅。墓葬形制为长斜坡墓道的砖室墓,由墓道、天井、甬道、墓室组成。该墓出土随葬文物共34件,其中有陶钵、罐、银下颌托,铜镜、马镫、耳勺、冠饰等。铜镜是葵花瑞兽鸾凤图案,鸾凤及瑞兽背上各坐有神人。冠饰制作也非常精美，惜已残损。壁画仅残存四个男侍吏和两个侍女，顶上的星宿图可见到部分红点和黑圈状的星宿。

(3)李欣墓及文物

李欣，是李泰长子，字伯悦。封嗣濮王，娶临川公主女周氏为妻，则天初临酷吏狱，贬昭州别驾。携母阎氏赴荒僻的唐环州，中途遇祸身亡，由妻周氏奉灵柩葬于洛州龙门。开元十二年(724年)六月二日，由其子李峤迁葬于郧乡县马檀山。墓由墓道、过洞、天井、甬道、墓室组成。此墓被盗数次，墓内大量积水，壁画被浸泡脱落。出土文物较少，有小铜马镫、鎏金小马镫、铜饰花片、石饰牌、白素珠、镏金开元铜钱和墓志铭等。重要的是墓志铭，证实了墓主是唐代"神尧皇帝之曾孙、太宗文武圣皇帝之孙，雍州牧魏王之元子"嗣濮王李欣。

(4)李徽墓及文物

李徽，字玄祺，李泰次子。贞观十年(636年)生，贞观二十一年(647年)封顺阳县开国侯，永徽四年(653年)封新安郡王；永淳二年(683年)九月二十三日，死于郧乡县。嗣圣元年(684年)，迁葬于马檀山。

李徽墓位于郧县砖瓦厂东南方向的坡地上。墓向南偏西十度，由墓室、甬道、墓道三部分组成。墓道在甬道以南，残长7米，宽约为1.75米，底部北端宽1.96米、南端宽1.80米，坡度为二十二度。墓道两壁均涂厚约1.5~2厘米的白灰层，其上原绘有图案，因灰层剥落而无法辨清。

甬道接墓室南壁，略偏东，长2.96米、宽1.34米、高1.64米。甬道底部大多铺砖。出土一把鎏金铁锁，此处有倒塌的朽木痕迹。甬道南端东西两侧各置一龛，平面略呈长方形，龛门为砖砌，龛内为土洞，上涂1~2厘米厚的白灰。东龛前宽58厘米、后宽66厘米、深62厘米、高90厘米，西龛前宽44厘米、后宽60厘米、深56厘米、高90厘米。两龛门均以红彩勾勒边线。甬道南端以砖封门，共三层，皆为平砌。

墓室略呈方形，四壁内弧，每壁长度为：北壁3.70米、南壁3.84米、西壁4.20米、东壁4.06米，墓室残高4.20米，盝顶。棺床位于墓室西部，与西壁相接，由三层平砖垒砌而成，长3.80米、宽1.66米、高0.16米。棺床上有朽木痕迹，并散落大量棺钉。

墓室四壁错缝平砌，至1.62米高处四壁向内凸约6厘米，向上再砌五层，然后起券。发掘时，墓室四壁向内倾斜，局部有倒塌。在墓室各壁的正中，都砌有一个砖制的仿木斗栱。斗栱上有彩绘，四栱各不相同。墓室四壁绘壁画，但多已剥落。

随葬器物主要分布于棺床北部及墓室东侧。出土随葬器物共80余件，主要为生活用具及少量装饰品。以陶瓷器为主，其次为铜、铁器，有少量的金银器。陶瓷器的造型有系耳罐、圆唇罐、双唇罐、带流罐、钵、盆、盏、三彩盂、三彩龙首杯、三彩瓶、三彩角杯(图4-8)、甑及砚。铜器有把手、伞状器、盒角、饰件、钱等。另有金饰片、银饰件、勺、铁碟、铁球、铁釜、石盒、玻璃珠等。

图4-8　郧县李徽墓出土三彩角杯

墓志为青灰石质，有盖，盖为一长方形石板，未经修磨，形制较粗糙，长80厘米、宽66厘米、厚10厘米。志石长80厘米、宽64厘米、厚35厘米。志文楷书，29行，满行37字，共1004字。据志文记载，墓主人李徽，字玄祺，系唐太宗之孙，濮王李泰次子。“贞观二十一年封顺阳县开国侯”，“永徽四年改封新安郡王”；“永淳二年九月寝疾薨于均州郧乡县”，“以嗣圣元年三月十四日迁窆于马檀山”。

李徽墓墓道、墓门、甬道、墓室四壁及墓室顶部均绘有壁画，都是在白灰底上直接绘制而成。保存较完好的是墓室东壁，画面以壁中部的斗栱为中心分为对称的两部分，原绘四个人物，每部分二人。靠近墓门的两人为一男侍和一女侍。男侍戴幞头，穿红色圆领长袍，双手拱于胸前。女侍穿红衣，下着绿花黄裙，头梳螺形髻，黑眉朱唇，在面颊近眼处有一红点，左手执扇，右手下垂。另两人中一人画面已脱落，一人为女侍，发髻垂直于两鬓，双手捧物。三人皆面向墓门。东壁斗栱上绘缠枝花草，红蔓上间以绿叶点缀，色彩绚丽。

北壁的壁画亦以斗栱为中心分为东、西两部分。东部绘一男侍手执缰绳，立一高头大马旁。人、马均着红彩，周廓及眉眼等处以黑彩勾勒，人、马比例悬殊，特别突出了马的高大剽悍。斗栱西部画面四周画一红框，又以两条红色竖线将画面分为三部分，形似屏风。大部分壁画内容相同，均为大笔写意的花卉图案，白底红彩，间或有些绿彩相衬。斗栱上绘有圆叶状花纹。西壁的北部壁画与北壁的西部相同，也在一红框内以两条粗红竖线将画面分成三部分，均绘花卉。斗栱的南部亦绘花卉，与北部不同的是，没有画出屏风格式。斗栱上绘桃形花纹，左右相连，上下排列。南壁因大部倒塌，壁画几乎荡然无存，仅甬道门的两侧还依稀可见一些残存的红彩痕迹，并隐约观察有一人穿的下半截红袍，推测原画应为两男侍于门的两侧相向而立。

墓室顶部原绘有星象图，但剥落十分严重，仅存散布在墓顶的数十颗红点星宿。墓顶东部还依稀可辨一直径约40厘米的大红斑，左右分置四足，形态近似蟾蜍。棺床的东南两边各有一道红彩廓边。甬道券门上同样有红彩，由于剥落严重，只能看出花蔓枝条缠绕于券门的周围。

2.安陆唐吴国妃杨氏墓及出土文物

唐吴国妃杨氏墓，位于安陆县木梓乡附近曾毛村的王子山。1974年，是当地农民在抗旱挖井时发现。孝感地区博物馆和安陆县图书馆为配合农田基本建设，对该墓进行了清理发掘。墓室为砖室建筑结构，墓全长34.4米，宽8米，有墓道、甬道、主室和四个耳室。在甬道和墓室原有壁画，保存极差，仅见痕迹。墓葬曾被盗，出土文物仍然较丰富，共有200余件。随葬器物有陶武士俑、笼冠男俑、帷帽男俑、男立俑、女立佣、磨等，有青瓷盘口壶、四系罐、碗等，还有金头饰、波斯银币(图4-9)、开元通宝铜钱等。金头饰30多件，出自后室西部，这些金饰包括金丝错镂的钗、钿、簪、环和镶嵌宝石的珠花，出土时仍是色彩鲜艳夺目。其中的扇形的金花最为精美，头发丝般细的金丝纽结成莲花、水鸟的造型，反映出极高的工艺水平。墓中出土有青石墓志盖，盖上刻有“大唐吴国妃杨氏之志”，字体为篆文。

图4-9 安陆唐吴国妃杨氏墓出土波斯银币

墓主杨氏是唐吴王李恪的母亲，唐太宗之妃。按《旧唐书·职官志》载：“王母、妻，为妃。”在唐代，王的母亲和王的妻都可称为妃。文献中没有吴王李恪妻为杨氏的记载，而吴王李恪的母亲为杨妃，这在《旧唐书·太宗诸子传》中有明确的记载:"杨妃生吴王恪。"可知墓主杨氏为太宗之妃,是吴王李恪之生母。此杨妃乃是隋炀帝的女儿。吴王李恪为唐太宗李世民第三子,贞观十年(636年)由蜀王改封吴王,贞观十一年(637年)正月授"安州都督"之职。安州的州治即今安陆,杨氏墓埋葬的时间与李恪任安州都督的时间基本相符,作为吴王李恪之生母,葬在湖北安陆应与李恪任职安州都督相关。

三、明清时期文物

(一)湖北明代亲王的藩封及世袭

公元1368年,朱元璋一统天下,建立了大明王朝。洪武二年,明太祖朱元璋便确立和推行了封藩制,让诸藩王镇守各处要地,安抚百姓。其意是利用血缘关系来拱卫皇室。朱元璋命中书省把"封藩制"编进了《祖训录》。按其制度,皇帝的嫡长子作为太子。皇帝的众庶子封为亲王;亲王的长子年及十岁,封世子,余皆封为郡王;郡王的长子封郡王世子,众子为镇国将军。郡王之孙是辅国将军,曾孙为奉国将军。四世孙为镇国中尉,五世孙为辅国中尉,六世孙为奉国中尉。如此便构成了以亲王为首郡王以下的朱氏宗室完整的一个宗亲体系。

据《明史·诸王传》和《明史·诸王世表》统计,有明一代286年,共册封亲王289位,追封亲王11位,册封靖江王11位,共311位。在全国各地共建立了50多个亲王府,其中除无子除封、因罪废除封王者外,大多延续至明朝灭亡。在册封的289位亲王中,其中9位未就藩即薨逝,10位因罪被废,24位至明亡时的末王或被起义军所杀或不知所终,未能按明代亲王规制修建陵寝。其余258位亲王、10位靖江王均建有各自的陵寝。

明代制度规定藩王的服饰、车马、旗号、王府、官邸、陵寝等方面的礼仪,低天子一等。明朝初年,藩王在军事上的权力相当的显赫,亲王府都设有护卫指挥使司,配备三护卫的军队,少的有三千余人,多的有一万余人。除王府直辖护卫兵外,藩王被授以监督地方武装的权力。各地藩王都掌握了相当大的兵权,为保障和稳固朝廷的统治地位起到很重要的作用。

明朝时期,朝廷为了加强统治,往往选择重要城邑和土壤肥沃经济发达的地区,分封藩王。一般是以封地的古地名为藩国和藩王的藩号。湖北地区的自然环境优越、经济文化繁荣,地处中原,政治军事地位非常的重要,成为了明朝时期封王建藩最多的地区之一。有明一代,被分封在湖北境内的宗藩有12个藩王系,受封就藩的帝王子孙中,亲王有45个,郡王50个。加之郡主、镇国将军、辅国将军、奉国将军、镇国中尉、辅国中尉、奉国中尉等,王府宗室的体系十分庞大。这些被分封就藩的亲王、郡王,在封地皆建有王府。亲王拥有护卫军队,享有相当大面积的赐田,并负责监督地方官员,对当地社会的政治、经济产生过重大的影响。他们死后大多修建陵寝埋葬在封地。历史上这些王府、王陵依制而建,规模宏大,气势显赫。但由于历史更替和自然损毁等原因,王府及陵园由盛而衰。经明末易代之际的扫荡,一些王府、王陵被毁,日渐衰落,地面建筑几乎损毁殆尽,有的仅存残垣断壁,还有许多连遗迹都难寻觅。又经20世纪50年代到70年代的大规模农田基本建设,陵园多遭严重破坏。历经数次的人为破坏和自然损害,如今湖北明代诸藩王陵园中,除显陵和楚藩诸王陵部分建筑尚存,大多已湮没于荒野之中。

据文献记载,明代有五位皇帝封子或封兄弟在湖北为王。他们是明太祖皇帝朱元璋、明仁宗皇帝朱高炽、明宪宗皇帝朱见深、世宗皇帝朱厚熜和神宗皇帝朱翊均。

1. 明太祖皇帝朱元璋

明太祖皇帝朱元璋有26个儿子,长子为太子,最小的儿子朱楠夭折,其余封了24个儿子为王。朱元璋有4个儿子先后被封或移藩在湖北为王。分封在湖北为王的3个儿子是楚昭王朱桢、湘献王朱柏、郢靖王朱栋。后移藩在湖北为王的是辽简王朱植。

(1)楚昭王朱桢

楚昭王朱桢是朱元璋第六子,生于公元1364年。相传,朱桢出生时,朱元璋正率军至武昌征讨陈友谅之子陈理,陈理兵败请降。恰好此时朱桢出生的消息传来,朱元璋十分高兴,即许诺封其为楚王。洪武三年(1370年),朱桢六岁被册封武昌为楚王。洪武十四年(1381年)就藩武昌。王府就建造在武昌城内的蛇山脚下。

朱桢生前一度是朱元璋在湖广的全权代表，地方文武皆俯首听命。他曾奉朝廷之命，统兵征讨湖广、四川、广西、云贵等地的“蛮族”，表现得“既威且尊”。永乐皇帝朱棣登基后，朱桢温文恭顺，赢得了朱棣的信任，曾兼任皇室宗人府宗正。

楚昭王朱桢死于永乐二十二年(1424年)。谥号“昭”。陵寝在武汉市江夏区龙泉山。龙泉山位于武汉市东南约20千米处，山势为两条山脉恰似两条巨龙横卧梁子湖畔，两山之间形成了一个东西开放的山谷盆地。龙泉山环山近水，风景优美，为龙泉胜地。曾有传说汉高祖刘邦以武昌为樊哙封地，樊哙死后，就葬于此山之中。自汉代以来，有樊、李、杜、张、沈、曾、董、邹八姓人家隐居于此，这里曾有唐代宰相李磎修的“万卷书楼”，元代宰相沈如筠建的“万寿台”等。明代以前是一处十分兴盛的“灵泉古市”。朱桢要在此修建陵墓，以求风水宝地，不惜将樊哙的墓迁移于一旁。在此建造起规模宏大的楚昭陵，朱桢死后葬入。如今，楚昭陵仍可窥见当年的气势和规模，四周垣墙及墓冢较完整，门楼、碑亭、拜台、石桥、甬道、石栏等尚存。1990年，湖北省文物考古研究所武汉市文物考古研究所对明楚昭王墓进行了科学的考古发掘，出土了一批文物。

楚藩王系共传八世九王。其序为楚昭王、楚庄王、楚宪王、楚康王、楚靖王、楚端王、楚愍王、楚恭王、楚(末)王。最后的一位楚王是被李自成部下俘获后沉于长江而亡。楚昭王其后的庄、宪、康、靖、端、愍、恭等诸王，也皆在龙泉山修建陵寝入葬。各陵寝的规模都很大，建有碑亭、茔城、大殿、配殿、祭台等建筑物，明亡后遭毁坏，多已仅存残垣断壁。

(2)湘献王朱柏

湘献王朱柏是朱元璋第十二子，生于洪武四年(1371年)。洪武十一年(1378年)，七岁时受封为湘王。洪武十八年(1385年)，十四岁就藩江陵即今荆州。

朱柏自幼聪颖，勇猛过人。曾作为副元帅，奉朱元璋诏命，随楚昭王朱桢出征，率兵征伐南方“古州蛮叛”，立下了赫赫战功。建文元年(1399年)，朱柏在修建王宫时，使用了石雕龙纹大柱，僭越了等级规制，被诬告谋反，朱柏因惧怕降罪削藩而毁一世英名，遂与王妃吴氏一同自焚而亡。惠帝建文闻讯追谥其“戾”，并除去了无子的朱柏封地。

永乐皇帝朱棣，感念朱柏忠挚的兄弟之情，下诏将朱柏改谥为“献”，葬湘献王衣冠冢于江陵太晖观旁。1998年，因盗墓贼使用炸药爆炸，盗洞深至墓室顶底，荆州博物馆对湘献王墓进行了抢救性的考古发掘。

（3）郢靖王朱栋

郢靖王朱栋是明太祖朱元璋第二十四子，生于洪武二十一年（1388年），洪武二十四年（1391年）册封为郢王，永乐六年（1408年）就藩安陆（今湖北钟祥市），卒于永乐十二年（1414年），享年二十七岁，谥号曰“靖”，永乐十三年（1415年）葬于城东二十里清平村宝鹤山。郢王一系因无子而除封。2005年，湖北省文物考古研究所、荆门市博物馆、钟祥市博物馆联合对郢靖王墓进行了抢救性发掘。

（4）辽简王朱植

辽简王朱植是朱元璋第十四子。洪武十一年（1378年）封卫王。洪武二十五年（1392年）改封辽王，就藩广宁州（今辽宁北镇县）。永乐皇帝朱棣于永乐二年（1404年）下诏，将朱植徙藩荆州。永乐二十二年（1424年）病逝，获谥号“简”。洪熙元年（1425年）下葬江陵八岭山。陵园无存，墓葬被盗。荆州博物馆对辽简王朱植墓葬进行了清理，发现墓室系砖石结构，呈“亚”字形。墓室总面积102平方米，5室均为拱形顶，墙裙为磨砖对缝，工艺精细，室内地面铺有陶质方砖。前室安有大型石门，门上为九排九行石制门钉，前室与中室、中室与后室之间装有两道木门。墓道长17米，墓室门前立有墓志铭。

辽简王朱植之后，辽藩王系在荆州传袭了七世八王。其序为辽简王、辽肃王、辽靖王、辽惠王、辽恭王、辽庄王、辽（废）王。最后的一位辽王因罪而废除王位。他们的陵寝也都在荆州（江陵）八岭山。

2.明仁宗皇帝朱高炽

明仁宗皇帝朱高炽分封3个儿子在湖北。他们是襄宪王朱瞻墡、荆宪王朱瞻堈、梁庄王朱瞻垍。

（1）襄宪王朱瞻墡

襄宪王朱瞻墡是仁宗皇帝朱高炽第五子。永乐二十二年（1424年）封。宣德四年（1429年）就藩长沙。正统元年（1436年）移藩襄阳。陵寝在襄阳谷城。

传八世九王。其序为襄宪王、襄定王、襄简王、襄怀王、襄康王、襄庄王、襄靖王、襄忠王、襄（末）王。陵寝分别是在谷城、南漳、襄阳等地。

（2）荆宪王朱瞻堈

荆宪王朱瞻堈是仁宗皇帝朱高炽第六子。永乐二十四年(1426年)封。宣德四年(1429年)就藩江西建昌(今江西南城县)。正统十年(1445年)移藩蕲州(今蕲春)。十世十一王。陵寝在蕲春。仅荆敬王陵有明确资料。其序为荆宪王、荆靖王、(废)王、荆和王、荆端王、(追封)王、荆恭王、荆敬王、荆康王、荆定王、荆(末)王。

(3)梁庄王朱瞻垍

梁庄王朱瞻垍是仁宗皇帝朱高炽第九子。永乐二十二年(1424年)封王。宣德四年(1429年)就藩安陆州(今钟祥)。正统六年(1441年)卒。陵寝在钟祥。梁庄王墓位于钟祥市长滩镇大洪村,是梁庄王及其妃子魏氏的合葬墓。梁庄王的正妃纪氏"早夭"。宣德八年(1433年),梁庄王二十二岁时,二十岁的魏氏被册封为梁王妃。他们仅共同生活了八年,梁庄王便"以疾薨"。魏氏悲痛欲绝,"欲随王逝"。皇帝为此降旨安抚,要她存留下来,抚养梁庄王的两名幼女。下葬时,只将墓门封堵而没有封墙和回填土。相隔十年后,王妃魏氏过世,再将原先封堵墓门打开,将王妃与梁庄王合葬。梁王一系,因无子而除封。2001年4月至5月,湖北省文物考古研究所与钟祥市博物馆联合,对梁庄王墓进行了抢救性发掘,出土珍贵文物5100余件,是目前已发掘明代亲王墓中出土文物最多的考古发现。

3. 明宪宗皇帝朱见深

宪宗皇帝朱见深分封3个儿子在湖北。他们是兴献王朱祐杬、岐惠王朱祐棆、寿定王朱祐楮。

(1)兴献王朱祐杬

兴献王朱祐杬是明宪宗皇帝朱见深第四子。成化二十三年(1487年)封河南卫县。弘治四年(1491年)改封安陆。弘治七年(1494年)就藩安陆州(今钟祥)。正德十四年(1519年)卒。陵寝在钟祥。正德十六年(1521年),世子朱厚熜入嗣帝位,即明世宗嘉靖皇帝。兴献王朱祐杬的陵寝后升格为皇陵——显陵。显陵位于湖北省钟祥县城北7.5千米的松林山。显陵俗称"皇陵",占地面积约六百亩,是明世宗嘉靖皇帝的生父朱祐杬和生母蒋氏的合葬墓,始建于正德十五年(1520年),建成于嘉靖十九年(1540年),其建筑规模和祭扫制度与其他的明朝皇陵相同。显陵是我国明代帝陵中最大的单体陵墓,面积183.13公顷。显陵分内外二城，内城为紫禁城，呈“8”字形。外城周长 3600 米，神道总长 1360 米，有石像生 12 对。显陵还特有一陵两冢的构造，两座宝城由瑶台相连，南宝城为兴王的旧墓室，后宝城为兴王与蒋氏的新地宫。显陵一陵两冢的构造在历代帝陵中是绝无仅有的。2000 年，被列入了世界文化遗产名录。

（2）岐惠王朱祐棆

岐惠王朱祐棆是明宪宗皇帝朱见深第五子。成化二十三年（1487 年）封。弘治八年（1495 年）就藩德安府（今安陆市）。弘治十四年（1501 年）卒。无子。还葬北京。明初之制，皇子就藩，无嗣，死后葬藩府所在。英宗以后，皇子就藩，无嗣，死后归葬京城。

（3）寿定王朱祐榰

寿定王朱祐榰是明宪宗皇帝朱见深第九子。弘治四年（1491 年）封。弘治十一年（1498 年）就藩四川保宁府（今阆中）。正德元年（1506 年）移藩德安府（今安陆市）。嘉靖二十四年（1545 年）卒。无子。还葬北京。

4. 世宗皇帝朱厚熜

世宗皇帝朱厚熜分封 1 个儿子在湖北，即景恭王朱载圳。世宗皇帝朱厚熜还追封其亡兄朱厚熙为岳怀王。

（1）景恭王朱载圳

景恭王朱载圳是世宗皇帝朱厚熜第四子。嘉靖十八年（1539 年）封。嘉靖四十年（1561 年）就藩德安府（今安陆市）。嘉靖四十四年（1565 年）卒。无子。还葬北京。

（2）岳怀王朱厚熙

岳怀王朱厚熙是明嘉靖皇帝朱厚熜之兄。出生五天即夭折。嘉靖三年嘉靖皇帝念其同出，追封为王，御敕谥“怀”。建有陵墓，陵园规模也合规制。陵园建筑现已荒废，而墓冢尚在。

5. 神宗皇帝朱翊钧

神宗皇帝朱翊钧分封 1 个儿子在湖北，即惠王朱常润。

惠王朱常润是神宗皇帝朱翊钧第六子。万历二十九年（1601 年）封王。天启七年（1627 年）就藩荆州。崇祯十五年（1642 年）遭农民起义军逼迫，逃离荆州，不知所终。

（二）梁庄王墓的发掘及出土文物

梁庄王墓位于钟祥市长滩镇大洪村，是明仁宗朱高炽第九子朱瞻垍及其妃子魏氏的合葬墓。

梁庄王墓原筑有内外茔园、地面建筑和地宫，历经沧桑，地面建筑荡然无存，惟遍地散布的残砖败瓦表明它们曾经有过的辉煌。内外茔园长方形，南北向。现存外园东西宽250米，内园东西宽55米。内、外茔垣基址的解剖证明，外垣宽1.3米，是石皮土心墙，即以大小不等的自然石块垒成内外两堵墙，再用土充填其间，并培土作护坡；内垣宽1米，是砖皮石心墙，以砖砌内外两堵墙，其间充填小石块。

墓葬构筑在内茔园里的一座小山坡上，南北向，平面呈“中”字形，属崖洞砖室墓，墓室南端有斜坡墓道。墓室是从墓道北端的垂直壁面向北凿岩掘进，形成隧洞，再在洞内用砖彻成墓室，粘合料是石灰。墓室分为前室和后室，横前室，双穹窿顶。墓室内空全长15.4米、最宽7.88米、高5.3米。门洞为六层砖券，封门墙厚达1米。在门洞上有墙嵌石质墓志两合，东西并列，分别是《梁庄王墓志》和《大明梁庄王妃圹志文》。

墓室墙体厚近1米，以六层砖砌成，地砖则只平铺一层。前室门为石质，但只有东扇门，西扇门已佚，门后的前室地砖面有一个长方形凹坑，是用来支垫“自来石”，后室门为漆木质，已朽。后室设有壁龛、棺床和灯台：室中砌两座长方形棺床，中央用石条砌成的一座是王的棺床；其西侧以砖砌的略小的是妃的棺床。甬道两侧各有一个砖砌灯台，东、西、北壁各辟一个壁龛。

墓内随葬品十分丰富，共出土随葬品5100余件，种类有金、银、玉、瓷、陶、铜、铁、铅锡、漆木、骨角器等。其中，铜、铁、铅锡器主要出自前室，金、银、玉、珠宝器主要出自后室。

梁庄王生活的时代是在永乐、宣德、正统年间，正是明代经济国力最为强盛的时期，墓中随葬的金、银、玉器和珠饰珠宝种类繁多，制作精美，保存完好，出土时仍璀璨生辉，令人惊叹不已。随葬出土的金银珠宝，无论是从数量上，还是从质量上来看，仅次于明代皇陵定陵。这在已发掘的明代亲王墓中实属罕见。

梁庄王墓出土的随葬品，按用途分有首饰、冠饰、佩饰、腰带、圹志、封册、生活器具、佛教法器、兵器等。其质地有金、银、玉、瓷、陶、铜、铁、铅锡、漆木、骨角等。随葬品中的重要器物精品，分类叙述如下。

1.墓志与封册

(1)梁庄王墓志

梁庄王墓志，石质，两块相合。长73厘米、宽72.7厘米、厚20.8厘米。阴刻志文十五行："王讳瞻，仁宗昭皇帝第九子。母恭肃贵妃郭氏，生于永乐九年六月十七日。二十二年十月十一日册为梁王，宣德四年八月之国——湖广之安陆州。正统六年正月十二日以疾薨。讣闻，上哀悼之，辍视朝三日，命有司致祭，营葬如制，谥曰：'庄'。妃纪氏，安庆卫指挥詹之女。继妃魏氏南城兵马指挥亨之女。女二人。王以是年八月二十六日葬封内瑜坪山之原。呜呼！王赋性明远，资度英伟，好学乐善，孝友谦恭，宜臻高寿，以享荣贵。甫壮而逝，岂非命耶？爰述其既，纳之幽圹，用垂永久云。"

(2)大明梁庄王妃圹志文

大明梁庄王妃圹志文，石质，两块相合。长58厘米、宽57.5厘米、厚21厘米。志文阴刻朱书，十四行："梁庄王妃魏氏南城兵马指挥亨之女，母陈氏。生有淑德，宣德八年七月初三日册为梁王妃，正统六年正月十二日，王以疾薨，欲随王逝。承奉司奏蒙圣恩怜悯，遂降敕旨存留抚养王二幼女，仍主王宫之事。景泰二年三月十七日以疾薨，得年三十有八。无子。以薨之年九月初七日葬封内瑜灵山之原，同王之圹。於乎！妃生于文臣之女，选配王室，正当享富贵于永久而遽以疾终，岂非命乎！岂非命乎！爰述其既，纳之幽圹云，谨志。"

(3)鎏金铜质王妃封册

王妃封册为鎏金铜质，封册由两块大小相同的长方形鎏金铜板组合而成，册板长23厘米、宽9.1厘米、厚0.4厘米，重1839.8克。是王妃魏氏于宣德八年被册封为王妃的册书，封册上铸阴刻楷书铭文："维宣德八年岁次癸丑七月壬子朔，越三日甲寅，皇帝制曰：'朕惟太祖高皇帝之制，封建诸王必选贤女为之配。朕弟梁王，年已长成，尔魏氏乃南城兵马指挥魏亨之女，今特授以金册立为梁王妃，尔尚谨遵妇道，内助家邦，敬哉。"封册是重要的身份凭证，极少随葬在墓中。王妃封册的出土，在已发掘的明代亲王墓中发现尚属首例。这也是目前考古所发现

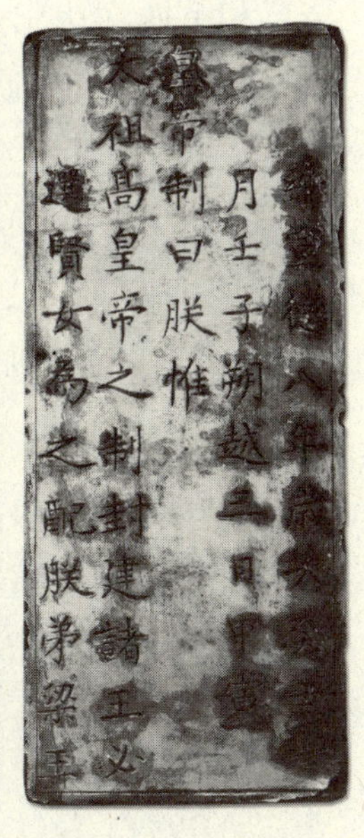

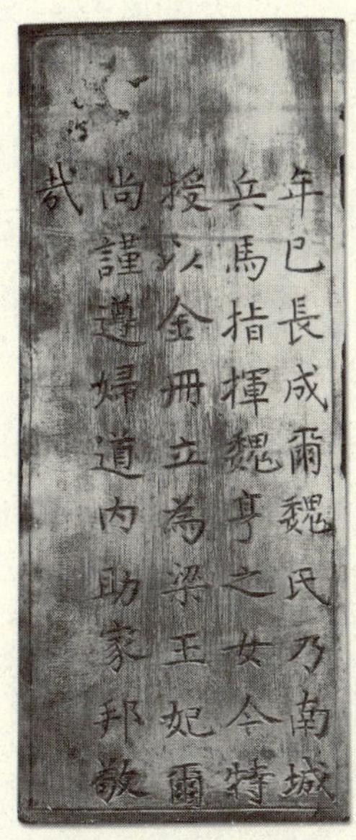

图 4-10　钟祥梁庄王墓出土王妃封册

的唯一一件明代亲王王妃的封册实物(图 4-10)。

2. 金器

梁庄王墓随葬的金器，出土时仍然光亮如新，其造型和种类繁多。有金锭冥钱、容器用具、首饰冠带、佛教法器等，用金量共达 16 公斤。

(1)金锭

金作为贵金属，自古以来主要功能是起到一般等价物的货币职能，而这种特殊的货币都是以称重量来衡量的。就目前考古所发现的中国古金币是楚国的“郢爰”，块状，印有戳印文字，使用时切割称两来使用。自楚国以降，历朝历代都有其“金钱”金锭，民间俗称金锭为“金元宝”。这种价值高贵的“金元宝”，也只流行于皇室贵族间。一般民众恐怕一身一世也无缘有一睹其面貌的机会。金锭，只是皇室王族的专属奢侈品。这种推论应当是可以成立的。在明梁庄王墓室之中，就出土了 2 件金锭。这二件金锭的造型基本相同，扁平体，束腰，上下端为圆弧形。其上皆阴刻有铭文，尺寸略有大小，脉纹成色相同。其中一件长 13 厘米、两端宽 9.8 厘米、腰部宽 4.6 厘米、厚 1 厘米，测重 1937 克。在锭身一面的中部刻有二行楷书铭文：“永乐十七年四月　日西洋等处买到八成金壹锭伍拾两重。”铭文记载十分明确，记载其金锭的成色为八成，重量为伍拾两，而实测为 1937 克(图 4-11)。

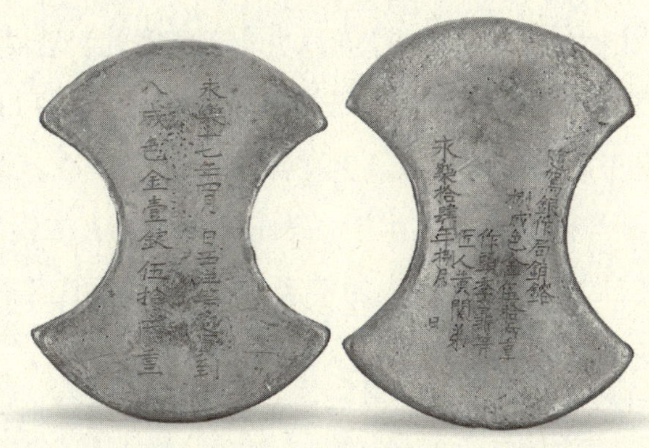

图 4-11　钟祥梁庄王墓出土金锭

据墓志记载，梁庄王出生于永乐九年六月，而这枚金锭铸制时，梁庄王仅有八岁。从这件金锭的铭文上看，它是一件与郑和下西洋历史事件有关的文物。铭文中的“西洋”当指地域名称，关于明代的“西洋”概念，文献中也记载得很清楚，是指今天文莱以西之海洋区域。《明史》卷三二二中记载：“婆罗，又名文莱，东洋尽处，西洋所起也。”明代人将海洋地理的划分以婆罗洲，即文莱为界，其东为东洋，其西为西洋。在明代早期历史上最为著名事件是郑和下西洋。当去往之地应是此处西洋。又据《明实录·永乐实录》的相关记载表明，郑和第五次去西洋的时间是在永乐十五年(1417年)五月十六日，至永乐十七年(1419年)七月十七日。这枚金锭的铭文，证实了它与明代历史上的郑和下西洋事件的时间和地域相关联，从而使之具有了更为重要的历史价值和文物价值。

另一枚金锭长14厘米、首尾端宽10厘米、束腰处宽5.3厘米、厚0.8厘米，测重1874.3克，正面上阴刻有竖列五行楷书铭文，可读为：“随驾银作局销熔八成色金伍拾两重作头季鼎等匠人黄閔弟永乐拾肆年捌月　日。”(图4-11)

银作局是明朝宫廷内的重要衙门之一，据《明史·志第五一·职官三》记载，明宫廷共有二十四衙门，其中有“十二监”、“四司”、“八局”，皆为明内廷的宦官机构，银作局即为其中的机构，专司职于制作金银器具及金银钱币等。在沈德符《万年野获编·赐讲官金钱》中记载有：“御前八局中，有所谓银作局者，专司制造金银玉叶及金银钱，轻重不等，累朝以供宫女及内侍赏赐。”铭文中的“随驾”即为御前的不同称谓。

像这种重达五十两的金锭钱，其市面流通的可能性极小，应当是由皇帝赏赐给王公贵族的赏赐品。梁庄王墓中出土的二枚金锭的用途有可能是皇帝赏赐的定婚礼物。据《明会典》卷六九《亲王婚礼》记载有亲王定亲礼物为“金五十两……”。可知明代有亲王婚礼皇帝赏金作为礼物的制度。梁庄王先后有三次婚姻，有王妃后续妃二人。其中第一个妃子是在就藩安陆之前就已去世。而另外二妃则与他同在安陆生活。梁庄王墓中拥有二锭五十两金锭也就不难解释了。应是二次婚姻皇上赏赐的定亲之礼物，在梁庄王死后便随之葬入墓中。

(2)金壶

考古发现，用稀有贵金属黄金来制生活器皿，尤其是用黄金做容器，最早的例证是曾侯乙墓出土的金盏和金杯。其后各朝各代都有发现。统治者为了满足其虚荣心，以显示其高贵的身份，都很热衷于用金来制作生活器具。梁庄王墓出土有二件金执壶。执壶的造型特点是深腹长柄，细长流，这种造型从唐宋以来，其基本特征变化不大，而在唐代就出土有类似造型的金执壶，其功用是盛酒。

一件金执壶实测尺寸为高 24.2 厘米，口径 8.6 厘米，腹长径 15 厘米，腹短径 12.2 厘米，底径长 10 厘米，底短径 8.5 厘米，壁厚 0.1 厘米，测重 919 克。器物造型为圆口扁腹，卷沿，敞口，长颈束状，腹似梨形，平底。扁拱形柄，方形细长流。器口有提梁连圆形盖。底上刻有纵行楷书铭文：重贰拾肆两五钱捌分。

另一件金执壶亦为圆口扁腹。盘口，圆束颈。腹部为扁状椭圆垂腹，平底，有矮圈足。细长弧形圆流，扁体高拱弧形柄。壶口上有帽形宝珠钮盖，盖与柄以链连接。在流与颈之前有流云状的桥饰支撑。在壶底处刻有字小如蚁的纵行楷书铭文：“银作局洪熙元年正月内成造捌成伍色金贰拾叁两盖嘴攀索全外焊壹分”。此壶通高 26.4 厘米，口径 6.4 厘米，腹长径 14.3 厘米，腹短径 11.7 厘米，圆腹长径 9.2 厘米，圆足短径 8 厘米，壁厚 0.1 厘米，重 868.4 克（图 4-12）。

图 4-12　钟祥梁庄王墓出土金壶

（3）金盆

造型为圆形敞口，宽平沿，上卷内叠形成凸圆唇，腹上直，下弧内收，底微内凸，其表内外呈黄色，光泽锃亮，体形大，色泽正，造型规整，显得大气、庄重、富贵。捶揲制作而成。盆高 7.5 厘米，口径 41 厘米，底径 28 厘米。经国家博物馆文物科技保护研究中心检测，其金含量为 79.06%~79.30%，银含量为 18.72%~19.13%，铜含量为 1.64%~1.30%，其金含量高，伸展性好，色泽亮，保存完好如新。这件金盆也是湖北目前所发现的体型最大的黄金质器具。重 1700.2 克。

（4）金箸

中国人使用筷子的历史非常的悠久，有资料表明，在春秋战国时期，已经发现有竹质和木质的箸（筷子）。箸的质料相当丰富，有金，银，铜，骨，木，竹。用

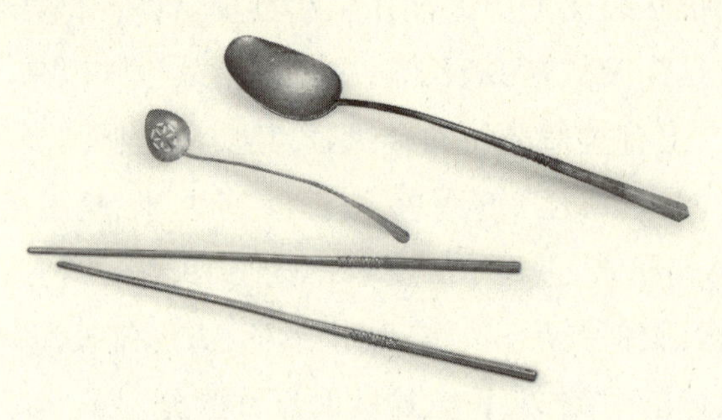
图 4-13 钟祥梁庄王墓出土金箸金勺

贵金属和象牙这类珍贵材质制作的箸是供王公贵族所享用的。在梁庄王墓中，就随葬有金箸 2 双（图 4-13）。两双金箸的形状基本相同，造型也没有什么特别，长条形，后粗前细，饰有细密的竹节箍纹，其上为柄，呈六棱形，其下为圆柱形，为箸体，箸端略微凸圆，在箸的六棱形柄部刻有铭文。一双箸长 24.7 厘米，柄末径 0.5 厘米，箸端径 0.3 厘米，重 92.4 克。在箸柄面上刻有“银作局洪熙元年正月内造捌成五色金壹两贰钱伍分”。另一双出自一件银提梁罐中，箸长 24 厘米，柄端径 0.5 厘米，箸端径 0.35 厘米，重 117.2 克。在柄部的一个侧面上铭刻有“银作局永乐贰拾贰年拾月内造捌成色金壹两伍钱柒分伍厘”。二双金箸都铭刻了制作的年代和金的成色及重量。可以从铭文中判断，箸分属于“永乐年”制和“洪熙年”制。应该是分属梁庄王和王妃各自的用品，此墓属于二次合葬墓，两双箸也是分二次葬入墓的物品。“永乐年”制的重量上稍大，“洪熙年”制的重量微轻，年代、身份等也符合情理。“永乐年”制金箸是梁庄王生前所用的饮食具，“洪熙年”造的当是王妃所属之物。金箸是由铸造而成，局部有经锉磨。

（5）金钑花钏、金镶宝石镯

金钏造型由整条金宽带作卷圈缠绕，呈“弹簧”形圆圈状。金条宽 0.7 厘米、厚 0.1 厘米，缠圈共 12 圈。出土时为 1 对，其形状及重量大致相同。实测长约为 12.5~13.8 厘米、圈径 6.5~7.5 厘米，重 292.4~295.2 克。器的首尾渐细而窄呈圆形，且以细圆金丝紧密相缠。钏体内侧为素面，其表光洁平滑。钏体外表两边起凸沿，形成带状饰纹，满饰串枝灵芝纹。出土时放置在王妃棺内的小漆匣中。应当是王妃出席隆重场所时的饰件。这种造型的金钑花钏是用作王妃戴饰在臂膀之上的缠臂金饰。据《明会典 · 亲王婚礼 · 纳微礼物》记载：“金光素钏一双……金钑花钏一双。”故依据文献中之名而命名为金钑花钏。

与金钑花钏相配套使用的还有 1 对金镶宝石镯。二件金镯的造型、纹饰及重量大小基本相同。出土时同处一小漆木匣之中。金镯是由扁体金片弯曲成两个半圆，组合成椭圆形，一端以活页状相连，而另一端则采用扁圆孔相连，由双杆圆插销栓紧。镯外壁上下沿錾刻有斜线纹，壁面采用“掐丝法”制繁缛花枝叶纹，饰为地纹。在外壁上等距离焊接八个花丝托，形成连珠纹之效果。花托中嵌有宝石，宝石由托口处的三根金丝“爪镶”固定，出土时有宝石脱落缺失。其中一镯存宝石六颗，缺失二颗。其中红宝石三颗、蓝宝石二颗、东陵石一颗。镯高 2.6 厘米、镯口长径 6.2 厘米、短径 5.7 厘米、厚 0.2 厘米，重 127 克。另一镯存宝石七颗，散失一颗。其中红宝石四颗、蓝宝石二颗、祖母绿一颗。镯高 2.6 厘米、镯口长径 6.2 厘米、短径 5.7 厘米、厚 0.2 厘米，重 132.1 克。

金钑花钏类的缠臂金在明代是非常流行的一种装饰，但以“素钏”为主。金镯出土也很多，但镶嵌宝石的并不多见。梁庄王墓出土的这对金钑、金镯可以说是仅见的一例，因而是明代金银饰件中的珍品。

（6）金凤簪

梁庄王墓中出土有 1 对金凤簪（图 4-14）。簪首造型为立凤。凤首圆弧形，顶有波齿状冠，粗长颈，颈身连接处有对称的竖羽，凤身凤翅及尾翼皆以累丝工艺制作而成，凸胸，曲脚，双爪立于一朵花状云纹之上，云朵之下连接簪针，簪针扁平细长。凤翅双展似为扇形，尾翼翻卷上翘似流云，工艺非常精美细腻。以凤为簪首的造型，在明清时期的文物之中是非常之常见的，但也只是流行于皇族王室之中。一对凤簪造型基本相同，细部略有差异，重量也相差无几，右簪通长 24 厘米，凤体长 8.9 厘米，高 9 厘米，厚 1.9 厘米，重 94.6 克。左簪通长 23.5 厘米，凤体长 8.7 厘米，高 7.8 厘米，厚 1.9 厘米，重 95 克。

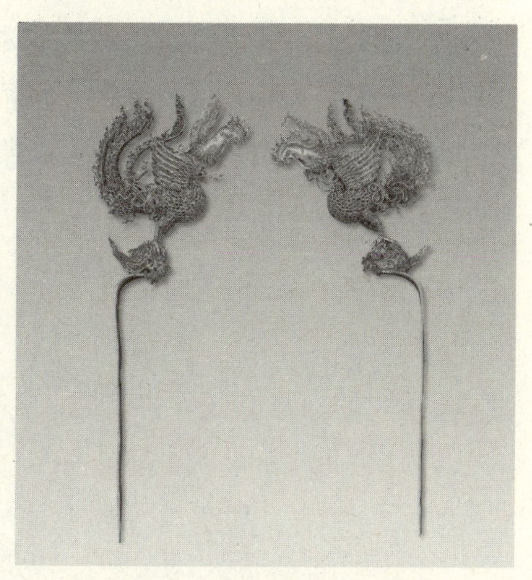

图 4-14　梁庄王墓出土金凤簪

3. 金镶宝石器

在梁庄王墓中出土有相当多的金玉镶嵌的物件。金镶宝石所镶嵌的珠宝品种多达 18 种，其中红宝石、蓝宝石、祖母绿、绿宝石都非国内所产，极有可能出自东南亚一带。梁庄王墓中共出土了金镶宝玉帽顶共 6 件，均以喇叭形金覆莲为底座，覆莲座上镶宝石，在覆莲底座座顶上镶嵌宝石顶饰或玉雕顶饰。在出土的金镶玉石之中，最大的一颗是无色蓝宝石，重达 76.7 克，近 200 克拉。这颗大蓝宝石镶嵌在一件帽顶之上。

(1)金镶无色蓝宝石帽顶

金镶无色蓝宝石帽顶是由两个喇叭状的五瓣覆莲体为底座。每瓣覆莲花瓣上都有镶红蓝宝石，在底座顶上有一仰莲，花瓣上亦镶嵌有红蓝宝石，覆莲与仰莲间有凸起的联珠纹，在覆莲上有五根似花蕊的金钉状主柱。仰莲上镶有形体扁圆又似棱体的大颗蓝宝石，这颗蓝宝石无色透明，重近 200 克拉。蓝宝石中间有一孔，用一根金柱自顶至底穿插在宝石和金仰莲中。这件镶宝石金帽顶是目前国内所见到的最大的宝石器件，是一件稀世之宝。通高 7.5 厘米，金径 4.8 厘米，重 76.7 克。

(2)金镶宝石白玉龙形帽顶

共 2 件，造型为一条透镂穿引在牡丹花丛中的圆雕蟠龙。用“玲珑剔透”来形容其帽顶的玉雕部分，可以说是极其形象和贴切的。透雕主体是龙，而衬以牡丹花丛。帽顶造型是由金质的底座和玉雕的龙形镶嵌而成。底座有八瓣覆莲纹支撑。叶片上为圆凸联珠球圈，珠圈上有领沿，形成椭圆形碗状镶窝。四边有“抱爪拖”爪镶住白玉透雕龙。在覆莲纹之上焊有素托碗窝，镶嵌有红宝石、蓝宝石、绿松石。底座呈椭圆形喇叭状，后端有二根短圆管和云纹金片以金轴贯穿相连。顶端为白玉雕龙穿牡丹造型，龙首居其顶端，从牡丹枝叶花丛中跃出，形态悠然。龙首凸鼻翘上唇，三叉角向后，圆眼，龙须成束散展，龙身蜿蜒盘绕在牡丹花枝间，玉龙为四爪。龙尾隐去，表现出神龙见首不见尾的神秘韵味。玉顶雕工极为精巧，玉质润泽洁白，是一件非常精美的明代透雕玉器，具有极高的历史和艺术价值。帽顶通高 6.3 厘米、底座长径 6.6 厘米、短径

图 4-15　钟祥梁庄王墓出土玉帽顶

5.9 厘米、厚 0.05~0.1 厘米，重 80.1 克（图 4-15）。

4. 佛教法器

密教是相对佛教中的显教而言，意即修行者可通过秘密修法成佛。密教在唐代以前也传入了中国，但很快消失，却在藏地流行。藏传密教西夏时传入内地，元朝极盛。洪武、永乐间，密教诸派仍受朝廷重视。梁庄王墓随葬大量密教法器是当时上层社会密教流行的反映。这批珍贵的密教法器在以往明代墓葬的考古发掘中甚为罕见。它们的发现为研究明朝前期社会意识、汉藏关系、密教在内地的传播都有着非常重要的价值。

（1）大黑天神像

图 4-16 钟祥梁庄王墓出土金质大黑天

共 2 件，一大一小。器形较大的一件大黑天神像，高 9.4 厘米、底宽 5.4 厘米、边厚 0.15 厘米、中厚 1 厘米，重 1141 克。造型主体为一尊大黑天神像作舞蹈状，大黑天神赤足，双脚踏在一卧状神人的胸部、小腿及膝间，作“左展立”姿，头戴五骷髅冠，又称之为五叶冠，冠下沿见发，骷髅双眼孔十分突出，颅形特征明显，在骷髅上又有双层的影背相叠堆。展双大耳，饰珥，怒睁大眼，眼似凸出的桃核。紧锁眉毛，在眉宇间有一纵目，形成三目。眉似花叶，有锯齿形，又有飘起的感觉，大鼻凸起，张嘴露齿，面相凶恶。嘴中有獠牙，双耳悬蛇。头顶飘带呈波状绕首，分左右下垂及肩，穿绕双臂，隐于腰后，从身后的胯下落地，又从双脚分边翻卷起扬，飘带的尾端分叉为双尖，似张嘴的蛇首。神像圆肩粗臂，弯曲臂肘，以双臂肘托起一法器“神棒”，横置胸前。左手抓托颅器，佛名又称嘎巴拉。右手抓握另一件法器，是四股金刚杵柄钺刀。腰部缠绕有黑白二蛇饰。胸饰有双层的凸形联珠纹，上层中有花状的纹饰。神身似披盔甲，着短裙，裙角裙面上垂挂骷髅璎珞，上系挂在颈部。手腕及足腕部均戴饰有凸联珠纹（佛教上又称之为数珠）钏镯。大黑天神脚下的卧人是“地神女天”，仰面平躺在覆莲座的平台之上，台沿有联珠纹。地神女天为人面形，五官及身与人无异，长发后卷压在身后，臂膀伸直，置于身边，胸及脚部裸露无衣襟，腰腹着短裙。大黑天和地神女天及覆莲座，浮雕在凸状板体的背光之上。背光板似为长方圭形，顶面是弧边拱尖顶，下端为覆莲纹的花边状，两边似上宽下窄的斜纹边。背光上浮雕有满饰的火焰纹，火焰纹底间是密布的圈点状纹饰。佛像为铸制。背光形体及火焰纹、圈点纹系捶揲而成，佛像与背光间以金焊相接形成整体（图 4-16）。

形体较小的大黑天神像，为圆形体，直径 3.1 厘米、厚 0.8 厘米，重 27.4 克。器为铸制，神像浮雕于背光之上，头戴五骷髅冠，冠体更为清晰，冠顶为锯齿状的花边状。双耳饰环，冠两侧有翘起的飘带，而目为三眼，尤其是眉宇间的横眼更为醒目。头顶有飘带为圆形环绕头肩隐其身后，在双股后飘出，分叉向外。双臂曲弯，手握持嘎巴拉碗。臂肘间托捧法器，双赤足，左足踩在地神妖胸腹之上，双脚作左右分展。地神妖平躺在覆莲座之上，头侧向前方，背光满饰火焰纹。器背后平整，上铸铭有梵文佛教咒语，咒名为“摩诃迦罗用普印咒”。大黑天在佛教密宗之中是战斗之神，同时兼有赐爵位，施布福分和财富的神职。梁庄王随葬大黑天，是希望在阴世间的地府之中，一是要得到他的保佑护卫，二是能得到他的赐爵送福。

二件大黑天佛像均用黄金制作，保存都很完好，从其形体的大小和器边沿四周的小孔来判断，这二件大黑天金佛像应当是钉缀在底帽上的饰品。用途当然是为了保佑梁庄王及王妃平安和富贵。

图 4-17 钟祥梁庄王墓出土大鹏金翅鸟佛像

（2）大鹏金翅鸟佛像

在梁庄王墓中出土的佛教法器之中，还有一件造型十分神奇的佛像，是一只人面鸟喙鸟身的神奇造型。此佛像是上半身似人，下半身为鸟。直径 4.6 厘米，重 13.8 克。器为金质，圆形凸体，面上透雕有一幅佛像。佛像头戴七叶宝冠，冠顶为云纹缘，头顶之上有飘带围首，下垂至肩胸间。佛像双耳垂肩，似有耳环，瞪双眼，大凸鼻。眉宇间有灵眼，佛像的首部生有大钩状的尖形鸟喙，正啄咬一条长蛇的蛇体，双肩及臂膀浑圆有力，屈肘双手向内，用于抓住蛇身。腹腰部缠围一条蛇。佛像上半身除嘴部的鸟喙外,其他均为人体的特征,在其身背后生有展开的翅膀,羽毛分为三层相叠向上展开,作飞翔状。其尾翼则置于胯后,左右弧形展开。佛像下肢已渐变为禽类的特征,羽毛非常清晰,足已经成为鸟爪,正抓牢蛇身。蛇依在鸟爪下端盘缠成绳索状的"8"字向两边延续。整个造型都位于一个圆形的环体内,有似佛像居于日轮之中。这件佛像的造型,与中国历史上的羽人极为相似,其区别在于"羽人"皆为人体生有羽翼,而佛像中的造型是上半身是像人,而下半身似鸟。这件佛像名为大鹏金翅鸟,是佛教天龙八部之一,是密教五方佛中的北方羯摩不空成就佛之坐骑,其寓意就是法王摄引一切,无不归者(图 4-17)。

5. 银器

梁庄王墓中出土的银质器具共有 382 件套。器类有壶、盆、盂、鎏金托金银爵,筒形瓶、盒、提梁罐、匜、勺、匕、锥、锭、片、镀金银钥匙等。银器出土时大多保存完好,器表大多被氧化,呈黑灰色,银含量经检测在 85%~99%。

(1)银锭

梁庄王墓地出土银锭共 8 枚,分大小二种,各自 4 枚。形制相同,大小有异,均为平底束腰,两头翘起,似船形,两端弧圆,锭上面微内凹。大银锭皆有铭文,小银锭无铭文。大银锭上的铭文分别为:"内承运库,花银伍拾两,严,一等。"这是二行三段铭文。先讲明出自"内承运库",再谈银两的重量是伍拾两,表明银两是称重货币,下一行铭有铸锭工匠或官员的姓名是"严","一等"为品级。这枚银锭重 1865.9 克,长 14.8 厘米,两端宽分别为 10.8 厘米和 11 厘米,端高 5.52 厘米,中宽 5.5 厘米,中厚 2 厘米。铭文前一行两段九字为铸铭阴文,后一行三字为阴刻,皆为楷书体。

另一件银锭形制欠规整,上铸一行六字楷书体铭文:"花银伍拾两重"。实测重 1860.9 克,长 15.4 厘米、中宽 5.2 厘米,高 5.3 厘米,中厚 1.8 厘米。为弧端束腰形,两端圆弧边,高翘似船形,平底。锭面上刻有楷书铭文:"随驾银作局销熔,花银伍拾两重,监销银锭官秉魁,匠人计保保,作头徐添保等。永乐拾捌年肆月日。"银锭上的铭文内容包含有银锭的制作机构为随驾银作局,银锭重量为伍拾两,监制官员的姓名为秉魁,工匠的姓名是计保保,工头的姓名是徐添保,制作年代是永乐拾捌年肆月某日,将明代早年的银锭制作程序和制度都表现得十分全面。永乐十七年已定都北京，使用随驾银作局之称谓，可能是一时还没有变更旧名的原因。大银锭是梁庄王的随葬物，小银锭是王妃的随葬物。墓室中随葬的还有数百枚金、银圆币钱和散碎的金片。

(2)鎏金银托金银爵

在金银器之中，有一件由镀金银托盘和金爵、银爵组合成的一套三件器，显得特别重要。盘托为长方形，四角内凹呈弧边。盘口平沿较宽，沿面满饰连续的云纹。浅腹斜壁平底。盘下有四角矩形的卷云纹足。在盘内底中，左右分立有山柱体安放爵杯，山柱体上山峦层层相叠，盘面上浮雕有龙绕在山柱边，且龙为五爪龙，而为龙作衬饰的是波澜纹。山柱体上一边安放有金爵，另一边安置有银爵。金爵造型似商周时爵之造型。爵口似船形，三足支撑爵腹，足柱为三角锥形尖状，内侧为圆弧边，外撇为直边，形成尖角，足下端外撇亦作尖形。右侧柱下有方形錾，錾首为龙舌柱形。三足正好镶嵌在山体柱上，爵杯一足内侧刻有楷书铭文："成色金肆两叁犭(钱)伍分重。"金爵口沿外侧饰一圈回纹。腹部有二道弦纹。爵高 10 厘米、口部流尾长 10.2 厘米、壁厚 0.1 厘米，重 162.7 克。银爵与金爵造型基本相同，形体稍为粗大，口沿外侧饰有连续的云纹。安放形状也与金爵相同，三足镶嵌在山柱之上。一足有楷书铭文"外镀金三分"，另一足楷书铭文为"银叁两玖钱"。高 10.4 厘米，流尾长 11 厘米、中宽 4.6 厘米、厚 0.1 厘米，重 97.5 克。

6.玉石器

梁庄王墓出土玉石器数量繁多、熠熠生辉。仅用玉量就达 14 公斤，各种镶嵌的宝石有 700 多颗，其中红宝石、蓝宝石、祖母绿、金绿宝石等四大名贵宝石，极有可能是郑和下西洋带回。

(1)玉组佩

玉组佩是贵族披挂在服饰上的重要装饰物，由许多种不同的小玉件组合以绳系串起来。

梁庄王墓中出土玉组佩有四副八挂，由 2584 件小玉件组合成形，其中以大小不等的串珠为多，数量达 2429 颗。四副可分为二种不同的组合。第一种组合有三副，由玉珩、玉瑀、琚、花、璜、滴、冲牙由上而下排列，其间串以玉珠。这种玉佩的组成同文献记载基本吻合。

A. 玉钩描金龙纹组佩

玉钩描金龙纹组佩，一副二挂，每挂又由玉钩一件，珩一件，瑀一件，琚二件，花一件，冲牙一件，璜二件，玉滴二件和五条彩珠串系而成。

玉钩青玉质，形为长方形穿孔钮，钮孔联长方形柱体钩，顶上圆弧，钩尾端为单面尖状，弯曲成"U"字状。

钩下是玉珩一件，青白玉质，玉色光洁，形为凸顶波形弧边，片状下缘为弧形，两角微翘，珩体为片状，沿外廓边阴刻有残槽，主体图案为一条曲体奔腾跃起状，珩正面有五爪龙，龙作转体回身状，龙首向上，四肢张开，且上下肢方向相异，似为龙身在奔腾之中猛然转身的瞬间，龙身显得柔性十足，灵活善变，又不乏强烈的力度感。龙为圆瞪二眼，尖鼻长嘴，叉角后翻颈部的髻须向后梳理，长尾曳其身后，上向回首的龙首相呼应，在小小的方寸之间，表现出龙体的无穷之神力。珩下边沿有五穿孔，上沿边有二穿孔，上连钩，下穿系玉珠形成五条珠带。

玉珠圆形，中间穿孔，玉珠有青、黄、红、灰等色，形成多彩的颜色，甚是美观。

五条彩珠带左右二侧下连有琚，玉琚又称圭，长方形光角顶，片状。二琚造型相同，玉色亦相同。青玉有蜡状光泽，面上阴刻有如意吉祥云纹，面上描金。玉琚的上下正中有穿孔，以系穿珠。中间三条彩珠下连一玉瑀。

瑀又称截光圭，形状为片状六边形，上方二角为斜边，形成梯形。玉质为青白玉，体面描金。中间雕刻有腾云状的飞龙，造型与珩上的龙纹大致相同，尺寸稍小。瑀上下边沿各有三孔，以穿系彩珠带。五条彩珠向下延伸，联系在玉花牌上。

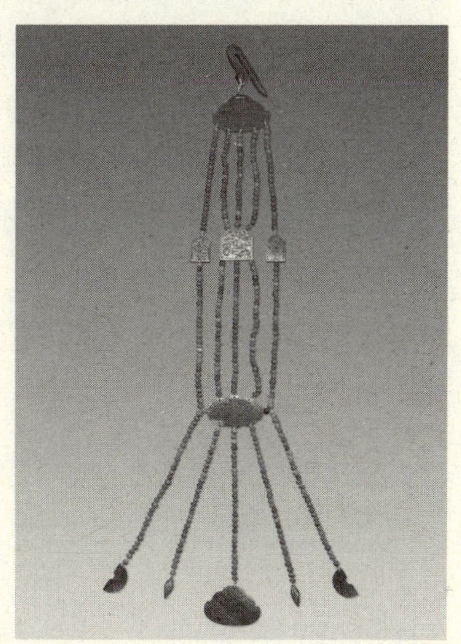

图 4-18　钟祥梁庄王墓出土玉钩描金龙纹组佩

玉花为椭圆波状花边形，片状。青白玉，玉色光洁，描金。花中雕刻有与珩、瑀上相同的腾龙，花边沿的波边凸起处有八个穿孔，中间系三束与瑀相联的彩珠带，两边系彩珠带与琚相联，并下接两只玉璜。花下缘边三孔，中间一条彩珠带下联冲牙，两边二条接玉滴。

冲牙形状与珩相似，仅顶凸处有一孔。其正面雕刻，形同珩、瑀、花，饰以腾龙飞状纹，不同在于冲牙是两面雕，背向还雕有三束如意祥云纹。为青白玉，玉质洁泽描金。

玉滴形同枣核状，素面。璜形为半璧状，青玉，正面雕刻有如意吉祥云纹，描金。玉组合佩饰长约 79.5 厘米(图 4-18)。

B.金钩鸾凤纹组佩

金钩鸾凤纹组佩，亦为一副二挂。每挂是由金钩一件，玉饰十件，玉彩珠五串所组成。金钩为扁平提，弯曲为 U 字形，前端凸圆，后端为圆环形，环中套衔有圆环。金钩长约 6.3 厘米、宽约 0.8 厘米、厚 0.15 厘米，重 19.2 克。钩体为捶揲成形，圆环及套衔环为焊接而成。在钩体背面阴刻有楷字体铭文一行："银作局洪熙元年正月内造捌成色金伍钱。"金钩与玉珩相联接，珩为青玉质。正反皆有雕刻纹饰，正面为展翅飞凤纹，凤形为光喙长首，棱形眼，长形冠羽，细长颈，颈腹似葫芦状，双翅平展，翅尖用直线构成三角形，力度感极强，展翼为五支分叉，飘溢成波状，就好似天空中的五彩云裳。

珩背面雕刻有三束如意祥云纹，云纹作涌动飘形状，可辨云朵叠层为三层。

在凤鸟的下前方雕有如意祥云纹。珩上缘凸顶处有二穿孔，以系联金钩，下缘一孔，两翘角旁分别八孔。此三孔间下系彩珠束联琚与瑀。琚正反皆雕有如意祥云纹，瑀正面雕饰与珩相同的凤鸟祥云纹，背面雕灵芝状云纹，云纹顶上对衬的分叉为左右二枝。瑀上下皆有三孔，系联上下彩珠带。玉珠为红、黄、黑、灰等色彩，以系带穿束成条。玉花居中，有八个穿孔，上下各三孔，两边各有一孔，以上下串联玉珠带。玉花正面雕饰振翅飞翔的凤鸟纹及祥云纹，背面雕三束如意祥云纹。佩的五条彩珠束带下端分别系联有二件璜，一件冲牙和二件玉滴。玉滴似梨形，素面。璜为半璧形，反面皆饰如意祥云纹。冲牙的形状纹饰都与珩相似，区别在于仅有上端一孔。这幅玉组佩通长约 68.5 厘米。从其凤纹上也可断定是王妃魏氏的随葬品。明代文献可以证明这一点。《明会典》卷四《亲王妃冠服》中记载有："亲王妃冠服……玉佩二，如东宫妃佩制。珩以下缘云凤纹，描金，上有金钩。"除没有描金外，其出土物都与记载相符，应属王妃的生前之物。

C.玉叶组佩

王妃的佩饰中还有一种形制特别的组合构成，其特点是由玉叶、果实和吉祥动物所串联组合而成。考古报告称之为"玉叶组佩"(图 4-19)。也是一副两挂，两挂大致相同，仅有微小差别，由上下四层玉叶为主体，每层又配以玉瓜玉桃，玛瑙石榴，玉鱼和玛瑙鸳鸯相间，加以中间的条状玉珩，构成九层四行组合。

第一层有八片玉叶成对为四组，玉叶为青白玉质，形为后宽前尖的柳叶状，短蒂旁有小钻，叶生外缘与阴刻斜向叶脉相一致的有齿状，双面雕刻，形象如真的树叶一般。叶长约 5.8~7.5 厘米、宽约 1.4~1.9 厘米、厚约 0.15~0.2 厘米。

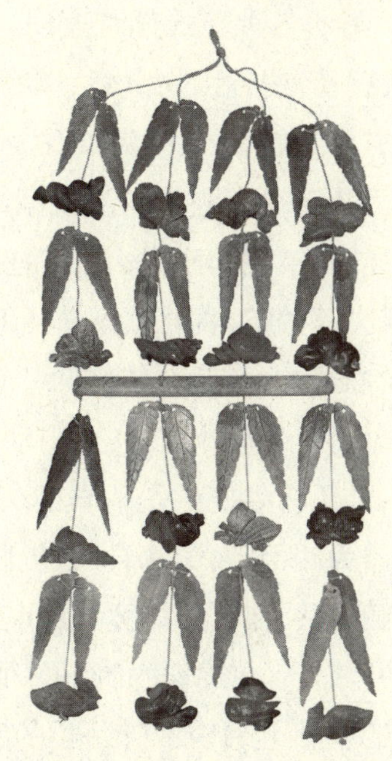
图 4-19　钟祥梁庄王墓出土玉叶组佩

第二层串穿有玉瓜、玉桃、玉石榴和玉鱼四颗。玉瓜由青玉雕成，似为圆雕，瓜果为平顶椭圆，周边有叶；瓜尾有短蒂，瓜上有叶藤相衬，叶上有脉纹。玉桃形状较为写实，叶蒂倾向一侧，扁体。玉石榴成对成双，扁形，有叶蒂。玉鱼为尖翘嘴，圆眼扁头，腹背肥大短宽，扇形鱼尾偏向一边。

第三层为玉叶。第四层为玉桃与玛瑙石榴各二件相间排列。第五层为一圆形玉珩，玉珩为青白玉质，形为长条状，横断面为底平圆凸，两端圆弧，体上有四穿孔。第六层为玉叶。第七层为玉桃和玛瑙石榴相间排列，与第四层相同。第八层亦为玉叶。第九层是由二件玉鱼与二件玛瑙鸳鸯组合排列，玉鱼位于两外侧，鸳鸯居中。玛瑙鸳鸯圆首圆睛，扁嘴微翘，一翅向上展开，另一翅内收在腹颈边，圆弧腹，尾翼上翘，整体为短宽体，雕工简略，工艺较为粗糙，但鸳鸯的形体特征还是可以一目了然。鸳鸯有雌雄之分别，雌鸟双翅贴身，作游弋状，雄鸟左翅高扬，作掩首整理羽毛状。

这种以玉叶与吉祥造型的玉石果实和吉祥动物相套的玉组佩，明代时就称之为“玉佩玎珰”或“玉禁步”。应当是皇后及皇妃所佩之物，王妃一般是不配备这样的组合佩。梁庄王妃的这幅玉禁步应该是皇帝的特赐所得。

组佩中的玉叶寓意“金枝玉叶”；玉瓜寓意“瓜熟蒂落”；鸳鸯是表达“鸳鸯戏水”；玉鱼含“富贵有余”和“鱼水之欢”之意；石榴是“多子多福”；桃为“平安长寿”。

（2）荷叶鸳鸯玉佩

以荷叶与鸳鸯相配为题材的艺术作品，各朝历代都有许多的精美之作，绘画、雕塑各种形式都有表现。荷叶代表着品质行为高洁，鸳鸯象征着夫妻的和谐、恩爱，这种以物寓意，以物寓情的例子在中国传统文化中有很多。用荷叶与鸳鸯相配制作的玉器，在中国古代玉器中都较为常见。梁庄王墓中就出土有一件荷叶鸳鸯为题材的玉雕佩饰。这件玉佩用料精良，玉料是新疆和田青白玉，玉质纯净，玉色润泽具有油脂感。雕工虽然简略，但形体特征都把握得恰到好处。尤其是鸳鸯对嘴处用纵横切刀形成十字，竖向的下部镂空分离，面上部仅刻出分界的槽，内面相联，仿佛两只鸳鸯的嘴将重合在一起的那一瞬间情景，二只鸳鸯相对而立于荷叶之上，正扇动着羽翼作舞蹈状，圆圆的眼睛专注而深情的凝视着对方。还有妙处的是鸳鸯的头上花冠与起舞的尾翼交成一体，构成佩饰的顶部。该器为两面雕，鸳鸯部位的正反构图相同，正反面的效果一致。鸳鸯脚下的荷叶作侧视展开状，形体宽大，叶的上沿边似有翻卷，形成凹边效果，下端为短粗的圆形叶茎秆。在鸳鸯的胸下好似又有一只小形的荷叶作为支撑点。该器在双面雕刻的基础上采用了“锼孔”的手法，形成透雕的艺术效果。器高 7 厘米、宽 6.3 厘米、厚 1.3 厘米，重 51.5 克。

（3）折枝牡丹玉佩

牡丹花具有雍容华贵的花姿和娇贵不凡的气质，成为花中之王。唐代诗人刘禹锡有著名的《赏牡丹》诗：“唯有牡丹真国色，花开时节动京城。”李白也有诗句赞美牡丹：“云想衣裳花想容，春风拂槛露华浓。”国人常用“国色天香”来形容牡丹花的花姿和品质。牡丹花又是中国传统艺术备受青睐的题材之一。元明时期的青花瓷器多见以牡丹纹为装饰纹样的器物，绘画作品自唐宋以降，历代都有许多很著名的牡丹图。玉雕艺术品中也有一些以牡丹花为主题的艺术珍品。梁庄王墓中就出土有折枝牡丹佩饰。该器用优质的和田籽料雕刻，玉质白中带墨，有油脂光泽。长 5.5 厘米、宽 4.5 厘米、厚 1.4 厘米，重 37.9 克。雕工非常之精巧。在籽料上雕琢出牡丹花的花朵及枝叶，花瓣轮廓清晰，层次明朗，渐次怒放。花瓣中央为花蕊，花蕊为圆形，上有网纹。花朵下端中央连有枝秆和花叶。枝叶是自然状的折盘拥花状。花枝似行云流水，无明显折角状，叶线形状也非常逼真，或伸展或后翻。玉雕的花朵部位为前后实雕，在枝叶部位则是采用透雕。叶线上的脉络雕刻很清晰也很准确。这件作品主体上以圆雕为主，故可称之为圆雕玉牡丹。此类牡丹玉雕在湖北尚属孤品，十分珍贵。有一点要指出的是，工匠在雕琢时采用了巧借色彩过渡的手法，在花背面的一侧妙用玉料中的墨色，表现了叶的黑灰白的渐变过渡，又体现了黑白对比效果强烈的特点。

（4）宝相花玉佩

宝相花在自然界中并不存在，是人们依据其寓意创造出来的吉祥植物，赋予了它富贵吉祥的意义。用它装饰在器物之上增强器物的神秘性，显示出富丽珍奇的品质来。

宝相花也是中国传统装饰纹样之一，又称之为“宝仙花”。隋唐时期开始流行，明代依然十分盛行。主要装饰于瓷器的图案中，玉雕中也常可见到这种花纹题材的作品。梁庄王墓中出土的这件宝相花玉雕佩，直径 7.5 厘米、厚 6.3 厘米，重 25.4 克。造型为葵边圆形，面凸背凹。外廓是葵花边状，圈内雕刻花纹，为单面透雕。玉雕中央是一朵花瓣簇拥的宝相花，花蕊为柱体尖状，顶上尖部呈倒置桃形。蕊柱立于花瓣正中，花朵下连接有枝蔓状的花枝，花枝分叉为三枝，一枝撑花朵，另二枝分别于左右向上翻卷交互在宝相花花朵之上，呈花枝缠围花朵状，枝杆上布满了形体较大的叶片，叶片多呈下宽上尖的形状。叶脉多为对称分布，在叶片、枝杆处多镂空露出主体。宝相花朵的花瓣、花蕊都为整面的存在，没有透镂。玉雕用料较差，所用为和田青玉，呈灰墨色，玉色为蜡质光泽。但透雕工艺还算得上是精细的，尤其是枝杆处雕琢很细密，通透感非常强烈。

图 4-20 钟祥梁庄王墓出土双鹿祥云秋山玉佩

（5）双鹿祥云秋山玉佩

在中国装饰玉器之中，有一种特定题材的玉器叫作春水秋山玉。刻画描绘帝王纵情享乐场景。主要流行于辽、金、元时代，是反映帝王狩猎情景的玉雕。春水玉主要雕刻水禽花草，表现春季围猎的场景，以放海东青鸟捕猎天鹅的情景最为典型。秋山玉则表现秋天在山林狩猎，捕获猎物的状况。玉雕主要是镂雕出山林和鹿虎来体现出特征。在梁庄王墓中就出土有以春水秋山为题的玉器，双鹿祥云秋山玉就是其中的代表性作品之一。该器用和田青玉雕琢，器为弧顶长方形牌状，牌面上镂孔透雕有双鹿、柞树、花草、灵芝。双鹿为主体和中心，鹿分牡、牝。牡鹿的形体较大，横卧在柞树丛与灵芝簇拥的岩石之上，回首仰望其身后上方的牝鹿。牝鹿形体稍小，作行走状，猛然回首，俯视侧身匍匐的牡鹿。二鹿神态栩栩如生，仿佛在相互的向对方发出友善祥和的鸣啼。在双鹿之间雕刻有宽大的三角枫树叶。柞木丛叶双卷帽灵芝，鹿顶之上雕琢有花朵般的如意祥云纹。玉佩将北方秋天山林中的情景刻画得生动又情趣盎然。器高 6.6 厘米、宽 4.3 厘米、厚 1.1 厘米，重 38.6 克。玉色油质光泽，抛光亮洁。雕琢工艺上采用镂空透雕的技法，还巧用玉皮的铁锈色映衬出祥云纹为浅红色，表现出秋日晚霞意境(图 4-20)。

(6)三兔望月玉佩

梁庄王墓中出土的 2 件玉兔望月玉雕，采用材质优良的和田籽玉，色泽光洁，质地细白，玉色润滑，具有油脂光泽，制作工艺相当精巧。采用了浮雕、圆雕和透雕结合的手法，将主题定格在类似月宫的圆形环境之中，有月中望月之效果，不能不说制作者具有超凡的想象力和艺术创造力。

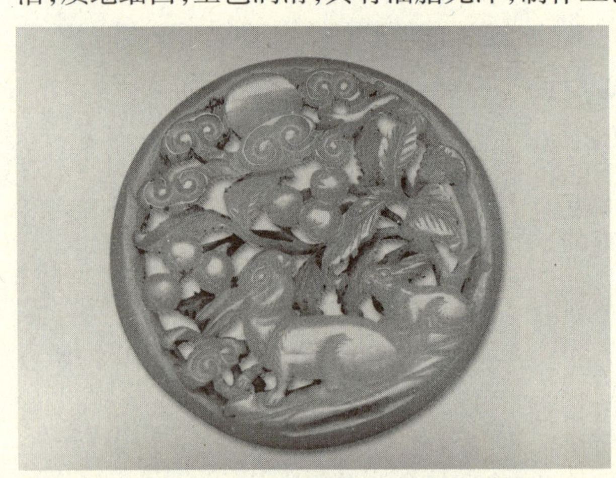
图 4-21　钟祥梁庄王墓出土三兔望月玉佩

这两件玉雕的玉材质色、器形形制、尺寸大小及图案主体都基本相同。构图却在方向上形成左右反向的布局，形成了同中不同的艺术效果，其雕琢的工艺难度也加大了许多。图案中雕有大兔一只小兔两只，小兔卧伏在树，大兔后肢蹲坐在岩石之上，前肢撑起，回首仰望着天空中的明月，仿佛在凝思着，露出深切的思念之情，企盼着月中主人嫦娥飞来人间，将它们接返月宫。雕图正中上方以五朵形似灵芝的“骨朵云”烘托着圆月。月下的环境是枝叶繁盛及结满果实的枇杷树。这颗斜伸于雕图中的枇杷树成为了兔与月亮天地相隔的标志。更巧妙的是有一朵类似"骨朵云"的灵芝飘溢在大兔的胸前部,给人似在人间又似居仙空之感觉,更何况玉雕造型又是似月亮的圆盘状,这些都会令人遐思无穷。

器为圆形,外有圆廓较宽,正面微凸在廓之上,背面稍内凹在圆廓下。图案雕刻在圆廓之内。图案中兔的神态和动作都很生动,细部也把握十分到位,圆眼凸唇,又长又大的尖耳,甚至连兔毛也刻描细腻和准确,枇杷树的枝叶脉纹清晰。枇杷蒂结也以十字形阴刻线来加以强调(图 4-21)。

(7)玉圭

玉圭是古代帝王朝聘、祭祀、丧葬时所用的重要玉质礼器。梁庄王墓出土有玉圭 4 件,3 件较大者为素面,1 件稍小却满饰谷纹。4 件玉圭都是用和田青玉和青白玉制作,形制一致,皆为平板长方形尖首状。三件大圭是梁庄王的随葬品。而谷纹圭属于王妃所有。圭是古代社会中的重要礼器之一,对于圭的种类和用途,古文献中都有很明确的记载。《明会典 · 亲王婚礼 · 定亲礼物》载有"五谷圭一枝。"在《明会典 · 亲王妃冠服》中也非常明确规定:亲王妃受册,助祭,朝会活动中都需要穿礼服,在礼服的诸多服饰中便有玉谷圭。玉谷圭是王妃参与重大活动的必备之礼器。圭长 15.8 厘米、宽 4.8 厘米、厚 0.8 厘米,重 169.4 克。

(8)玉童子

中国古代自唐宋开始,古玉雕中出现了一种以孩童的动作趣味为题材的圆雕艺术品。有学者认为这种执荷童子的玉雕作品与古代民间习俗中的"七夕"节庆相关联。梁庄王墓中出土有 3 件执荷童子雕像,1 件为绿松石制品,2 件为和田青白玉质。造型都很生动,非常活泼可爱,动作以背背荷叶为其特征,只是形体动作稍有区别。绿松石质执双荷童子佩,孩童圆头大耳,头顶有似桃形的头发,面目五官端正,憨态可掬。棱眼凸鼻,半月形嘴,显得活泼好动。短颈宽肩,双臂曲弯向上,右臂侧曲向左肩方向,双手合力抓持荷梗。背后双张荷叶,一张较大位于头

图 4-22 钟祥梁庄王墓出土玉童子

脑之后,一张稍小置于左肩臂后。孩童屁股肥大,双脚交叉屈弯,似作左右摇摆走路不稳状。童身穿有衣裤,而双脚为赤足。高 5.2 厘米、宽 3.2 厘米、厚 2.5 厘米,重 43 克(图 4-22)。

荷叶上的叶脉以阴刻线来加以表现。童子的头发、五官及手足都雕琢精巧。以童子为题材的玉质雕琢品保存较多,也十分流行,而以绿松石为材料的童子雕琢十分罕见,显得十分珍贵。此童大头、胖身、跣足、双手执荷,其双眼外眼角与口之双角均上挑,使面容带有微笑的样子。是魏王妃生前之物,用湖北松石制成。

(9)螭龙教子玉带钩

带钩是中国传统文化中流行最为广泛的器物,从西周就已经出现。早期多为铜质带钩,春秋时期已经出现有玉质带钩。带钩是系固服饰的器具,起到钩连固定服饰的作用,类似现代的皮带扣。以龙凤为钩首的造型从东周时期已经相当的成熟。

以螭龙教子为题材的玉带钩,在明代时十分流行,梁庄王墓也随葬有 1 件和田白玉质的螭龙教子的玉带钩。带钩玉料温润,有玻璃光泽,玉质非常之好,工艺非常之精巧。造型与传统带钩相同,圆尾巴,平弧凸体腹,钩首为螭龙回首形。钩腹下有凸钮,钮形似蘑菇状。螭龙首作为兽首形,棱眼圆睛,凸鼻微翘,叶状大耳,首中似有卷角,颈背有须鬐向后梳理,龙嘴张开露出口齿,上下齿分开,似张嘴面对钩身腹上的小螭龙言语对话。钩腹之上浮雕有一只伸头展颈,四肢匍匐爬行状的小螭龙。小螭龙造型十分可爱,仿佛是一只小动物爬在母亲的腹上嬉闹玩耍。

小螭龙作俯视匍匐状。细颈伸头,颌下有钩形须作为支撑,头首翘起,面向大螭龙,嘴微张,似相母螭龙言语,好似讨教,也好似撒欢讨好。脑后有须,向一边弯卷。四肢展开作爬行状,腹体微微弯曲,长尾叉为二股,分别向内卷曲。形神俱佳,工艺精湛,寓意深刻,是一件明代同类题材玉带钩中的精品。长 15.1 厘米、高 2.8 厘米、宽 3.2 厘米、腹厚 1.5 厘米,重 148.8 克。

7. 革带

腰带是系于袍服之外的饰物,一般是以皮质或丝帛质的带鞓为底,其上钉缀带銙。带銙的制材有金、银、铜、玉和木质等,根据身份的等级来确定。据《明会典》卷六一《文礼官冠服》、《明史·舆服志三》等记载表明,帝后的衮冕、礼服、藩王的礼服以及一品官员的朝服所套革带，都是装钉玉质銙，即为玉革带。每条革带一般用二十件带銙组成，按带銙的形状及钉缀的位置，分别称之为“三台”、“六桃”、“两辅弼”、“双铊尾”、“七排方”等名称。“三台”位于革带中间的头端，也称之为带头，由三件构成，中间的长方形銙称之为“中心方”，两侧分置条形銙称之为“左、右小方”。“六桃”，平面似桃形，故名桃形銙，分置于“三台”左右。“两辅弼”紧接“六桃”后的长条形銙，与“两辅弼”紧连。“七排方”是后排钉缀的一排长方形銙，位置在“双铊尾”之间。明人张自烈《正字通》释銙：“明制，革带前合处曰三台，左右排三圆桃，排方左右曰鱼尾，有辅弼二小方，后七枚，前大小十三枚。”（图 4-23）

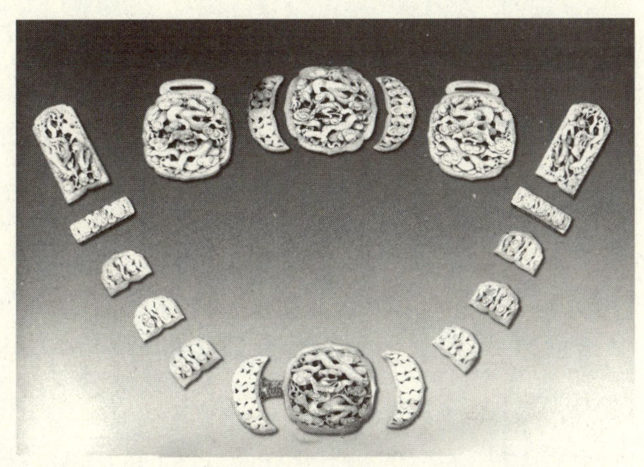

图 4-23　钟祥梁庄王墓出土青白玉镂空云龙纹带

明朝革带是体现身份的重要配饰物件，帝、后礼服，一品官员朝服的带为玉制。

梁庄王墓共出土 13 条金、玉质腰带。其中，制作最为精美的是金累丝镶宝石腰带，最为珍贵的是鹘啄鹅玉带。

金累丝镶宝石带由二十四件金花镶宝石带銙和二件金带扣及一件金插销组成。每件带銙面都是透空的掐丝板，采用累花丝工艺制作而成。带銙正面上金焊三到五个抱爪托，托内以爪镶法镶嵌宝石。全带共镶嵌红、蓝各类宝石八十四颗，总重量实测为 641.9 克。

鹘啄鹅玉带是以鹘捕啄天鹅为题材的玉器，被称为“春水玉”。

鹘，一种形体小，但十分凶猛的鸟，可在飞行中啄咬天鹅的头脑，将天鹅头脑啄破而致天鹅死亡。这种造型大量运用于玉雕之中。梁庄王墓中出土有 1 条由十五件带饰组合成的玉腰带，在每件玉构件上都雕有这样的造型。

腰带有九件玉带銙，其中玉箍金针带扣一副，玉镶袋合箍一副，形状大小不同的三种玉带銙七件。玉箍金针带扣的造型为前圆后方，金针居其中。带扣前圆部为椭圆形环状，后方为弧边方形，与环以榫铆眼相合，中穿铜轴连接形成颌状。带扣针为金质。在扣环的前沿部位，浮雕有鹘啄天鹅的造型，天鹅作飞翔状，头首昂起，而鹘在天鹅的颈上，作飞行状，尖嘴在天鹅的脑上部。金针为长舌状，尾卷成环状套在扣环中后部，经铜轴穿套合成一体。带扣长 6.5 厘米、宽 5.2 厘米、厚 1.3 厘米。扣环、扣把为玉质，扣针为金质，三者以铜轴相连接。扣环、扣把由白玉雕琢，工艺细巧。

金玉复合带箍造型为圆角长方形环体，上面凸弧，浮雕有鹘捕天鹅图案，体中通孔，孔内嵌有双孔金方环，金方环为扁体。带箍长 4.5 厘米、宽 3 厘米、厚 1.4 厘米。长条形鹘捕鹅铸共三件，均由和田玉雕成，玉质沁蚀较严重。造型为飞鹘啄捕天鹅的图案。器底为平面，上有多个牛鼻小孔，面上为雕刻鹘与鹅相搏。天鹅体型较大，为展双翅飞翔状，长颈圆尾，头首向上昂起，正奋力抛开小鹘，天鹅的头、嘴、翅、尾用阴刻手法表现，十分清晰。鹘作飞翔状，但与天鹅形成反向，似在攻击中被抛开的一瞬间，鹘头首向下。鹘形体小，但尖钩嘴显得精锐，双翅有力，长尾直，显得既灵活又具强烈的力度感，正作翻身继续攻击。图案具有较强的写实性，将天鹅与鹘鸟的搏斗场景表现得极为逼真。长约 12~12.4 厘米、宽 3.3 厘米、厚 1.1 厘米。

鞢韄环共三件，造型相同，尺寸相近，皆为和田白玉质。形状皆为圆边凸状，体背平面，有牛鼻孔，面雕一只天鹅回首俯视，颈头回身形成球状。飞鹘正啄咬鹅头。长约 3.7~3.8 厘米、宽 2.9~3.1 厘米、厚 1 厘米。

铊尾为扁形双面浮雕，正面雕鹘捕捉天鹅，天鹅回首，鹘欺其身背之上，正啄向天鹅的首脑部位。背后浮雕有折枝果实纹，枝叶果实饱满。其间穿有“牛鼻孔”。长 4.4 厘米、宽 2.7 厘米、厚 0.7 厘米。

这件春水玉鹘捕啄天鹅束带，应当属于金元遗物，《金史・舆服志下》：“金人之常服为：带、巾、盘织衣、乌皮靴。其束带曰吐鹘……吐鹘，玉为上，金次之，犀象骨角又次之。……其刻琢多如春水秋山之饰。”这种束带应当是皇上赏赐，当属梁庄王所有。

8. 瓷器

梁庄王墓中出土瓷器共二种 8 件，其中青花梅瓶 4 件，青花瓷钟 2 件，泥金龙纹瓷钟 2 件。

被称之为“钟”的瓷器，造型十分精致，特点明显。器形为圆柱状的细高足，柱内空腹。柱足支撑有圆形的深腹碗，碗体为圆底、敞口、弧腹。胎体轻薄，釉色光亮，釉面平滑如洁，青花发色纯正，光彩制作工整，当为官窑御器。这种器物常在明代皇陵和王陵及贵族墓中有发现。在元明时期十分流行。

图 4-24 钟祥梁庄王墓出土金钟盖

这种造型的器物，学术界被称为“高足瓷碗”，或称为“靶盏”。梁庄王墓中出土的 2 件“青花高足瓷碗”都套有金、银质的器托和器盖，其中青花龙纹器为金盖、鎏金银托；在龙纹金盖上有一行十五字的铭文，在器盖口沿的内壁，字体为楷书：“承奉司正统二年造金钟盖四两九钱”。青花龙纹瓷钟高 10.4 厘米、口径 15.6 厘米。金钟盖高 5.2 厘米、口径 16.3 厘米，重 183 克（图 4-24）。

（1）青花瑶台赏月图瓷钟（图 4-25）

在墓中出土的 8 件瓷器，其中 7 件都是梁庄王的随葬品，仅有 1 件青花瓷钟是王妃魏氏的随葬品，这就是青花瑶台赏月图瓷钟。该器出土时位于后室南部，下葬时套有鎏金银质的盖和钟托。

图 4-25 钟祥梁庄王墓出土青花瑶台赏月图瓷钟

这件瓷钟的历史艺术价值主要体现在器体的绘画上。

在器物的高圈足之上，绘有假山石和梅花，地面坎坷不平，饰小草，其意寓为冬季。

在器腹的外壁绘有山水人物图画，似为王室贵族的后花园院中情景。这幅画中有近景和远景，近景似为一庭院中的高台之上，外沿有排成组的石质围栏，另一边可见到是以石块垒砌整齐的高台边沿，沿边与台面平齐。图中所描绘的人物活动被区隔成三个部分，绘有三组人物，以图画之中假山石为区隔，且配以花木区别四季，描绘不同季节的生活场景。花木有梅花、牡丹花、菊花及松树等，有假山石为衬。以山石配花木，是唐代以来中国绘画表现庭院环境的主要手法，在唐代孙位的高逸图中就已经采用了这种手法。依图案中的情景，可将之分别名为瑶台赏牡丹图、瑶台赏菊图和瑶台赏月图。

瑶台观赏牡丹图中，有一个假山石花坛，依假山石花坛中生长有高大的牡丹花象征着春季。这一组假山石细高矗立，而不合情理的是牡丹花似树且高过假山石。但牡丹花的特征与同时代的牡丹纹特征无异。向前一处花坛的形状为方形，假山石形状底细上粗，在中部横生一体，似为斗字形，石体上有较大的空洞。假山石前有根丫直立的大树，树枝茂密，叶为针状，团形簇拥。

观赏牡丹图描绘的是侍女走前面，作为引导来到牡丹树前，侍女短发后披至颈，着上衣，长裙及地，身披飘带，面向前倾，正对假山花坛，手捧圆形器皿，似正为牡丹花浇水。主人立于侍女身后。主人长发盘高髻，身着交领长袍及地，身前衣下似有配饰，主人左手下垂藏于长袍中，右手抬起正指向前端的牡丹花，似在吩咐侍女为牡丹花浇水。

牡丹花是元明时期最为常见的花卉瓷画装饰纹样。图画中的牡丹花的花叶特征明显，与同时代瓷器中的青花牡丹纹特征一致，只是牡丹花枝特别的高大，超过假山石及人的高度，这显然是用夸张写意的手法，来突出表现环境及季节。而在这幅图案的天空所表现出的是条状S状的流云，主人身后则是簇拥成团的云气纹，把人物所处的环境描绘成了仙境的瑶台。身后侧的石栏一端被云雾掩盖。远方的群山衬出秋高气爽。

闻香赏菊图，所描绘的情节是主人在前，手握一枝菊花，用鼻闻香，而身后侍女手捧春瓶插有菊花，随其后。其中手捧春瓶，瓶中插菊的造型，与“四爱图”中的陶渊明爱菊图中所描绘的极其相似，只是这幅闻香赏菊图中的主人是位女性，而手握菊花闻香的写照更为生动。

瑶台赏月图中描绘有四人，可视作二位主人二位侍女。其中一位主人正侧身坐在方足坐凳之上，双手相抱在腹前，仰首观望天空中的圆月，好似正在思念着远方的亲人，身后有侍女手捧长柄圆扇为其打扇。而另一位主人正侧身回首望着端坐的女主人,正伸手从侍女手中取物,似要举手奉送给端坐的女主人。

远景也有三幅景色,其中一幅描绘的是起伏重叠的高山,山上有些许的树木,远远望去,隐隐可见。一幅以云雾纹笼罩到栏杆的一端为背景,表现出云雾到台边的情景,另一幅则表现的是天空中云朵涌叠而圆月透露其间的景色。

(三)郢靖王墓的发掘与出土文物

1.郢靖王墓的发掘

郢靖王墓位于湖北省钟祥市九里回族乡三叉河村四组皇城湾,是明太祖朱元璋二十四子朱栋的墓葬。近年来,该墓先后遭遇十次盗炸未遂。经国家文物局批准,2006年初,湖北省文物局组织湖北省文物考古研究所、荆门市文物考古研究所、钟祥市博物馆,组成联合考古队,对墓葬进行了发掘。发掘取得了一些具有重要学术研究价值的成果。

墓主朱栋是明太祖朱元璋第二十四子,生于洪武二十一年(1388年),洪武二十四年(1391年)册封为郢王,永乐六年(1408年)就藩安陆(今湖北钟祥市),卒于永乐十二年(1414年),享年二十七岁,谥号曰“靖”,永乐十三年(1415年)葬于城东二十里清平村宝鹤山。王妃郭氏门第显赫,为明朝开国元勋营国威襄公郭英之女。王妃郭氏在郢靖王病逝一个多月后悲痛自尽。文献记载:“妃郭氏,王薨之逾月,妃痛哭曰:贤王舍我以去,我寡而无子,尚谁恃邪,念自幼嫔贤王侍如宾友,今安忍独生乎!乃整妆对镜,自写其容,付谨密宫人掌之。云:候诸女长成识母之遗容也,遂自尽。朝廷闻而贤之,恤典加厚。”王妃郭氏自尽随王合葬的情节甚是凄婉感人,却也符合明代早期王妃殉葬的惯例。

该墓是郢靖王朱栋与王妃的合葬墓,有其独特的葬制、葬俗。在墓门前发现了墓志铭及巨大的堵门石。墓志铭一合,碑铭外用上下两道扁铁箍住。碑盖上有“郢靖王墓”四个篆字,四周有平雕纹饰,上为龙凤并列纹,左右下为龙纹。碑首出现龙凤并列纹饰,应与墓中郢靖王同王妃合葬有关。墓志云:王,讳栋,太祖高皇帝第二十三子也,母惠妃刘氏。生于洪武戊辰五月十七日,辛未四月十三日册封为郢王,永乐六年特命之国,十二年十一月一日王疾逝,享年二十七。妃郭氏,营国威襄公郭英之女。皇帝念其骨肉之亲,不胜痛悼,辍视朝十有五日,诏有司治丧葬如礼,赐谥曰“靖”,遣使驰祭。以永乐十三年四月初六日葬于宝鹤山之原。呜呼！王以宗室至亲，享有禄位，作藩作屏，胡天啬其年，而一旦遽至大故，深可惜哉，爰述其概，用垂不朽焉。”碑铭所载内容与史料记载相同，而郢靖王的齿序与《明史》不符，类似现象在辽简王等墓志上都曾出现，这是因朱元璋第八子被废，故齿序在墓志中被提前。

郢靖王墓的墓室为先凿岩坑，后用石、砖砌筑而成，地宫为砖石建构，地宫上堆封土。地宫分前室、中室、东耳室、西耳室、后室。墓内随葬品较为丰富。据初步统计，随葬品有金、银、玉、宝石、铜、铁、铅锡、瓷、陶、漆木等数百件。后室有棺床，棺床四角部雕成须弥座式。棺木已腐朽，但从随葬品的放置可以分别位置，郢靖王棺木位于东边，王妃郭氏的棺木位于西边。王妃的棺木位置处随葬有较多的金器。在郢靖王棺木和王妃棺木前端棺床下方，分别放置有青花龙纹梅瓶和青花四爱图梅瓶。郢靖王为青花龙纹梅瓶，王妃为青花四爱图梅瓶。或许是“恤典加厚”的缘故，王妃的随葬品明显多于郢靖王。

2. 郢靖王墓出土瓷器

在众多的随葬器物当中，最值得关注的是两件青花梅瓶，其历史价值、艺术价值、文物价值极高。郢靖王的青花龙纹梅瓶，以龙纹为装饰图案，显然是帝王象征的专属品。而王妃郭氏的青花四爱图梅瓶，其四爱图图案则极富生活情趣，是一件极为珍贵的古代艺术瑰宝。

(1)青花龙纹梅瓶

器型为小口，圆唇，短颈，广肩，上腹外鼓，下腹内收，矮圈足，平底。腹中有明显的胎接痕。白胎，白釉，釉色泛青，绘饰青花图案。在瓶的肩部上绘有两层纹饰带。上层以覆莲纹的连瓣为框架，其中描绘有宝钱、火珠、法螺、珊瑚、法轮、双角等图案的杂宝纹纹饰带。紧靠其下的是蔓藤缠枝的西番莲花纹纹饰带。其藤蔓枝叶作波形起伏状，在波段的凹窝位绘莲花纹，莲花形状有俯视和侧视不同的造型，藤蔓枝叶中特征最为明显的是，在每一朵莲花两侧都有一对酷似葫芦形状枝叶的存在。

在器腹中上描绘的是一条翻腾飞舞的龙纹，龙首昂起，张牙舞爪，蜿蜒飞腾于祥云之间。龙嘴上下张开，上唇高高翘起，下唇飘短须，嘴中獠牙锋利，龙舌作尖状。圆眼凸额，额上有一对粗壮的双叉龙角。龙身屈颈长体，鳞甲呈扇形遍布其身,龙脊为锯齿形,龙腿前后张开,健壮有力,四爪似尖钩形,作奋力奔腾状。龙纹绘在圆形的瓶腹上,龙首在上,龙尾在下,正好形成了龙体的首尾相顾状态。在龙体的弯曲处,点缀有云纹。云纹的造型有飘带状云纹和灵芝状的祥云纹。

龙纹之下是一圈卷草纹纹带。腹下部饰莲瓣纹纹带,莲瓣中绘有垂状的云头纹下挂石榴状的花果,花果三尖朝下,正对的是一个小的圆圈。器底削边,露火石红。底部露胎,有滴釉。通高 35.6 厘米、口径 5.7 厘米、腹径 20.4 厘米、底径 11.2 厘米(图 4-26)。

图 4-26　钟祥郢靖王墓出土青花龙纹梅瓶

图 4-27　钟祥郢靖王墓出土青花四爱图梅瓶

(2)青花四爱图梅瓶

青花四爱图梅瓶的尺寸为高 38.7 厘米、口径 6.4 厘米、底径 13 厘米(图 4-27)。器物造型为小口圆唇,束颈广肩,器上腹圆鼓,下腹微微内收,圈足平底。底足处有明显的火石红。白胎,施白釉,釉色泛青。以青花为纹。纹饰以带状的卷草纹和锦带纹为界,将纹饰分为上、中、下三层纹样。梅瓶肩部的花纹为凤凰展翅翱翔,穿飞在缠枝牡丹花丛之中。器腹中部有四个海棠形开光,在四个海棠形开光内,分别绘有《王羲之爱兰》、《周茂叔爱莲》、《陶渊明爱菊》、《林和靖爱梅、鹤》四幅人物故事的情景绘画图案,因故名为四爱图梅瓶。四爱图梅瓶的四个海棠形开光中,画面描绘了四位中国古代名人日常生活中的爱好,表现出他们淡泊名利,恬静隐居,悠然自得的风度和情操。这类题材的绘画图案,在元代和明代通常被装饰在瓷器上。在四个海棠形开光之间,点缀有三角状的祥云纹。梅瓶的下腹部饰覆莲纹,莲瓣中有垂叶状的祥云纹。釉面细腻光洁,青花发色鲜艳青翠,造型精巧规整。关于青花四爱图梅瓶的年代,依据其器物的造型、胎质、釉色及纹饰图案的特征,大致可以推断为元代末年至明代初期。

青花四爱图梅瓶是郢靖王王妃郭氏的生前心爱之物。经考古工作者科学的考古发掘,使这件青花四爱图梅瓶得以重现于世人的面前,让世人有机会仔细的欣赏这稀世的艺术珍宝。原属明郢靖王王妃郭氏的独宠品青花四爱图梅瓶,现今成为了湖北省博物馆的重要藏品。

郢靖王墓所出青花四爱图梅瓶的"王羲之爱兰图"中,王羲之盘腿端坐在一庭院的地面上,宽额圆脸,身着素衣,宽衣敞胸腹,露肩膀,腹部明显肥胖凸出,胸毛延及腹中,显得壮实肥胖。左手抬起,正指向左前方的一盆花朵绽放的花草——兰花,好似在做诗吟对,赞美着花中君子。可以想象兰花的浓郁香气扑鼻而来,弥漫在这清净而幽雅的庭院,幽兰馨香,令人心旷神怡。

王羲之的视线正好与兰花为平视状态,兰花栽培在一个浅腹圆形的花盆中,兰花的叶片健壮有力,其间绽放有数朵兰花,花盆似放置在一个有三只矮足的圆形的浅盘上,三足盘放置在一个竖立的石头上。花盆好似有花瓣纹做装饰。石头为平顶,上宽下窄,底埋于土地中,四面有小草。在王羲之面前有两束小草,右边有横卧的小石块,石上生有小草。地面上还有一只覆面荷叶,叶脉较为清晰。在其左腿旁。有一圆形大罐,一只似花朵状的勺柄露于罐口。罐的造型颇具有元代流行之瓷罐的造型风格,亦可作为该器时代判断的佐证。

庭院中大树枝干粗壮,枝杈交错,阔叶簇拥。从图案所表现的季节来看,疑此树为梧桐树。梧桐树叶与元代张舜咨所画的苍鹰梧桐竹图中的梧桐叶极为相似,元代绘画中的人物头面及脸膛都显得丰满肥胖。庭院中有树有石有草,亦有花,在王羲之背后有一书童手捧书卷立于树下。

图案中王羲之敞胸腹,露肩膀,无拘无束,这种装束,显然有违古代文人雅士的那种士大夫的作风和习俗,却恰好反映了王羲之辞官归隐后,崇尚老庄的洒脱风貌。

郢靖王墓出土梅瓶上的“陶渊明爱菊图”，所描绘的人物及菊花特征都很准确，尤其是瓶插菊花可以说是一目了然。

陶渊明爱菊图有典故可循，图案中陶渊明正行走于庭院内，手握一只长杖，头扎花束状装饰，好似有簪，身着花衣长袍，腰系素带，长裤及足，左手下垂，右手上仰，握有长杖，外穿圆领宽袖对襟长袍，内穿桃形领衣裳，正回首观望菊花。在画面中还绘有一只灵芝纹的小草纹。菊花插在一个小口束颈鼓腹内似玉壶春瓶的器物之中，由一侍童双手捧于胸前。侍童素面斜襟，腰扎素带，巾带腕节，飘动于身前，头上有两小髻，两边饰有辫发，书童身后有假山石耸立，应是身处庭院之中，假山石上生有小花与小草，主人前有假山石镂空，体现了空、灵、怪之特征。石后又有一株微微弯曲的大柳树，树干及枝，覆盖于主人的头上，柳叶细长下垂。主人正在树下漫步，时不时回头欣赏书童手中的菊花。也可以理解成陶渊明采菊后回归途中的情景，这幅图案的内容其实是很明显的，画的就是赏菊爱菊。“采菊东篱下，悠然见南山”、“秋菊有佳色，裛露掇其英”是陶渊明的著名诗句。陶渊明爱菊的传说，就是后人由这些诗句中引伸而来的。周敦颐《爱莲说》中也有“晋陶渊明独爱菊”之句。历代文人墨客，咏菊者众，无人可与这位不为五斗米折腰的诗人相提并论。

郢靖王墓所出梅瓶的周敦颐爱莲图中，周敦颐头戴冠帽，身上外穿素面衣袖宽大的对襟长袍，内穿斜襟内衣，手执拂尘，站立于池塘岸边，正聚精会神的注目观赏池塘中盛开的莲花。池塘中花叶茂密，其中有两只莲花，一枝绽放，花瓣簇拥花蕊，层层叠叠，煞是漂亮，一枝正含苞待放，呈桃形，苍劲有力。而池塘中的荷叶，或成蒲团状展放，或作卷合状，在荷叶与莲花之间似乎还有细长的水草。荷叶莲花下有水波纹。主人脚下岸边有束小草，主人身后有一个身穿花衣长袍的书童用手臂夹住一个长方形的木琴紧随其后，主人正要来到池塘边抚琴赏莲。

书童身后有大柳树，柳树枝干覆盖于人物的头顶，并伸进池塘上方。形状与爱菊图中的柳树相同。这幅图中没有假山石，象征田野池塘的广阔，画面所表现的季节为夏天无疑。

周敦颐，字茂叔，中国道学的创始人。他一生酷爱莲花，在庭院筑爱莲堂，堂前凿有池，名“莲池”，以莲之高洁，寄托自己毕生的心志。炎夏之时，莲花盛开，清香四溢，研读之余，漫步赏莲于塘池边。见莲出污泥而高洁自爱，花濯清涟而无妖冶之姿，感慨丛生："予独爱莲之出污泥而不染，濯清涟而不妖，中通外直，不蔓不枝，香远益清，亭亭静植，可远观而不可亵玩焉。"爱莲图所描绘恰好正是这一情景的形象写照。

郢靖王墓所出梅瓶的林和靖爱梅爱鹤图中，林和靖端端正正地坐在一块大岩石之上，戴圆帽，佩围巾，将头部跟颈部包裹得严严实实，人物的脸面却很显露，柳眉大眼，突高鼻，嘴边及脸边生有美须。身穿宽大的棉袍，左腿曲伸至地面，右腿盘踞于岩石上，右手执一长杖，杖首弯曲，主人目光正凝视于一只翩翩起舞展翅、曲足飞动着的舞鹤，舞鹤的羽毛清晰，曲颈回首，圆眼尖唇，似乎与主人相处非常融洽和谐。在主人的头顶之上是虬枝垂旋的梅花，或绽放花瓣，或含苞欲绽。足下有一块小山石，上有小草，还有一只向下弯曲的小花。主人的身前身后都有空灵的假山石，其上生有较为繁多的小草。

林和靖，宋朝著名诗人。姓林，名逋，字君复，浙江钱塘人，出生于儒学世家。早年曾游历于江淮等地，后隐居于杭州西湖孤山之下，喜欢梅、鹤，自称"以梅为妻，以鹤为子"。曾在孤山绕屋种梅三百株，并养鹤放鹤，流传有"梅妻鹤子"的故事。传说林和靖死后，鹤也在墓前悲鸣而死。林和靖隐居孤山，在隐居生活中自得其乐，恬然自足，甘心淡泊。林逋在宋仁宗天圣六年(1028年)去世后，皇帝宋仁宗赐号称为"和靖先生"。林逋是以杰出的咏梅诗词闻名于世的。